本书获得中国政法大学第五批青年教师学术创新团队（18
社会科学规划基金项目（18YJAZH131）资助

U0519049

LANGUAGE AND THE LAW

语言与法律

第2版

[美] 桑福德·尚恩(Sanford Schane) 著

张鲁平 管 雯 李秋霞 译

知识产权出版社
全国百佳图书出版单位
—北京—

图书在版编目（CIP）数据

语言与法律：第 2 版 /（美）桑福德·尚恩（Sanford Schane）著；张鲁平，管雯，李秋霞译. —北京：知识产权出版社，2023.1
书名原文：Language and the Law
ISBN 978 - 7 - 5130 - 8409 - 3

I. ①语… II. ①桑… ②张… ③管… ④李… III. ①法律语言学—研究 IV. ①D90 - 055

中国版本图书馆 CIP 数据核字（2022）第 221549 号

责任编辑：彭小华　　　　　　　责任校对：潘凤越
封面设计：张国仓　　　　　　　责任印制：刘译文

语言与法律（第 2 版）
[美] 桑福德·尚恩（Sanford Schane）　著
张鲁平　管　雯　李秋霞　译

出版发行：知识产权出版社有限责任公司	网　　址：http://www.ipph.cn
社　　址：北京市海淀区气象路 50 号院	邮　　编：100081
责编电话：010 - 82000860 转 8115	责编邮箱：huapxh@sina.com
发行电话：010 - 82000860 转 8101/8102	发行传真：010 - 82000893/82005070/82000270
印　　刷：北京九州迅驰传媒文化有限公司	经　　销：新华书店、各大网上书店及相关专业书店
开　　本：720mm×1000mm　1/16	印　　张：14
版　　次：2023 年 1 月第 1 版	印　　次：2023 年 1 月第 1 次印刷
字　　数：262 千字	定　　价：88.00 元

ISBN 978 - 7 - 5130 - 8409 - 3
京权图字：01 - 2016 - 6808

致　　谢

　　首先，我要感谢多年来所有曾经选修我的语言与法律课程的学生们，他们接触了本书很多第一手的材料。他们的问题和评论帮助我厘清了头脑中的想法，并促使我探寻一种最有效的方式，将这门跨学科的课程展现给具有不同学科背景的听众。

　　受助于连续国际出版集团的珍妮弗·拉沃尔，笔者以法律和语言为主题的写书计划引起了出版社的兴趣。感谢她在将手稿转至相关部门的过程中所提供的支持。同样供职于连续国际出版集团的乔安娜·泰勒，提供了编辑方面的指导。我与她在改进本书的结构与内容等方面的合作十分愉快，同时感谢她对我繁多的问题总能给出及时的回复。

　　最后，我要感谢我的妻子玛乔丽，感谢她对我忙于撰写文稿给予的耐心与理解，尤其是她安心等待与我"分享"被我霸占的电脑。

桑福德·尚恩

拉贺亚，加利福尼亚

内容简介

法律是一种词语的职业。

——大卫·梅林克夫

借助于书面语言，宪法方可成文，法律法规得以颁布，个体之间的契约合同得以生效。口头语言对法律同样不可或缺，以法庭为例：原被告的询问、证人的证言、律师作出的答辩及法官对陪审团的指示。语言之中的法律蕴含远远延伸至法庭之外，如警察与嫌疑人的交谈、律师和当事人的对话、执法机关的秘密录音以及行贿、恐吓或诽谤等不法言语行为。无须多思，便足以揭示语言对于法律体系起着举足轻重的作用。但是，学术界对于语言与法律的跨学科研究仍属新兴事物，其主要工作可上溯至 20 世纪 80 年代。

个人背景

本书作者对于语言与法律这一话题的关注始于 20 世纪 80 年代初。某次，作者随手翻阅了几页妻子（当时正在法学院求学）的课本，从这几页内容中发现了关涉法律及语言应用研究的"宝藏"。作为一名职业的语言学家，作者为法律语言所吸引或许不值得大惊小怪。但当作者对法学产生了浓厚的兴趣并有意开展相关研究时，却不知该从何处着手。当下，"法律语言学"已成为一门蓬勃发展的学科。但在 20 世纪 80 年代初，"法律语言学"这一术语尚未被发明，更不用说语言与法律跨学科研究的学术组织或刊物了（目前，学者们已创立了法律语言学的专业组织——国际法律语言学家协会，并创办了刊物——《话语、语言和法律国际期刊》，旧称《法律语言学期刊》）。

如果作者真的想在法律与语言这一领域深入开展研究，就需要更多地学习法律方面的知识，于是作者打算利用即将开始的学术休假潜心研究法学。与此同时，我的一名同事极力劝说我申请哈佛大学法学院的文科研究员项目资助。

这一为期一年的项目旨在帮助其他学校学者了解法律方面的基本知识，并在返回原单位后从事法学研究，开设跨学科的交叉课程。为了达成上述目标，哈佛法学院鼓励作者和另外三位获得资助的学者修读该院一年级的课程，参加研讨会，开展各自的研究计划。在民事诉讼法课上，作者接触到了"企业法人"的概念，并决心将此作为自己的研究课题。这一研究成果后来扩展为一篇完整的论文，并在一本法学评论期刊上发表。在本书第二章，读者可以一窥端倪。

法律与语言的研究可谓浩繁，发端于语言学以及社会科学的其他学科，该领域的研究可分为三大类：（1）以语言为中心，研究者通过法律材料进行语言分析和语言理论的检验；（2）以法律为中心，研究者将语言作为工具，解读法律程序并揭示其中的运作机理；（3）以其他社会学科如心理学、社会学或人类学为中心，研究者探讨语言在法律体系中的功用，以期解读语言在心理过程、社会交互或文化元素中所扮演的角色。由于作者本人的学术训练源自语言学，所以对法律和语言的研究方法归属于第一类范畴。下面的研究领域均直接关涉法律语言，亦为作者的研究兴趣之所在。鉴于其中的部分研究领域已被广泛探讨过，作者在本书余下的章节中将不再一一赘述。

法律语言

提到法律语言，普通人脑海中可能会想到外行词汇"法言法语"（legalese），具体是指法律文件中晦涩难懂的冗词和只有法律人才使用的过时表达。为了弄清法律语言这种"特殊方言"到底是如何产生的，又如何区别于"日常语言"，研究者们将法律语言本身列为语言学现象之一，其目的是为了追溯其演进过程，并探讨其独一无二的词汇和句式。事实上，作者最早接触的法律与语言研究方面的学术著作为经典的《法律语言》一书。该书作者为大卫·梅林克夫，1963 年出版，比语言学家将研究视野投向法律语言还要早近20 年。梅林克夫并非语言学家，而是加利福尼亚大学洛杉矶分校的一名法学教授，他终生任教于该校法学院，直至 1999 年逝世。书中梅林克夫梳理了法律语言的历史演变，以其盎格鲁—萨克森的源头开篇，穿越中古英语（Middle English）时期直至当下，认可了拉丁语和法语对法律语言的贡献。在该书中，梅林克夫还考察了法律语言这一特定语体的语法特征及其社会和文化影响。该书是法律语言专业研究不可或缺的资源，但作为一本将近 500 页的皇皇巨著，它所包含的海量信息远超一般读者的需求。

相比之下，彼得·蒂尔斯玛的著作《彼得论法律语言》更适合对法律语言史研究感兴趣的读者阅读。彼得·蒂尔斯玛也是一位法学教授，但他同时还拥有语言学博士学位，所以该书在语言学学者和法学学者中均能引起共鸣。在其著作中，蒂尔斯玛除了探讨法律语言的历史沿革之外，还深入地阐述了法律门外汉难以理解法律语言的问题。究其原因，法律语言中充斥着冗词大词、专业术语，同时还包含着由结构复杂的罕见句式组成的长篇大论。

法律语言简明化

为了抵制法言法语所带来的负面效应，有人发起了一场"法律语言简明化"运动。这一运动的初衷是为了简化法律语言，从而帮助消费者弄清其需要签署的租房契约、保险合同及商业票据等法律文书的真实含义。

"法律语言简明化"运动还推动了法律程序的完善。并非每一位陪审员都能完全理解法官给出的指令。为了弄清导致理解困难这一问题的根源，罗伯特·查罗与维达·查罗两位心理语言学家进行了一系列实验。他们从马里兰州具有资格担任陪审员的公民中抽取了一组实验对象，为其播放法官对陪审团指令的录音。接下来，他们就要尽自己所能复述自己所听到的内容。出乎意料地是，某些复述中几乎一半的信息都被遗漏了。什么原因导致了陪审员对指令的理解困难呢？这一问题与词汇无太大关联，主要源于法律语言独特的句式结构，如多重否定、被动句和名词化的大量使用等。实验者进而对陪审团指令进行简化，去掉了其中的复杂句式，然后又将经过修改的指令交给第二组实验对象。尽管实验对象在重写指令的理解能力一项上得分有所提高，但这并不必然意味着他们已经达到了完全理解的程度。后续的研究者们展开了其他一些实验，以认定认可的理解水平的内容由何构成。他们就此提出了低度和高度两套不同的标准：其中低度标准要求 80% 的陪审团中的 12 位陪审员有至少 8 位懂得指示的法律要点，而高度标准则要求 90% 的陪审团中的 12 位陪审员至少 9 位懂得法律要点。

针对陪审团对指示语理解能力较差的研究引起了法律界的一些行动。为了解决这一问题，美国某些州开始着手修改对陪审团的指示语。以下为加利福尼亚州的旧版指示语和用简明英语写就的新版指示语：

旧版加利福尼亚州指示：民事陪审团指示（BAJI）2.00

证据包含证人证言、书面材料、实物或其他通过感官觉察的事物，以此证明某项事实是否存在。

证据分为直接证据和间接证据两类。直接证据可直接地证明事实的存在。

也即，如果证据被认定为真实的，就可证明某一事实。

间接证据如果被认定为真，就可通过推定来证明另一事实可能存在。事实推定是指证据所确立的事实可经合理的逻辑推理得以证明。

事实并不要求必须以直接证据证明。事实也可以由间接证据或间接证据与直接证据交互使用得以证明。直接证据和间接证据均为可采信的证据类型，并不存在高下之分。

新版指示：第 202 号

证据可以多种形式存在。它可以是某人看到、听到或闻到的内容；也可以是被采信为证据的物品展示；还可以是某人的观点。

有些证据可直接证明某项事实，如证人看到一架喷气式飞机在空中飞过的证言。有些证据则间接证明有关事实，如证人只看到空中有白线划过，而这通常是喷气式飞机产生的。间接证据有时也被称为旁证。

上述两种情形下的证人证言均为"一架喷气式飞机在空中飞过"的证据。从法律上讲，直接证据与间接证据并无区别。你可以选择相信或怀疑任何一种证据。无论直接证据或是间接证据，你都应依据自己的判断确定其重要性。

律师也不应将自己与"法律语言简明化"运动隔绝开来，他们也应反思自己该如何行文写作。理查德·怀迪克是一名法学教授，同时也是一本畅销的法律写作手册的作者。他坚称简明英语即是最好的法律语言，并对法律工作者中司空见惯的艰深晦涩的写作风格大加挞伐。他写道：

我们律师不使用简明英语。用两个字即可表述的内容我们要写八个字。我们用古怪的术语表达生活常识。为求精确，我们使用冗长的表达；为求慎重，我们变得啰嗦。我们写出的句子曲折、短语套从句、从句套从句，使得读者目光呆滞、头脑麻木。这种写作风格的结果，如一位评论家所言，导致四个特点：（1）啰嗦；（2）含糊；（3）浮华；（4）呆板。

这位评论家不是别人，正是梅林克夫，推崇简明清晰的法律表达的先驱，严厉批评律师们对法言法语的辩护。

我们注意到专业词汇和特殊句式造就了法律写作的古怪风格，而词汇和语法这两项要素是构成任何一门语言的基础。懂得一种语言，无论是对话、写作还是理解，都需要掌握以上两者。假设你在学习一门外语，已经记住了所有日常用语及其不同的含义，但却没有学习过语法。你想造句，却不知将单词以何种次序组合，也不知词尾该如何变位。与之相反，如果你熟练学习了某一门语言的语法（正如许多语言学家一样），却不知道将什么单词摆放到合适的名词、动词或其他语言成分的位置，你也不能说你能用这门语言完成听、说、写的技能。本书的四章内容就将探讨语言的这种双重属性，其中前两章主要但不仅仅讨论词汇的含义，而后两章讨论句子的含义。

语言的歧义与误解

一个词可能有多个意思，在字典上有多个义项，如果没有语境提示多义词应使用某一具体含义时就会产生歧义与误解。作者将在第一章中分析三宗被法律认定存在歧义的案件。第一宗案件涉及买卖小鸡的合同。买方主张"小鸡"应为适合烤炸的幼鸡，而绝不是用来炖煮的老鸡。卖方主张"小鸡"是指无关年龄合乎约定的任何禽鸡。法院会采用哪一种定义呢？第二宗案件涉及两艘同名的船只，但这一事实显然不为本案的当事人（买卖双方）所知晓。买方希望其购买的货物由于10月出发的一艘"无敌号"船装载，而卖方却将货物装在了另一艘于12月出发的"无敌号"船上。买方拒绝接收迟来的货物。法院应将哪一艘船认定为合同所约定的"无敌号"呢？第三宗案件也与"小鸡"相关。美国州际商务委员会（以下简称ICC）的职责为规范加工产品的跨州运输，其主张"褪毛并清除内脏的冻鸡"属于加工产品。而美国农业部则坚持禽类即使经过加工处理，仍然属于农产品，因而在运输时不受ICC的管辖。法院会将"褪毛并清除内脏的冻鸡"认定为加工产品还是农产品呢？

较其在法学或日常用语的使用，"歧义"这一术语在语言学中的含义受到更多的限制。生活当中，人们常用"歧义"指代不清楚、不确定或含混的意思。广而言之，上述三宗案件的确是"词汇歧义"这一类案件的典型代表。但若收缩至语言学意义层面，这三宗案件其实大有不同，各自代表了某一类型的误解。

此外，还有一种句法歧义。英语中，句法歧义多与句子中的词序或语法特性相关。例如，一句话中的代词与其所指代的词汇之间的关系不明就可能导致指代模糊。在第一章，作者将讨论一起由于句法歧义而使被告人生死攸关的案件。美国联邦最高法院不得不就某一篇对陪审团的指示语是否合宪作出决定，该指示语中包含一个形容词，其后跟有若干名词。问题在于，形容词所修饰的对象到底是谁：是紧随其后的那个名词，抑或是其后的所有名词？虽然这种区别在旁人看来微不足道，可是对接受该指示语的陪审团而言，其担当的职责十分重大，因他们将对一起死刑案件进行评议。此时此地，被告人将因法院对歧义的决定而命悬一线。

隐喻与法律拟制

隐喻是词语获取新含义的方式之一。试举例说明：破碎的花瓶、破折的腿、破裂的心、破坏的许诺等。"broken"一词最基本的、字面上的含义是指物品（如花瓶）的破碎，也可延伸为身体中骨头的伤残。尽管人的心脏也是有形实体，但它不会被破裂成碎片。至于许诺，根本不属于任何一类实体。毫无疑问，用"破"来修饰心脏和许诺本质上都属于隐喻，虽然我们现在可能并不这样认为。人们将其当作描述上述情形的固定搭配。如果我们查阅字典，考虑其所有的目的和用途，就会发现"broken"一词包含多个义项。我们将在第二章继续讨论这一重要的话题。

一些法律表达最初也用隐喻表述。如合意（a *meeting* of minds）、履约条件成熟（a *ripening* of obligations）、有约束力的协议（a *binding* agreement）、毁弃的合同（a *broken* contract）等。不过，人们发现在法律中还需要一种更有趣的隐喻——法律拟制。尽管人们承认法律拟制字面上并不为真，但却应被视同为真实可信的。朗·富勒曾任斯坦福大学法学教授，将"法律拟制"这一话题引入英语法律界。他的著作《法律拟制》已成为一本经典之作。

该书作者深入解析了两种最为著名的法律拟制，一为"引诱公害"原则，二为"企业作为自然人"的资格。一名儿童游荡在他人的土地，基于其中的不安全因素而致伤，由于危险物或危险因素构成"引诱公害"，邀请儿童进入这片土地，因此儿童被视为受邀请人而非入侵者。另一种拟制即著名的"企业作为自然人"的资格，这也是作者所从事的第一项研究课题。从法律上讲，企业与自然人无异，均可有拥有财产或订立协议等行为。于是法律常将企业当作自然人来对待。

法律拟制并不为真，但也不是说谎，因为它没有恶意欺骗别人。富勒指出：

任何人想到法律拟制这一概念时，必须意识到它体现了词语无所不在的威力。如果一个陈述的作者和读者皆对其表示不信，那么这一表述便没有任何意义。因此可见，我们处于名字和符号的神秘影响之下。从这一层面来说，法律拟制即是一种语言学现象。

隐喻构成了这种语言现象的基础。如今人们倾向于认定隐喻归属于文学或修辞。但是，过去25年的认知语言学研究已经证明该观点是站不住脚的。事实上，隐喻构建了我们的日常思维和表达。语言学家乔治·莱考夫与哲学家马克·约翰逊共同出版了《我们赖以生存的隐喻》一书，其中提出了一套研究思维与语言如何相互关联的全新方法。他们指出：

支配我们思维的概念，不只关乎智力，也体现在我们日常生活的运作机能中，包括最琐细平凡的事情。我们的概念构建我们的认知，生存和与人相处的方式方法。如果我们将概念系统视为隐喻性的这一观点很大程度上是正确的，那么我们的思维方式、生活经历和日常行为都与隐喻息息相关。

在法律拟制的分析中，作者将从认知角度切入隐喻。虽然法律拟制最初是为了表达的方便应运而生的巧妙发明，但它实际上植根于我们的日常语言与思维的概念化。

言语行为

本书第三、第四两章将超越词汇的层面，将研究转向完整句子的解读。这两章都将以言语行为理论作为法律分析的语言学基础。该理论关注说话人如何使用语言进行表达、听者如何理解对方的讲话内容及如何进行回应。两位学者对该理论的发展做出了开拓性的贡献，他们分别是牛津大学约翰·奥斯汀和加利福尼亚大学伯克利分校的约翰·塞尔。奥斯汀的著作《如何以言行事》及塞尔的著作《言语行为》对该领域的后续研究产生了深远影响。

"言语行为"这一术语首先由塞尔提出，它是对说话人使用语言的贴切表述。通常情况下，我们在谈话时不仅发声吐字，还要参与或实施一些行为。奥斯汀采用术语"施为"（performative）指代这一类行为。下面是一些实例：一位牧师在某一特定场合讲道："我现在宣布你们结为夫妻。"这一句话就可成就一段婚姻。而当一名裁判对一名运动员叫喊："你被罚下！"该运动员就必须马上离开赛场。如果我询问说："现在几点？"我是用语言提出了一个问题。而当我对你说："离开我的房间！"那么我是在发出命令。假若我真诚地告诉你："我答应下周末带你去巴黎。"在讲这句话时，我就对听者作出了一项许诺。塞尔认为，言语行为理论的目的就是解答如下一系列问题：

语言与世界是怎样联系在一起的？当发话人站在听话人面前，发出所觉的冲击，发话人所要表达的是什么？他所发出的声音又有什么含义？听话人怎样理解发话人的意思？发话人是在作出陈述、提出问题还是在发号施令？

部分言语行为具有法律意义，如偿还借款的允诺或接受一件物品的要约。有些言语行为在某些特定场合方可生效：如在婚礼上，一对新人相互表示："我愿意！"再如，一名出庭作证的证人发誓："要讲实话、全部实话而且只讲实话!"抑或在美国总统就职典礼上，总统宣誓："维护美利坚合众国宪法。"当然部分言语行为是违法的，并且可能因此受到严厉处罚，如在宣誓作证时声称某虚假陈述为真、威胁对前妻作出人身伤害，或向公务员行贿等。

罗杰·舒伊将上述第二类言语行为统称为"语言犯罪"，这个术语为其所创造。他还以此为题撰写了一本有关贿赂、敲诈、威胁言语甚至密谋杀人的书。舒伊是一位社会语言学家，曾在多起刑事案件中担任专家证人或顾问，针对检察机关提出的录音证据（多数是由美国政府特勤人员秘密录制），舒伊以语篇分析和言语行为工具来分析其中的大量文本或对话，揭示了对话的复杂结构，具体而言，对话中的某一话题是由谁发起的，对话中的哪些话题是被舍弃或重复的，以及哪些言语行为是实际或只是表面生效的。舒伊的著作体现了语言学方法论对刑法中一些重要问题的调查可起到意想不到的效果。

劳伦斯·索兰是一位拥有语言学博士学位的法学教授。在他的著作《法官语言》中他探讨了表示"承认"的言语行为与美国宪法第五修正案中的"自证其罪"条款的关系。该条款规定："任何人不得在刑事案件中被迫自证其罪"。索兰将"承认"定义为一种有意为之且与说话人的本意相违背的交流行为，可能构成"自我伤害"和"自我归罪"。

彼得·蒂尔斯玛广泛应用言语行为理论，撰写过数篇法学论文。他曾关注过的问题包括构成诽谤罪和伪证罪的语言，根据蒂尔斯玛的研究，"指责"言语行为在诽谤的陈述中占据重要地位。此外，"指责"所涉及的行为必须是大众普遍认为应受谴责的。而关于伪证罪，蒂尔斯玛指出这涉及一个颇为有趣的可能性，即某一断言虽然可能"字面上真实"但并未包含"全部真相"，是否应被视作伪证。他举出了以下的例证：你的老板问："为什么你昨天没来上班？"而你回答："我昨天病了。"而事实上，你昨晚才得病。那么你撒谎了吗？索兰和蒂尔斯玛在他们的著作《语言犯罪》一书中对于克林顿弹劾案中有关其作伪证的指控进行了深入的剖析。当克林顿被问及他与莫妮卡·莱温斯基的关系及他们见面的频率时，他娴熟地使用"字面事实"策略来为自己辩解。

言语行为在法律的其他领域也有用武之地。丹尼斯·卡森以"制定"言语行为分析立法机关颁布法律的语言。例如，英国和美国的许多法律中的开头都采用如下的句式："本法制定如下……"

传闻

传闻证据规则关注可被法院采纳为证人证言的陈述。法律明文规定哪些陈述不被视为传闻，也可以采信。在传闻证据之后附带的是一大串的例外情形，即形式上符合传闻的构成要件，但可以被采信为证据的陈述。本书第三章将运用言语行为理论来分析传闻，作者将揭示言语行为理论的不同构成要件是如何与各类传统的传闻证据相吻合的。关于传闻证据的例外情形，作者将聚焦于与"思想状态"有关的陈述。法学学者就此类陈述究竟是传闻的例外情形还是实际上就不应被认定为传闻而争议不休。言语行为理论分析为这一历来存在争论的证据法问题提供了一个有趣的视角。

合同法

一件有效而合法的协议或者合同应包含三个构成要件：要约、承诺和对价。例如，假设我作出以下的要约，"我将以 1 500 美元的价格把车卖给你"。你可以接受、拒绝、提出反要约、甚至不予理睬。让我们假设你接受了这一要约。如果对于这辆车存在有价值的"对价"，那么就会形成一件有约束力的合同。本合同确实也存在对价，换言之，就是你要交给我的 1 500 美元。因此，对价包含着一项交换条件：以我的车换取你的 1 500 美元。

英美法系的合同法传统上认为"允诺"这一概念对于协议的有效性至关重要，但该观点目前并未得到普遍认可。法学界就这一问题展开了旷日持久的讨论，本书第四章将分析部分正反两方面的意见。无论如何，在对要约和对价进行言语分析的过程中，允诺的作用无可替代。

我们发现有些言语行为必须由特定的个体在适当的条件下实施方可生效。例如：只有符合法定条件组成的陪审团方能宣告被告"有罪"。因此，如果想使一项言语行为生效，必须符合某些"适切条件"。塞尔在描述日常生活中的允诺时曾提出了一系列的此类条件。这些条件经过一些微小的调整，就可以适应法律要约所涉及的特定要求。此外，满足这些条件即可确保对价有效。

关于本书

本书的研究议题包括语言学兴趣领域，并找寻法学研究中近似的话题，二者相互整合。本书中的四个章节均采取以上的方法探讨语言学与法学研究视野重叠的话题，其中涉及的语言学话题包括：（1）歧义；（2）隐喻；（3）言语行为；（4）允诺。与这四个话题相关的法律问题则分别是：（1）误解；（2）法律拟制；（3）传闻；（4）合同构成。

每章内容均由四部分组成。第一部分聚焦于法律，主要介绍本章涉及的法律问题，评介相关的法院案例，并提供必要的背景信息。第二部分关注语言，提出语言学概念，并阐述分析法律材料所涉及的修辞概念。第三部分展开分析，提出作者对法律材料独到而新颖的见解。第四部分体现语言与法律的交互，思考本章所涉及的法律材料及其语言学分析的关联性。在附录中，作者列出了本书所讨论的部分案例判决书的节录。为了便于区分本书重点讨论的 12 个案例，作者采用法学界惯常采用的表述方式引用上述案例，如加利福尼亚诉布朗案（California v. Brown）。其他案例则未采用该形式，但读者可在本书案例分析所附的尾注中查到相关参考文献的出处。

本书所涉及的材料大多出自"语言与法律"课程讲座。本人曾在加利福尼亚大学圣迭戈分校连续讲授该课程近二十年，该课程吸引了很多有意报考法学院的学生，数量可观的语言学专业的学生和少数猎奇的学生。因为学生的背景差异，该课程未设任何选课要求，作者并不要求选课的法学院学生具备任何语言学的训练，也未要求选课的语言学专业学生之前修读法学课程。

本书所采取的研究方法近似于主题研究法。作者意识到部分读者可能具备法学功底，部分读者接受过语言学训练，另有部分读者两者兼有。由此，作者不预设读者的知识背景。为了满足读者的不同需求和参差不齐的知识储备，作者试图阐明所有必要的语言学及法学概念，并尽最大可能避免采用学术术语。作者将所有信息均呈现于本书正文的每一章节，尾注中只提供参考信息。作者试图拓宽本书的读者群，包括致力于法律和语言学跨学科研究的法学家和语言学家；首次涉足跨学科研究的学生和学者；对语言和法律的复杂关系怀有兴趣的普通读者。

前　言

罗杰・舒伊

（乔治城大学　语言学杰出研究教授，荣誉退休）

　　科学的主要贡献之一是其领军人物具有将理论研究与现实世界中存在的紧迫问题相联系的能力。不幸的是，将知识与实际应用相结合的途径往往只适用于单一学科，绝少跨越学术界自行划定的学科壕沟。因此，应用语言学家很难勇于超越本学科的实际问题，如语言学习和教学。大多数语言学家也无意涉足其他领域，如医患对话、政治或法律。同理，法学理论与实践也乐于安常守分，只研究具体的案例中涉及的法律问题。除了涉及医学、工程或其他专业领域的专家证人，法律工作者极少向其他学科寻求帮助。尽管学科交叉对彼此的发展均裨益良多，但唯有具备创造力的学者方可成为学科交流的桥梁。与此同时，探索其他领域不仅需要一定的勇气，还要面对嫁接学科之为被视为天真或错误的风险。

　　但当学者们竭力于此，他们会觉察到本领域理论联系实际的路径，同样也关涉其他领域的实际问题。有时这种发现始于偶然。我自己对于语言与法律交集的关切发生在一架飞机上，当时我与邻座的一位律师相谈甚欢；而本书作者的这一兴趣始于翻阅他妻子的法律书籍。对于其他人，跨学科研究则是深思熟虑的。他们将己身所受的语言学训练带到法学院，意识到这两个领域有很多共通之处。一个人无论通过什么方式决定将平生所学投入到其他领域，本身都是应该受到欢迎的。法学有许多可供语言学借鉴之处，反之亦然。

　　对于语言学家来说，正如本书作者所言，法学理论和具体案例的研究为其提供了研究的"宝藏"，而语言学家也逐渐意识到应把握这个机遇。尽管许多语言学家作为律师顾问和专家证人参与案件审理，但要说服法律工作者相信语言学有所助益仍非易事。其中一个吸引律师的方法是从他们的角度出发，解决他们面临的法律、判决和具体案件等事宜。如果语言学家想对法律产生影响，他们应当捕捉法律的专业视野，而不是单单语言学的视野。这意味着，若想要对法律体系作出语言学的贡献，语言学家首先必须运用律师的语言，关注他们的问题，知晓他们的价值观和信条。任何跨学科研究的成功可能需要的不仅是研究视野的交融，还有相互的尊重。

《语言与法律》一书满足了有志于更多了解法律的语言学家和更多了解语言的法律工作者的需求。在出版界，一本书很难兼顾两个不同的读者群。读者通常只对专注于自己领域的书感兴趣。尽管律师会倾向于案例分析而语言学家偏重语言学理论的应用，但针对语言与法律这样的跨学科研究，十分有必要就两个读者群著书立说。正如尚恩教授在本书中所言，开始的秘诀便是找到语言学与法学同时发挥作用的领域，并教育研究者相互借鉴，相互尊重。

法学与语言学两个领域有很多相似之处，而它们一直以来都单独沿着各自的轨迹发展前行。例如，本书所涉及的歧义、精准、允诺、要约、定义、隐喻、暗指以及许多其他叠合的观念为双方领域所深切关注。语言学家在阅读本书有关法律的论述时可能会感觉吃力，因为法律所使用的语言风格和表达方式令人生畏。法律工作者习惯于使用法言法语，同时关注案件的细节。然而语言学家喜欢直奔案件涉及的语言问题。反之亦然。法律工作者常常觉得语言学方面的书籍与具体的案件和法律规定的起草形式并不相关。本书规避了以上两个极端。一方面，它将法学和语言学研究带入一系列具体的案件之中，并使之相契合，尽管其本意或非如此。本书主要围绕四个语言学家感兴趣的话题展开论述：（1）歧义；（2）隐喻；（3）言语行为；（4）允诺。尚恩教授展示了以上四个热门的语言学话题在民法和刑法案件中大量存在的案例。本书是一位杰出的语言学家在语言学与法学两个领域多年潜心研究的成果的集中体现。

目　　录

第一章 语言歧义与法律中的误解

这取决于"是"（is）字的含义。

——威廉·杰弗逊·克林顿①

在法律文件——无论是法规，合同抑或是遗嘱当中，词语的含义并不总是清晰明确的，尽管最初对它们加以规定时均出于善意。这些词语可能为人们以多种方式所理解，可能是令人疑惑的或者不确定的，对它们的解释还可能因人而异。若词语理解上的分歧无法解决，与词语含义的确定有利害关系的当事人就可能会提起诉讼并请求法院作出解释。从法律的视角看，当此类误解产生时，有争议的法律文件就存在"歧义"（ambiguity）。

自相矛盾的是，"歧义"一词本身就不只有一种解释。其中一种解释，笔者称为"广义"或"一般义"，它与说话者或写作者对语言的运用有关，也与听众和读者对其的理解有关。歧义出现于欠缺清晰性之处，或术语运用中存在不确定性之时。"歧义"的这层含义是其在法律及语言日常使用中的常有之义。然而，还有另外一种解释，笔者称为"狭义"或"限定义"。这层含义与作为语言重要组成部分的词汇和语法特征有关，并不考虑人们是如何使用或理解的。一个词可能拥有多种定义，而一组词语也可能产生多种语法分析。语言学家和文法学家对语言的这些特征进行了广泛的研究。

首先，我们对三宗声称存在"歧义"或"歧义的词语"的法庭判例作深入观察。（这些案件的全文见于附录。）② 案件中所称的歧义均适于从其广义理解。但进一步考究，可发现这三个案件之间是有所区别的。只有一个案件例示

---

① Clinton deposition quoted in Phil Kuntz (ed.), *The Evidence: the Star Report*, New York: Porket Books, 1998: 373.

② *Frigaliment Importing Co.* v. *BNS International Sales Corp.*, 190 F. Supp. 116 (SDNY 1960); *Raffles* v. *Wichelhaus*, 2 Hurl. & C. 906 Eng. Rep. 375 (Ex. 1864); *Interstate Commerce Commission* v. *Allen E. Kroblin, Inc.*, 113 F. Supp. 599 (ND Iowa, ED 1953).

了狭义的"歧义"，即一词多义。另外两个案件则分别说明了指代歧义和范畴模糊的问题。笔者将讨论这些误解间的差别并指出他们在案件判决中发挥的作用。而后，我们将转向第四个案件，此案与死刑案件定罪量刑阶段前的陪审团指示有关。① 这一案件例证了一种完全另类的歧义，即并非特定词语的含义存在分歧，而是词语在句中的语法地位引发了理解上的困惑。

与所谓"歧义"相关的三起法律案件

第一起案件，弗加里蒙特进口公司诉 BNS 国际销售公司案（Frigaliment Importing Co. v. BNS International Sales Corp.），双方陷入对"鸡"的定义之争。买方是一家瑞士公司，其向纽约一家禽批发商订购一批经冷冻并清除内脏的鸡。订单要求所提供的鸡应符合以下两种规格：1.5 到 2 英镑和 2.5 到 3 英镑。当货船抵达欧洲，买方发现规格较大的鸡都是炖煮用鸡。买方预期购买适合烤炸的仔鸡，于是大呼"犯规"，并起诉卖方违约。

法庭面临的法律问题在于卖方是否提供了买方所订购的商品。为了解决这一难题，法庭必须考虑这样一个问题："什么是'鸡'（chicken）？"原告（即买方）认为"鸡"（chicken）意指适合于烤炸的仔鸡。被告则坚称鸡应指任何符合合同规定的重量和质量的禽类，包括所谓的"炖煮用鸡"。审理该案的弗兰德利法官，承认双方的解释都是合理的。因此，他认为"'鸡'（chicken）单独存在时有歧义"（着重号为作者加），便决定求助于合同本身，看其是否能为解释该词提供帮助。

第二起案件，拉弗尔斯诉威切尔豪斯案（Raffles v. Wichelhaus），该案为法科学生所熟知。这一离奇的英国案件发生在 1864 年，当时并没有电报、电话或者电子邮件等通信方式。买方购买一批棉花，通过一艘名为"无敌号"（Peerless）的船舶从印度孟买运至利物浦。合同订立时，买卖双方并不知道有两艘不同的船舶均以"无敌号"命名。其中一艘在 10 月离开孟买，而另一艘则在 12 月离开。买方希望用 10 月出发的"无敌号"运载货物，而卖方却打算使用 12 月离开的那艘船舶。自然而然地，当 10 月出发的"无敌号"抵达英国时，船上并未装载买家订购的那批棉花。而当 12 月出发的无敌号装载着棉花进入港口时，买方却拒绝接受这批晚至的货物。于是卖方便对买方提起了诉讼。被告（即买方）的代理律师在答辩中称道："合同上并无任何字面描述足

---

① *California* v. *Brown*, 479 US 538; 107 S Ct. 1987.

以显示'无敌号'特指哪艘船舶；但当两艘驶离孟买而又同名为'无敌号'的船舶出现时，便产生了潜在的歧义……"（着重号为作者加）。

第三起案件，州际商务委员会诉艾伦·E. 克鲁伯林公司案（Interstate Commerce Commission v. Allen E. Kroblin，Inc.），再次牵涉到被去除内脏的鸡的问题。该案中，州际商务委员会（以下简称ICC）与农民在认定煺毛并开膛洗净的鸡是否属于"加工"产品这一焦点问题上针锋相对。ICC的其中一项职能就是对从事州际贸易的货运公司进行审批，而绝大多数需要跨州运输的产品必须由获得认证或监管的货运方进行运载。然而，某些特定的农产品可以享受豁免，诸如水果、蔬菜、鱼、牲畜以及其他不属于加工产品的农产品。多亏有这一豁免，农民才得以使用那些虽未获认证却相对低廉的运输工具在州际运载农产品。

ICC声称煺毛并清除内脏的家禽属于加工产品，而农业部却主张其仍为农产品。法庭记录道"各方当事人都一致认为，在农业豁免条款中所使用的两个词'农产品'和'加工产品'均为歧义用词"（着重号为作者所加）。

至此，以上便是被认为包含歧义词汇的三个案件。但"歧义"的确切含义到底是什么？

歧义的语言学分析

"歧义"（ambiguity）这一术语有多种解释：其广义关于语言使用，而其狭义则与语言本身基本的内在功能相关。法律中，这个术语通常是如何被定义的呢？不妨从法律参考书《词汇与短语》中着手探究。① 这部关于法律术语和法律词汇的多卷巨著，像字典一样依字母顺序编排，包含了引自美国法院审理的各类案件的解释。比如，此处便是"歧义"（ambiguity）和"歧义的"（ambiguous）词目下的三种解释。

词语"歧义的"（ambiguous）和"歧义"（ambiguity）通常用于表示语言略为欠缺明确性。②

"歧义的"（ambiguous）意指令人疑惑的或者不确定的。③

---

① *Words and Phrases*，vol. 3，St Paul，MN：Westfield Publishing，1953.

② *Universal CIT Credit Corp. v. Daniel*，243 S. W. 2d 154，157，150 Tex. 513.（*Words and Phrases*，440）.

③ *Osterholm v. Boston and Montana Consol. Copper and Silver Mining Co.*，107 P. 499，502，40 Mont. 508（*Words and Phrases*，440）.

词语"歧义的"（ambiguous）意味着可以多种方式理解；含义因表达的不确定而变得含糊；有双重含义；令人疑惑的或者不确定的；文件自身"四角"内容的不确定性，解释上具有开放性；合乎情理地易产生不同的解释；因有许多种释义而不确定；其同义词为"令人疑惑的"（doubtful）、"模棱两可的"（equivocal）、"不明确的"（indefinite）、"不定的"（indeterminate）、"不清楚的"（indistinct）、"不确定的"（uncertain）和"未决的"（unsettled）。①

"歧义"的这种一般的或者说广义的用法正是与我们论述相关的三个法院审理的案件所共有的。禽鸡销售合同中，所需之鸡为何种类不清晰；两艘同名船舶，应使用当中的哪艘来运载棉花不明确；对经燂毛并清除内脏的鸡，应否将其归入加工产品的范畴不确定。广义的"歧义"与语言的使用有关——即其如何为说话者所运用，又如何为听取者所理解。理想状态下，律师、立法者以至于普通人，都应当使用清晰、明确、不模棱两可而又中肯扼要的语言表达，但当其变得不清晰、不明确或者模棱两可时，这样的语言就被认为具有"歧义"（ambiguity）。

与这种一般观念相区别，狭义的"歧义"通常表现于文法论著及语言学（一门研究人类语言特征的学科）领域中。语言存在歧义的可能性是它真正吸引人的一面。语言学家分析出语言歧义的两种主要类型：词汇歧义和句法歧义。这两种歧义均与解释法律文件过程中可能产生的误解有关。②

词汇歧义潜在地发生于一个词包含多个客观或字典释义之时。之所以说这种词汇歧义系潜在的，是因为只有在特定语境中才可能出现兼容多种解释的情形。比较著名的例子当数语言学著作中关于词语"bank"的阐释。该词既可指金融机构，又可指河流或溪流的边缘。以一句子为例，"我们三点在'bank'见"，如果这个句子在书写或交谈中单独使用，"bank"的两种含义就可能产生歧义。但是，在绝大多数时候我们并未意识到任何词汇歧义的存在。实际上我们也找不到歧义之处，因为谈话中的其他语言特征、甚至非语言性的线索，使得只有其中一种解读成为可能。因此，如果我说"我们三点在 bank

---

① *Simpkin's* v. *Business Men's Assur. Co. of America*, 215 S. W. 2d 1, 3, 31 Tenn. App. 306. (*Words and Phrases*, 440).

② For a general discussion of the linguistic notions of ambiguity, see Adrian Akmajian et al., *Linguistics: an Introduction to Language and Communication*, 4th edn, Cambridge, MA: M. I. T. Press, 1995; also Edward Finegan, *Language: Its Structure and Use*, 4th edn, Florence, Kentucky: Heinle, 2003. For some law cases exemplifying syntactic ambiguity, see Lawrence Solan, *The language of Judges*, Chicago, IL: University of Chicago Press, 1993 (in particular, Chs 2 and 3); also Peter M. Tiersma, *Legal Language*, Chicago, IL: University of Chicago Press, 1999.

（银行）见，因为我要去那里存点钱"，那么词语"bank"的含义是十分明确的。或者说，如果我们打算去钓鱼，之后你看到我肩上挎着鱼竿走向我的小车，并且对你说"我们三点在 bank（河堤）见"，你很可能会推测我们的会面地将在河堤。但当没有语言或情境特征协助理解时，词汇歧义就切实存在了。

词汇歧义有一种不甚常见的类型叫作同音异形异义词的歧义。这种歧义仅限于口语中，包括那些发音相同但拼写不同的词语。比如，"在拉斯维加斯，他们可以在一夜间拆毁（raze）［建造（raise）］一栋楼房"，或者"在花园闲逛时，哈利被锄头（hoes）［水管（hose）］绊倒"。一语双关通常就属于这种类型。然而，同音异形词的歧义与法律之间没有太大关系，至少在书面形式上没有，因而我们不对此加以考虑。

句法歧义与句子的语法结构有关，是另一种常见的语言歧义的类型。词语以特定顺序排列，而这些顺序则会形成语法上的联系。当给定的词语序列允许多种语法联系形成时，句法上的歧义便可能发生。这种歧义通常涉及语言学家所谓的"修饰范域"。注意此句中"清瘦的"（skinny）一词的修饰范围："这个清瘦的（skinny）总统的女儿是舞会之花。"是谁身材清瘦？总统还是他的女儿？形容词"清瘦的"（skinny）可以修饰这里任一名词。以下是一个更为复杂的例子，形容词"小的"（small）可以修饰其后三个名词中的任意一个："这个小的（small）索赔法庭法官难以作出判决"我们讨论的是处理小额（small）索赔案件的法庭的主审法官？还是处理索赔案件的小（small）法庭的主审法官？抑或是处理索赔案件的法庭的小（small）主审法官？

通常情况下，结构上的歧义也源自介词短语的摆放位置。斟酌此句："约翰叫比尔在周三离开。"是约翰在周三发话呢？还是比尔在那天离开呢？"在周三"这一短语可修饰主句或其包含的不定式从句。但是，如果将这个介词短语移至句首，就不会存在歧义："在周三，约翰叫比尔离开"。此处，这个介词短语只能修饰主句（即约翰的发话）。类似地，对于句子"这个清瘦的总统的女儿是舞会之花"，若将形容词"清瘦的"（"skinny"）放于第二个名词前，那这个词将很明确地指向女儿。

基于词法与句法要素的不同组合，一个句子可能会呈现出多重歧义。考虑此句："The chicken is too hot to eat"。这个句子至少存在四种不同的解释（还有一些其他的解释有待读者继续发掘）。词汇歧义涉及"chicken"和"hot"两词间的相互作用。表 1.1 列举了这两个词的不同含义，而表 1.2 则展示了四种歧义的改述。

表1.1　"chicken"和"hot"的含义

chicken	hot
1. 活的动物	a. 感觉到内热（即感觉热［hot］） b. 被激起性欲
2. 人类的一种食物	c. 从物体中产生的热量（即摸着很烫［hot］） d.（食物）辣

表1.2　歧义的："The chicken is too hot to eat."

1a. 这只活鸡感到非常暖和而没有食欲。 1b. 这只活鸡被极度激起了性欲而没有食欲。
2c. 作为食物的鸡刚从烤架上拿下来，带着嘶嘶的声音，现在还不能吃。 2d. 作为食物的鸡很辣以至于没法吃。

应当注意到，"hot"的两层含义只在"鸡作为活的动物"时兼容，而另外两层含义则只在"鸡作为食物"时兼容。（实际上，"hot"与食物有关的两层含义在日常对话中是如此经常地处于含糊状态，以至于为作区分，说话者一般会问道："你所说的'hot'指的是热还是辣呢？"）句子"The chicken is too hot to eat"还存在句法或语法上的歧义。这一层面的歧义考虑到动词"吃"（eat）应理解为主动式（即鸡吃东西）还是被动式（即鸡被人吃）。表1.2改述的部分反映了这种隐藏的主动—被动的区别。

如今，法律绝不能完全忽略狭义的"歧义"——作为词汇或语法的一项特征。以下是摘自《词汇与短语》的另一定义：

"歧义"可能存在于某些案例（case）的书面文件中，且这些案例（case）必须涉及对语言允许多种理解的情形。[①]

（矛盾的是，这一关于歧义的引述自身就隐含着词汇歧义。"case"一词指的是"案例"还是"法律诉讼案件"呢？依据全文，毫无疑问前者更符合作者本意。）在此，这一引述的作者着重讨论的是"语言本身"。一个书面文件不会仅因其不确定或令人疑惑而产生歧义，却会由于文件的语言产生歧义而变得模棱两可。而且，这一特定解释包含词汇歧义和句法歧义。如同硬币，语言具有两面性——词汇和语法，而这两个重要的特征都可以成为歧义产生的

---

① *Hardy and Hardy*, Cla. App, 35 P. 2d, 615, 619.（*Words and Phrases*, 438）.

根源。

广义的"歧义"是三个案件所共有的,现在我们将对此作更为细致的探讨。可以看到,实际上只有其中一个案件例证了狭义的"歧义",其他两个案件则展示了另外两种类型的"误解"——指代不明和范畴模糊。接下来,让我们进一步研究这三个案件。

弗里加蒙特案:词汇歧义

一词多义可能产生词汇歧义。词典是我们了解词语多种含义的常见来源。这些参考资料采用两种方式列举词汇的不同定义:多个独立的词目,每个词目下列举各自的含义;或者单独一个词目下列举多个含义。例如,《韦氏词典未删节版(第三版)》(以下简称《韦氏词典》)中,将 bank 以名词性和动词性分为不同的词目。而且,该名词本身又包含三个独立的词目:(a)bank 指河堤;(b)bank 指行或列;(c)bank 指金融机构。通常,词典会在词汇的同一词性下划分不同词目,以说明尽管现在词汇的拼写和发音相同,但同一词汇的各个词目间有着不同的词源或来源。名词"bank"下的三个词目就表现了这一做法:(a)"与河流有关的 bank"源自中古英语"bank";(b)"意指排或列的 bank"可追溯至中古英语 banck,而 banck 又是从古法语"banc"演变而来;(c)"与金融有关的 bank"则来源于法语 banque 或者意大利语 banca。①

另一方面,若一词有多种含义却只有唯一的词源,那么它只有一个词目,其不同的含义则以分条目的形式列举。例如,名词"鸡"(chicken)只来源于盎格鲁—撒克逊(古英语)中的 cicen,指微型的 coc,即公鸡(a cock),对它的词典注释就采取上述这种方式。如果在《韦氏词典》中查询词语"鸡"(chicken),我们可以发现以下解释都列于同一单独词目下:②

1. a. 一种常见的家禽(源于红原鸡);现在也被英国人指为:这种禽鸟中不满一周岁的幼雏。

   b. 这种家禽幼雏的肉,用作食物。

2. 后代经孵化后很快出生的任何禽鸟(尤指鹑鸡类)的幼雏。

---

① *Webster's New Twentieth Century Dictionary*, 2nd edn, New York: Dorset & Baber, 1964: 146.

② *Webster's Third New International Dictionary* (unabridged), Springfield, MA: Merriam - Webster, 1964: 387.

3. 俚语：年轻人，尤指女人。

4. 懦夫，胆小鬼。

只要一个词包含多个客观的词典释义，无论这些不同的释义是以不同的词目还是以同一词目下分条目的形式出现，我们都认为这个词存在潜在的词汇歧义。

弗里加蒙特案为阐释词汇歧义提供了很好的范例。为了便于区分与该案有关的"鸡"（chicken）的两种不同含义（即引自《韦氏词典》的前两种含义），弗兰德利法官将其分为广义——即属于红原种鸡的任何禽鸟和狭义——尤其是该种禽鸟中的幼雏。由于具体语境使得采用"鸡"（chicken）的何种含义变得相当明确，所以大多数情形下并不存在歧义。例如，如果我说"哈利饲养鸡（chicken）"，你肯定会认为我使用的是这个词的广义。另一方面，如果我让你去超市采购用于户外烧烤的鸡（chicken），很显然我需要的是适合烧烤的幼雏，如用于烤炸的仔鸡，因为炖煮用鸡已经成为大多数超市里较为罕见的商品。

更有趣的是，关于"鸡"（chicken）的这种特定词汇歧义存在一种包含关系：符合狭义的物同时也为广义所涵盖——即任何"适合于烤炸的仔鸡"同时也是"鸡"。我们也能找到与这种集包含关系有关的其他例子。在犬类饲养者眼中，"狗"（dog）不仅表示一个物种，还可能用于形容男性，相对应地，女性则被形容为"母狗"（bitch）。"Man"可用作表示人类的集合名词或者仅指代成年男性。类似地，"gay"一词可指任一性别的同性恋者或单指男同性恋者，正如这种搭配式的表达"男同性恋和女同性恋"（gay and lesbian）。而且，当专有名词转化为普通名词时，通常会产生这种关系，专有名词由此成为子集或被包含的对象。这一现象在商标名称转为通用名称的过程中十分常见，例如，克里奈科斯（面巾纸）（Kleenex）（一个特定的品牌/纸巾）、吉露（果冻）（Jello）、邦迪（创可贴）（Band - aid）、施乐（复印）（Xerox）、梅西（防身喷雾）（Mace）、维可劳（尼龙搭扣）（Velcro）、立可白（修正液）（White - out）、罗勒布雷德（轮滑鞋）（Rollerblade）和胡佛（电动吸尘器）（Hoover）。不要忘记，我所谓"歧义"的广义和狭义也适用于此包含关系：词汇歧义（狭义）同时也意味着不确定和模棱两可（广义）。"鸡"（chicken）的两种含义间存在包容关系的事实，对弗里加蒙特案的判决起着重要作用。然而，大多有关词汇歧义的例子并不能印证这种集包含关系。"bank"的两种含义——"河堤"和"金融银行"——区别很大，基本没有共通之处。图 1.1

描述了"chicken"和"bank"在词汇歧义上的区别。

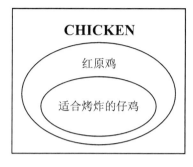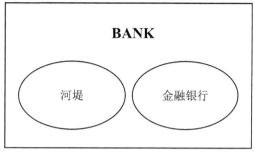

图 1.1 "Chicken"和"Bank"的含义

所有词类均可能出现词汇歧义，并不仅限于名词。动词"租"（lease）有两个截然不同而又紧密联系的含义：（a）X 把土地租（lease）给 Y（此处 X 是出租人）；（b）Y 从 X 处租（lease）来土地（此处 Y 是承租人）。以下这个句子就可能存在歧义："租赁（leasing）财产的人应当参阅 613 号条例"。这一建议是提供给出租人，还是承租人，抑或是他们两者的呢？

动词"sanction"包含着类似的歧义，即一个词拥有几乎相反的几层含义。"sanction"既有（a）"认可"之义，又有（b）"制裁"之义（从法律层面）。同样，以下这个句子也可能具有歧义："这一行为为法令 81B 所认可/制裁（sanctioned）"。

代词尤其容易引起误解。不妨斟酌一下这个句子："在他（he）支付了成交费用以后，卖方会将财产转移给买方"。应当由谁来支付这些费用？买方还是卖方？至此，代词"他"（he）的这一特定歧义的产生不在于其含有两种不同意义，而在于其语法地位。从语法学家的角度看，代词可以其中任一名词（买方或卖方）作为其先行词——即代词可指代任一名词。这就涉及指代的问题，由此引入下一个话题。

拉弗尔斯案：指代歧义

拉弗尔斯案处理的是两艘同名船舶的问题。乍看之下，船名"无敌号"（Peerless）潜在的歧义形式似乎与"鸡"（chicken）的歧义相似：一案中同一名称下有两艘不同的船舶，另一案中同一词语则包含两种不同的解释。然而，从语言学的角度看，"无敌号"（Peerless）和"鸡"（chicken）差别很大，显然归结于它们在语法分类上的区别。尽管二者都是名词，但前者为专有名词，后者则为普通名词。正因如此，很自然地就会将"无敌号"（Peerless）看作名称，而将"鸡"（chicken）视为一个纯粹的词语（这也是笔者在本文中的做法）。

考虑一下这两类名词的差别。表面上看，它们在不同语言间的可译度上就有所区别。翻译普通名词比较容易，而翻译专有名词时，尽管存在拼写差异，却倾向于保持语言转换的相对稳定，除了某些固定的表达之外，如西班牙语的"胡里奥"（Julio）和英语的"朱利叶斯"（Julius）。即使在这里，英语报纸报道的歌手"胡里奥·伊格莱西亚斯"（Julio Iglesias）也不大可能会被认为是"朱利叶斯·伊格莱西亚斯"（Julius Iglesias），或者，更离谱的"朱利叶斯·查储斯"（Julius Churches）。那些由独立存在的普通名词组成的专有名词不受这种一般性的约束，如"白宫"（White house）一词。这种类型的专有名词相对易于翻译——如西班牙语的 la Casa Blanca 或法语的 la Maison Blanche。

哲学家和语言学家都对专有名词和普通名词之间的不同特性有着极大的兴趣。英国哲学家约翰·斯图尔特·密尔认为，专有名词是外延性的，而普通名词则是内涵性的。[①] 根据密尔的观点，专有名词表示或指向带此名称的人或物，却并不指明或暗示这些实体的特定品质或特点。专有名词的功能在于使人们在不附加任何相关细节的前提下仍能谈及某人或某物。而像"鸡"（chicken）这样的普通名词，不仅表示该种群中不定数量的个体，还暗含着这类实体的特定品质，如是家禽的一种，能下蛋，不能飞，有羽毛，可用作食物等。尽管专有名词不暗含任何内容继而不具备独特的意义，但是它作为一个名称可以指代特定的人、地或物。然而普通名词有其内在含义，这恰恰是词典希望通过注解来反映的。

专有名词并不是唯一具备指示功能的词类。人称代词，如我、你、她等，和指示代词——这、那、这些、那些——都能起到类似的作用："我"仅指代说话者，"你"指代说话的对象（一人或多人），而"她"则指代谈话中出现过的女性个体。而且，在普通名词前加上形容词性物主代词、指示冠词或定冠词"the"，同样能产生这种效果。假设我让你去"我的"（my）办公室，把"这"（this）份稿件放在"那"（the）桌上。我提到三个独特的物体——我工作所在的办公室，摆在我们面前的一份特定稿件，以及办公室内唯一的一张桌子。密尔并未否定，不仅普通名词本身包含一定的内涵或意义，在其前加上某

---

① John Stuart Mill, *A System of Logic*, 8th edn, London: Longmans (1961: I, Ch. II).

些冠词后还能发挥指示的作用。但他所认同的恰恰是其反面——专有名词只具有指示性，而且绝不会有自己的内涵。然而，并非所有人都赞同密尔的观点。

丹麦语言学家奥托·叶斯柏森认为，比起密尔严格的二分法所呈现的状态，专有名词和普通名词之间的关系更具有流动性。[①] 叶斯柏森举了几个颇具说服力的例子。正如我们所熟知的"白宫"（the White House），专有名词可能来源于普通名词。与此相关的其他例子还包括意大利卡普里岛的"蓝洞"（the Blue Grotto），德国的黑森林（the Black Forest）以及华盛顿的国会大厦（the Capitol）和国家广场（the Mall）。应当注意到，定冠词"the"通常被保留作为名称中的一部分。

反过来，专有名词也可以转化为普通名词，在此过程中，专有名词会失去原有拼写中的大写形式。回忆一下之前提及的例子：施乐（复印）（xerox）、邦迪（创可贴）（band‐aid）、梅西（防身喷雾）（mace）、维可劳（尼龙搭扣）（velcro）、立可白（修正液）（white‐out）、罗勒布雷德（轮滑鞋）（rollerblade）和英国的胡佛（电动吸尘器）（hoover）。作为专有名词，这些词最初与新产品有关。可能之前这种新产品没有专属的普通用语，因此该专有名词就变得十分有名。即使从一开始就存在着或创造了一个普通用语，要么是这种表达没有广泛流行，如美国纸巾（tissue）相对于舒洁（面巾纸）（kleenex），要么就是这种表达不便于使用，如胶质甜品（gelatin dessert）相对于吉露（果冻）（Jello），胶布绑带（adhesive bandage）相对于邦迪（创可贴）（band‐aid），自卫喷雾（self‐defense spray）相对于梅西（防身喷雾）（mace），钩环扣（hook and loop fastener）相对于维可劳（尼龙搭扣）（velcro）或者滚轴溜冰鞋（in‐line skates）相对于罗勒布雷德（轮滑鞋）（rollerblade）（注意这种多元化）。在多数场合下，专有名词向普通名词的转化还涉及法律问题。营利性企业的专有名称及其产品名称都经过登记或注册为商标。因此，若生产类似产品的竞争者在其广告中使用该注册商标，则不可避免地会引起诉讼。法院就必须认定专有名词，如邦迪（创可贴）（Band‐Aid）或舒洁（面巾纸）（Kleenex），是否已充分融入语言中成为一般词汇，而且适合于日常使用。[②] 实质上，法院必须确定语言中是否增添了一个新的普通名词。

---

① Otto Jespersen, *The Philosophy of Grammer*, New York：W. W. Norton and Co.，1965：64－71.
② For an overview of trademark disputes, see Roger Shuy, *Linguistic Battles in Trademark Disputes*, New York：Palgrave Macmillan，2002.

根据密尔的观点，专有名词当然与普通名词不同，它只有纯粹的外延性意义，却没有任何内涵。叶斯帕森并不同意这一论断。他注意到专有名词通常具有一定的内涵，而这一内涵恰恰与该专有名词指代之物的特征有关。隐含着一定内涵的专有名词便可用于描述其他相近的物体。考虑以下句子："布拉格已经成为欧洲的'新巴黎'（the new Paris）"。巴黎的特点，如其宽阔的大马路、户外咖啡厅以及精致的生活方式，如今都赋予了布拉格。当专有名词以这种方式被使用时，它们一般会伴随着冠词或其他类型的修饰词（即 the new Paris）。

尽管叶斯柏森的观察合理地说明了专有名词和普通名词并不像密尔说的那样界线分明，但后者所阐释的外延和内涵之间的区别——指代和含义之间——为理解名称"无敌号"（Peerless）和词语"鸡"（chicken）的主要分歧提供了一个有效的着手点。

我们只需查阅英文字典就能认定"鸡"（chicken）在弗里加蒙特案中确实存在两种富于争议性的含义。这种潜在的歧义正是弗兰德利法官翻查字典时发现的。但拉弗尔斯案的当事人就没那么走运了。谁会想到从字典里查询"无敌号"（Peerless）这一名称？但有人可能会反对说举这样一个例子并不适当。如果是没那么歧义的名称，结果还会如此吗？毋庸置疑，的确有许多字典和其他类型的参考资料涉及对专有名词的解释。例如，其中的某本参考材料可能提及巴黎（Paris）是一个位于法国北部中心区域的城市，同时也是该国的首都和最大的城市。一部完备的地名录还会记载在得克萨斯州有一个面积小得多的城市也以"巴黎"（Paris）命名。这些特征描述不是严格意义上的定义，却试图从地理和政治的角度来定位不同的"巴黎"（Parises），用以通俗化地指明这些地方的位置。那么"巴黎"（Paris）这一地名是否存在歧义？对此，我们无法根据狭义的歧义，即一词多义所包含的词汇歧义，来作出判断。因为当地名"巴黎"（Paris）表示多个冠此名称的实体时，就可能出现指代不明的问题，以至于人们无法完全确定这个词所指代的是哪个城市，然而，这并不属于一词多义的情形。正如在拉弗尔斯案中，当不确定的指代出现时，这种不确定性就有别于词汇歧义。更确切地说，此时误解源于指代不明或者说指代歧义（只要后者不与词汇歧义相混淆）。图1.2描述了两类名词的不同特性。

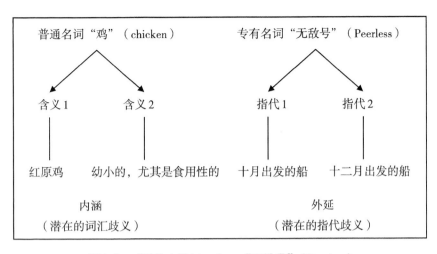

图 1.2　　"鸡"（Chicken）vs"无敌号"（Peerless）

ICC 案：范畴模糊

现在，我们转到研究 ICC 案，该案的焦点在于确定经煺毛和清除内脏的鸡是否属于加工产品。农业部认为，围绕农业豁免的目的，在另一个涉及水果种植者案中被认可的"加工"的定义对于该案认定商品是否属于加工产品具有合理的参考价值。

《世纪词典》也对"加工"作了如下定义："加工"是指通过人工或机器，对原材料或制备的材料赋予新的形式、质量、特性或进行组合，从而生产用品的过程；简言之，即以原材料或制备的材料生产任何用品的过程。①

农业部的观点是，根据这一定义，清除内脏以后的家禽不是加工产品。ICC 虽然也认同这个定义，但仍坚定地认为被清除内脏的家禽属于加工产品。词语"加工"（或"加工的"）是否存在歧义呢？显然，"加工"一词不存在两个不同的客观定义，即一个与 ICC 的立场一致，另一个则与农民的观点相合。也没有任何字典在"加工"一词的解释中提及有关被清除内脏的家禽的问题。既然如此，双方怎么可能面对着共同认可的定义还如此强烈地固执己见呢？

---

① *American Fruit Growers*, *Inc.*, v. *Brogdex Co.*, 1931, 283 US 1, 51 S. Ct. 328, 75 L. Ed. 801. The definition is found on page 11 of 283 US and on page 330 of 51 S. Ct.

误解的产生不在于定义本身，而在于其应用于特定物分类时的歧义。对于加工产品，我的电脑以及承载它的桌子毫无争议地都能归入这一范畴，而一只活鸡和一棵生菜则不能。假如现在我们搭起一座天平，天平左端标上"非加工产品"，右端标上"加工产品"，我们会很轻易地将鸡和生菜置于天平的最左端，而把电脑和桌子置于最右端。然而，在这两个明晰的端点间延伸着一块中间地带，这一部分不再是完全确定的，歧义由此而生。在这里，不同的个人会对物作出不同的分类。同样的物，有些人可能把它分在靠近左端的区域，而另外一些人则可能把它分在靠近右端的区域。当做练习，考虑一下图 1.3 中所列事物，这些事物都与不同形式的死鸡有关。一个物要达到何种程度才能成为"加工产品"呢？

哪一种是加工产品？

(a) 一整只鸡，身上仍附着羽毛，且头、脚及内脏均完好

(b) 一整只鸡，虽羽毛被拔，但仍保留头、脚及内脏

(c) 一整只鸡，虽经煺毛并清除内脏，但仍保留头和脚

(d) 一整只新鲜的鸡，被煺毛、清除内脏且没有头和脚

(e) 除了被冷冻以外，其余与（d）相同

(f) 一整只鸡被切成片状，打包并包裹于玻璃纸中（像一般超市里出售的那样）

(g) 一打生的鸡翅，经打包并用玻璃纸包裹

(h) 一打预先煮熟的辣鸡翅（带有辣酱），经过打包并冷冻

图 1.3　农产品还是加工产品？

在关于经煺毛并清除内脏的家禽（图 1.3 的（c）至（e）项）分类的争论中，ICC 将这种形态的家禽置于靠近天平贴有"加工产品"标签的一端，而农业部则选择了靠近"非加工产品"的一端。这种由分类问题引发的激烈论辩绝非异常。回忆一下美国前总统克林顿臭名昭著的言论："我从未与这个女人发生过性关系。"以下哪种肢体行为可以构成"发生性关系"——"牵手""接吻""抚摸生殖器""口交""性交"？克林顿和"那个女人"均未承认进行过性交。如果克林顿只认为上述所列的最后一项才算是"性关系"，那么他是否在撒谎呢？（然而，克林顿的否认实际上是基于一个对"性关系"的荒诞定义，而这一定义正是他在琼斯诉克林顿一案中接受质询时被提出的："当一个人为了引起或满足对方的性欲而明知地对【双方的性敏感区】加以触

摸，就可认为这个人与他人发生'性关系'。"）①

哲学家、心理学家和语言学家一直为分类问题所吸引。有关分类的传统概念还可追溯到早期的希腊哲学。亚里士多德对事物的"本质特征"和"偶然性特征"作了区分。其中，本质特征是指为一类群体所共有的，可用以定义该种类物的必要和充分的特征。例如，属于"鸟"类的物必然拥有"羽毛、翅膀、喙和鳞状的爪子"。这些特定的品质对于确定一种生物是否属于该种群十分必要，而且足以将那些非种群内的物排除在外。另一方面，偶然性特征——如"筑巢"和"飞行"——尽管为许多鸟所共有，却不适于用以判断一种生物是否属于某一类别。因此，企鹅既不筑巢也不会飞行，却被划归为鸟类，但蝙蝠尽管会飞，却被排除于鸟类之外。传统的观点将物归入两对立类别之一：这些物属于某一类别而另外一些物则不属于该类别。而且，同一类别的所有成员之间被认为是地位平等的。

从20世纪70年代起，认知心理学家和语言学家就开始对分类体系的性质和结构进行研究。这些研究者认为传统的分类观，即某一物类只能以其本质特征进行定义的观点，已站不住脚。他们也不认可同一类别各成员间地位平等的见解。以"原型"的概念为基础，产生了以此命名的替代性理论。② 根据原型理论，一类别下的某些物较于其他物被认为是该类别中更好的范例。因此，鹪鹩和知更鸟为典型的"鸟"，而鸡、企鹅和鸵鸟，因其体积较大、不会飞行且不具树栖性，则被认为是鸟类中较差的代表。于是乎，典型的鸟体积较小，树栖生活，会鸣叫和飞行，既非肉食鸟亦非家禽。实际上，典型的鸟具备一些传统观点上所谓的偶然性特征。认知心理学家埃莉诺·罗施，因其在原型理论上的开拓性工作而闻名，对不同物种的组织结构作了相关研究，包括对鸟类。③为证实原型理论的心理现实性，她让实验对象评估一物在多大程度上才算是某一类别中的好模本，结果发现实验对象的反应之间存在极高的一致性。而且，在测试反应时间的实验中，相比于确认鸭属于鸟类，实验者花费了较少的时间来核实知更鸟是鸟的一种。

---

① *Jones* v. *Clinton*, 990 F. Supp. 1217 (E. D. Ark. 1998); for a linguistic analysis of the Clinton impeachment trial, see Lawrence M. Solan and Peter M. Tiersma, *Speaking of Crime: the Language of Criminal Justicem*, Chicago, IL: University of Chicago Press, 1987.

② For an overview of the history and problems of categorization as well as a cognitive linguistic approach, see George Lakoff, *Women*, *Fire*, *and Dangerous Things: What Categories Reveal about the Mind*, Chicago, IL: University of Chicago Press, 1987.

③ For an overview of prototype theory in cognitive psychology, see Eleanor Rosch, "Principles of categorization", in E. Rosch and Lloyd (eds), *Cognition and Categorization*, Hillsdate, NJ: Lawrence Erlbaum Associates, 1978: 27 – 48.

我们来看看原型的概念是如何被运用到 ICC 案当中的。就"加工产品"这一范畴而言,电脑和桌子都是典型的加工产品,但经过粗糙切割的钻石和剥皮后经过包装的大蒜只是代表性较弱的例子,而鹅卵石、花朵和活鸡则显然不属于该类别。我们需要判断经煺毛和清除内脏的鸡是否为该类别的一员。如此看来,被质疑的物绝不算是原型。因此,就存在两种替代性的选择:它们并非典型例子,却仍属于该类别(像"鸵鸟"之于鸟),这也是 ICC 所坚持的立场;或者它们完全在该类别之外(像"蝙蝠"之于鸟),这也是务农者的观点。ICC 案产生的误解既不源于词汇歧义,也不能归咎于指代歧义,确切地说它与范畴模糊的问题有关。

甚至将弗里加蒙特案"鸡"(chicken)的问题纳入范畴模糊中去考虑也是可行的。假设我们建立起一个类别"适合烹调的鸡",那么适于烤炸的仔鸡就是该类别中的典型模本,但初生的鸡、年老的公鸡和炖煮用的母鸡却不是。从这个层面考虑问题为解决弗里加蒙特案的争议提供了一个新的视角。买家希望得到的仅仅是"典型的"鸡,而卖家则认为只要自己提供的鸡符合该类别要求即遵循了合同的约定。虽然将弗里加蒙特案作为分类上的问题予以分析是可行的,我个人还是倾向于从词汇歧义进行分析。法院采取的也是后者的分析思路。从一开始,佛兰德利法官就去查究"鸡"(chicken)的定义,显然正如他查找字典所发现的那样,这个词确实有两个存在争议的义项。

我们总结一下之前探讨的三个案例之间的相似点与不同点。尽管三个案例中均存在兼容多种解释的词或术语,但它们只从一般义或广义上阐释"歧义",即当多种解释并存时,事实上就导致了相当的不确定性或清晰性的欠缺。进一步考察,误解的本质却不尽相同:弗里加蒙特案中,词语"鸡"(chicken)模棱两可的释义归因于词汇歧义;拉弗尔斯案中,名称"无敌号"(Peerless)在运用中的不确定性由指代歧义所导致;而 ICC 案中,在决定是否将争议物纳入"加工产品"类别时的犹豫不定,则缘于范畴模糊的问题。

关于误解的分析

虽然这三个案件在误解的本质上有所区别,但它们却以共同的结构为基础。它们均要处理语言和现实状况之间的关系。而一个术语的定义或指向如何适用或确定是否适用于特定实体,成为每个案件的焦点问题。出现于家禽销售合同中的词"鸡"(chicken),是否包含炖煮用鸡?表示将货物从孟买运往利物浦的船舶名称"无敌号"(Peerless),指代的是 10 月出发的船舶还是 12 月出发的同名船舶？在一部规范货运方资格认证的法律中所使用的"加工产品"之表述，能否适用于"经燂毛并清除内脏的家禽"？法院又是如何回答这些问题的？

弗里加蒙特案及其他类似案件

阐述合同法的论文通常会涉及两种相互对立的理论：合同的客观性理论和主观性理论。① 客观性理论主张，协议中使用的词足以应付合同的解释，因而法庭不需要也不应当探究合同当事人的主观目的。换句话说，他们正是按照自己所想的去使用那些词。法学学者亚瑟·科宾，尽管他本人并非客观性理论的倡导者，却在抨击这一理论的文章中对此作了完美概述。

> 合同当事人必须意识到，构成合同的是他们的书面用语，而不是他们试图从中表达的意图。是他们，而非法院，选择了这些词语；也是他们，而非法院，订立了合同。合同的法律运作依靠的是词语向法庭传达的意义，而不是它们试图传达的意义。②

对这一理论的严格遵循导致了对平义原则的采用。对于看起来完整（即为一整体）且表面上不具歧义的合同，法庭必须按照词语的普通含义作解释，而且不能求助于外部证据来确定一方或双方当事人的意图。③ 然而，此处存在例外。当合同自身语焉不详或存在歧义，以至于法庭无法完全依据文件"四角"内的语言作出解释时，那外部证据，或法律上所称的"口头证据"，也能被采纳。外部证据可以不同的形式呈现，诸如当事人之间达成的事前协定、书信往来、专家意见、行业惯例，甚至包括对当事人意图以及他们所理解的条款含义的直接询问。口头证据的目的不在于改变现有的合同，而在于辅助法官解释合同。

合同的主观性理论要求存在"合意"——准确地说，即在缺乏目的一致性的情况下，合同不能成立。坚持这一原则的法官可以毫无疑虑地采用外部证

---

① Arthur L. Corbin, *Corbin on Contracts*, one – volume edition, St Paul, MN：West Publishing Co.，1952：156 – 7.

② Arthur L. Corbin, 'The Interpretation of Words and the Parol Evidence Rule', *Cornell Law Quarterly* 1965, 50：161. In this article Corbin analyses the *Frigaliment* case, for which he justifies the introduction of extrinsic evidence.

③ E. Allen Farnsworth, *Farnsworth on Contracts*, New York：Aspen Publishers, Inc, 1990.

据来确定各方当事人的意图，即使当事人认为自己已经对所达成的协议作出了最终决定性的表达。任何案件中，不管持何种理论，当事人在拟订合同时往往会认为各方已达成一致意见，只有到后来才意识到各方对某些重要的术语或条款有着不同的解释。正是这种意见分歧，合同法上又称为"误解"，最终导致了争议双方诉至法院的局面。

弗里加蒙特案中，卖方将炖煮用鸡运给买方，继而引起了一个重要的误解：原告认为"鸡"（chicken）一词应指不大于"用于烤炸的仔鸡"的禽类，但被告却坚信"鸡"（chicken）也应包括炖煮用鸡。弗兰德利法官在论述该案的开端时，对合同的客观性理论进行了评论：

> 假设双方当事人行为时均出于善意，这个案子则很好地阐明了【奥利佛·温戴尔】霍姆斯的评述"合同的订立不取决于双方目的的一致性，而取决于两组外部标志的一致性——即不取决于当事人意指同一事物，而取决于他们说了同一事物"。【着重号为原著添加】①

弗兰德利法官继续写道："因为词语'鸡'（chicken）单独出现时歧义，所以我先看合同本身是否能为解释该词提供帮助。"② 实际上有两份单独的合同，只在每种鸡的数量和价格上有所不同，但争议的实质和法律问题是一致的。合同规定纽约公司应销售给瑞士公司：

> 美国新鲜冷冻鸡，A 级，经政府部门检查，已清除内脏，各重 2.5—3 磅和 1.5—2 磅
>
> 所有的鸡都必须用快尔卫分别包裹，并用安全的纤维纸板箱或适于出口的木箱进行打包
>
> 75,000 磅，2.5—3 磅……@ $ 33.00
>
> 25,000 磅，1.5—2 磅……@ $ 36.50
>
> 每 100 磅，FAS（纽约）
>
> 依据纽约彭森公司的指示定于 1957 年 5 月 10 日。③

检查了合同"四角"内的规定后，佛兰德利法官仍无法从字里行间找到任何信息，能提示规格较大的鸡是适于烤炸的仔鸡而不是炖煮用鸡。于是，外部证据便得以采用。

---

① *Frigaliment.* The quote from Holmes is from *The Path of the Law*：*Collected Legal Papers*，New York：Harcourt - Brace，1920：178.

② *Frigaliment.*

③ *Frigaliment.*

说到外部证据，首先便是一个有趣的语言习惯。原告宣称，双方在事前交流时采用了彼此熟悉的德语。原告称，之所以在德语的交流过程中特意使用英语单词"chicken"，而避开使用德语单词"Huhn"，就是因为在原告理解中"chicken"意指"仔鸡"，而"Huhn"则包括炖煮用鸡（Suppenhuhn）和适于烤炸的仔鸡（Brathuhn）。被告就指出原告试图把较大的鸡当"小鸡"（poulets）（在法语国家的瑞士是这样指称的吗？）出售，只是在顾客开始投诉以后原告才提出"chicken"意指"仔鸡"的观点。法庭对被告的这一辩解并未予以过多的采信。

之后，原告又传召了三位证人来证明自己的主张：自己对"鸡"（chicken）的解释有业内已确立的行业惯例作支撑。其中一名证人在纽约当地为一些瑞士公司做采购，他作证，对他而言"鸡"（chicken）指"适于烤炸的仔鸡"，但同时又宣誓承认如果自己在交易中只需要"适于烤炸的仔鸡"，他会谨慎地对此进行特别说明。另外两名证人更加一致地认为，贸易中"鸡"（chicken）不包括炖煮用鸡。

被告声称，自己从事鸡禽销售行业时间不长，因而在合同订立时并不了解任何特定的行业惯例。尽管如此，要寻找支持被告解释的证人倒不甚困难。其中一位证人，来自新泽西一家鸡禽屠宰厂的经营者，作证称"鸡（chicken）指除了鹅、鸭和火鸡以外的所有家禽，尽管鸡（chicken）涵盖的范围很广，但你必须指出你要的或者你说的具体是哪种"。① 被告方的第二位证人主张本行业内"鸡"（chicken）包括各种具体类别的鸡。被告方的第三位证人认为"鸡"（chicken）的范围应以农业部规范中的分类标准确定，即除适于烤炸的仔鸡以外还包括其他类型的鸡，尽管合同并未提及农业部的类别划分。最后，被告还辩称，以如此便宜的价位是不可能买到体型较大而又适合烤炸的仔鸡的，原告本应了解这一市场行情而意识到无法以此价格买到仔鸡。

衡量了所有的这些外部证据以后，佛兰德利法官得出了何种结论？当然，原告主张的"鸡"（chicken）的狭义与字典记载的其中一种客观解释相一致，而且还有行业习惯相佐证，但对被告主张的"鸡"（chicken）的广义也能作类似的论证。因此，双方的立场几乎是同样站得住脚的。但由于原告是起诉方，因而其有责任证明合同中的"鸡"（chicken）明显更适合于以其狭义作解释，而非其广义。而原告无法证明，最终导致败诉。

先前，笔者提到"鸡"（chicken）的狭义与广义之间存在包含关系——也就是说，属"适合烤炸的仔鸡"类者也属于"鸡"（红原鸡）这一大类。属

---

① *Frigaliment.*

"炖煮用鸡"类者同样适用于这种包含关系。然而，尽管原告接收了一批炖煮用鸡，但起码其收到的仍然是"鸡"（广义），而不是鹅、鸭或火鸡。从这种程度上说，合同条款得到了满足。笔者认为这种包含关系是决定该案判决的重要因素。而在其他的某些法院案件中，这种包含因素也起到相关作用。

母牛还是小母牛？

还有一个案件与弗里加蒙特案非常相似。① 该案中，合同规定"134 头母牛（cow）"。按买方理解，"母牛"（cows）指已分娩过牛犊的成年雌牛。但卖方却认为"母牛"（cow）指任何雌性的牛，包括小母牛，即从未生产过的年轻雌牛。买方从狭义解释，而卖方则从广义解释。上诉审判法官雷珀，在其法官意见中说道："整个案件主要围绕着这样一个问题展开——当事人在描述合同标的时使用的'母牛'（cow）一词到底意指何物。这个词单独存在时有几种不同的含义。"于是他翻阅《韦氏词典》，并引用了其中与本案相关的几个解释：

> 1a：牛属的成年雌性的野牛或家牛，或其中雄性者被称为"公牛"的各种动物；
> b：家养牛科动物，不管其性别或年龄……②

发现合同中出现的术语"母牛"（cow）存在词汇歧义，法官裁定将案件发回下级法院重审。

携带（Carrying）枪支

包含关系不仅局限于诸如鸡和母牛这样的物，还适用于行为。美国联邦最高法院不得不对"携带枪支"（carry a firearm）这一表达的具体内涵作出解释。这个短语出现于一部联邦法律中，该法对那些在实施毒品运输犯罪的过程中使用或持有枪支的行为人处以五年强制监禁刑。与此有关的案件主要有两个。其中一案的被告在用卡车运输大麻的过程中被拘，而且警察在搜查车辆时

---

① *Shrum* v. *Zeltwanger*, 559 P. 2d. 1384；1977 Wyo.
② *Webster's*, 3rd edn, 525.

发现手套箱中锁了一把手枪。而另一案中，被告在运输可卡因时将几把枪搁置在他们的汽车后备厢中。在两个案件的审判中，下级法院都认定被告携带枪支，违反了联邦法律。基于其相似性，联邦最高法院决定合并审理这两个案件。①

被告在各自的上诉中都主张对短语"携带枪支"（carries a firearm）作狭义解释，即该短语限于行为人手持或身上持有枪支的情形。另一方面，下级法院却决定采用广义解释，声明该短语涵盖那种亲自运输枪支的携带方式，无论枪支是在行为人身上还是在车上。联邦最高法院在审查案件时评论道：

> 虽然"carry"一词有许多不同的含义，但只有其中的两个与本案相关。当使用该词语的第一个或主要的意义时，可指行为人在随行的货车、汽车、卡车或其他车辆中"运载枪支"（carry firearms）。当以一种不同的、相当特殊的方式使用该词，以指示诸如"携带"（bearing）或（俚语中）"带着"（packing）［正如在"带着一把枪"（packing a gun）中的用法］的意思时，问题就没有那么明晰了。然而……我们认为国会的原意应当是打算使用该词的主要含义而非后一特殊含义。②

联邦最高法院支持"carry"的广义，并引用了字典、著名作家甚至是大众媒体的记述加以证明。他们注意到，《牛津英语辞典》（OED）中列出的第一项解释就是"运输，最初使用二轮马车或四轮马车，后来发展为任何车辆、船只、马背等"。该词的词源解释了此处第一个引用。依据《牛津英语辞典》，这个词的渊源可追溯到古法语的"carier"和后期拉丁语的"caricare"，意为"以二轮运货马车运输"。而后，法院又留心了某些著名作家对这个词的使用。笛福笔下的罗宾逊·克鲁索说："用我的小船，我可以运（carry）走任何东西"；梅尔维尔在《白鲸记》中写道魁魁格小船的主人"借给他一辆【手推车】，来把他那沉甸甸的箱子运（carry）到寄宿公寓"。尽管这些例子均未明确地指出运送枪支，但这些作者在使用"carry"一词时排除以武器作为运载对象也属正常。法院称："罗宾逊·克鲁索可能在他的小船上运载着一把枪；【以及】魁魁格可能借了一辆手推车，但不是用来运箱子，而是运鱼叉"。③ 法院还援引了报纸中提及的几种用法。例如，《纽约时报》就叙述了一名"有前科者"的故事，"他驾驶着一辆盗取的车辆回家，车上还运载（carrying）着

---

① *Frank J. Muscarello* v. *USA*；*Donald E. Cleveland* and *Enrique Gray – Santana* v. *USA*，524 US 125；118 S. Ct. 1911；141 L. Ed. 2d 111；1998 US LEXIS 3879.

② Reference to page in *Muscarello*.

③ Reference to *Muscarello*.

许多手枪。"

法院并未否认狭义的"carry"可能存在同样多的释义和例子。以作说明，他们引用了《布莱克法律词典》中给出的"携带武器"（carry arms or weapons）的定义：

> 将它们戴、背或带在身上、衣服里或口袋中，以使用为目的，或者以武装自己并在与他人发生争执时备于进攻或防御为目的。①

然而，法院对这些相抵触的定义不予理会，始终相信国会在立法时不可能将"carry"的意义局限于其狭义，即携带在身之义。

因为解释立法机关颁布的法律是司法机关的职能，所以法院所面临的问题就变成：国会对短语"携带枪支"（carry a firearm）意欲适用何种含义？为了得出答案，法院综合考虑了法律的目的及立法史，这种方式让我们很容易回忆起合同案件中对外部证据的采用。立法目的在于防止"毒品与枪"这一"危险组合"。任何毒品交易的参与者都应当把枪支留置家中。相比于徒步前行而把枪放在系于腰间枪套的毒贩子，国会没有理由对那些驾车前去交易毒品而把枪放于车后备厢的不法勾当者更加仁慈。参考了这部法律和其他类似法律的立法历史后，法院得出了结论：国会从未有意对"携带枪支"（carry a firearm）作狭义解释。

我们方才回顾的案件都涉及存在包含关系的词汇歧义——狭义范围内的物是广义范畴下的一个子集。许多诉讼都例示了包含关系，但这并不新奇，因为具有这种关系的事物间十分相似，以至于其中一方当事人极可能认为争议物只排他地属于子集。然而，与词汇歧义有关的案件不一定都是这种类型的。

丢失的戒指

维维亚诺夫妇在饭店用餐。② 就餐中，维维亚诺太太起身前往女厕。她把自己的手袋和订婚戒指放在了水槽边上。洗完手后，她拿回了手袋却忘记带走她的戒指。直到离开饭店以后她才发现戒指不见了。这对夫妇马上冲回饭店寻找戒指，却未能找到。随后，他们向投保的保险公司提出申请，要求其对戒指的意外丢失予以赔偿。承保人拒绝承担保险责任，并提及保险单中的一项例外

---

① *Black's Law Dictionary*, 6th edn, St Paul, MN: West Publishing Co., 1990: 214.
② *Michael Viviano v. Jewelers Mutual Insurance Company*, District Court of New York, 115 Misc. 2d 518; 454 N. Y. S. 2d 404; 1982.

条款"此保险单下，若被保险物因脱离指定被保险人的看护、保管和控制（care，custody and control）而丢失、被盗或毁损的，则该损失不属于保险责任范围……"（着重号为作者加）。从保险公司的立场看，维维亚诺太太"故意舍弃或遗忘"那枚戒指；戒指一旦脱离她的手指，即不在其看护、保管和控制之下。维维亚诺夫妇则坚称戒指是丢失了（而不是"故意舍弃"），而且依他们对词组意义的理解，维维亚诺太太绝没有放弃对戒指进行"看护、保管和控制（care，custody and control）"。基于维维亚诺夫妇的诉求，法庭承认该条款的语言有歧义，存在不止一种可能的解释。

我们先考虑一下名词"看护"（care）的其中两种含义。其一是对保险公司有利的解释，即指"谨慎；警觉性；密切关注"，正如短语"过马路时要小心（take care）"。① 根据这种含义，维维亚诺太太脱下戒指并将其留在水槽边上的行为是否为"不慎"——继而可以说，未尽合理的注意义务？ "看护"（care）的另一含义则对维维亚诺太太有利，即"警觉地照看或高度注意；喜爱或关注"，正如短语"照看（take care）自己的小孩"。从这一层面上说，维维亚诺太太有无谨慎照看自己的戒指？毕竟，她并无抛弃这件珠宝的意图，她脱下戒指只是为了避免它被弄湿、沾上肥皂或外观受损。

最后，法庭实际上未对任何一方关于短语"看护、保管和控制"（care，custody and control）的确切内涵作进一步探究，因为两个因素的介入使得这项语义研究变得不再必要。维维亚诺夫妇拿出了一份"个人财产浮动保单"，这份保单通常用于保珠宝丢失的风险。此类保单下，只要不存在欺诈，即使珠宝的丢失是疏忽所致，被保险人也能获得理赔。而且，这份保单的语言解释可适用"反立约人规则"（contra proferentem）。这个拉丁语所表达的字面意思是："对提出某项主张的一方不利"。当保单解释存在歧义时，这项准则对原告起诉保险公司十分有利。那么，为什么说被保险人可以通过这种方式受益呢？当两个私法主体拟订一份合同时（正如弗里加蒙特案中双方所为），他们可以自由规定各自的条款，以便于双方共同参与文件的措辞编订。然而，这种"妥协互让"以达成协议的方式却不会发生在保险合同的订立中。保险公司早已准备好对己方有利的书面保单，而客户无法参与保单的草拟，对保险公司提供的保单"要么接受要么放弃"，别无他选。由于这些大公司有经济实力聘请律师团队（甚至临时聘用语言学家），他们有望创造出无瑕疵的严密的合同文件，即合同条款界定清晰，从不产生误解或歧义。然而，之后如果被保险人能向法庭证明与自己诉求有关的某方面措辞存在另一可替代的，却又看似合理的

---

① Webster's, 2nd edn, 274.

解释，那么法庭应对合同纠纷作出利于被保险人而不利于承保人的处理。综合所有这些不同的理由，法庭足以确认：

[1] 很显然……按照可能出现的实际情况，短语【看护、保管和控制】（【care，custody and control】）可以适用于不同的解释。……这是一份即使被保险人疏忽也可能产生保险责任的全险保单，而且本州的公共政策允许出现歧义时对保单作出不利于起草方的解释。基于这样的事实和前述情况，法庭认定订婚戒指是在原告已尽"看护、保管和控制"（care，custody and control）义务的情况下丢失的。①

拉弗尔斯案及其他类似案件

一艘名为"无敌号"的船舶运载着货物从印度驶向英国。当它抵达利物浦时，被告却拒绝接收这批货物。于是原告提起了诉讼。合同规定如下：

原告应向被告销售，被告应向原告购买，一批货物，即125包苏拉特棉花……装载于从孟买出发的"无敌号"；……被告会在所指货物抵达英国后约定的一定时间内向原告支付一定价格下的对等货款，即每英镑17.25美元。②

为什么被告拒绝接收这批货物或者说拒绝付款呢？毕竟，严格按照合同规定，合格的货物通过一艘名为"无敌号"的船舶从孟买运往英国，而且原告也做好了交货的准备。答辩中，被告极力声明，如果"无敌号"是12月离开孟买的，他们在船舶抵达英国时自然很乐意接受这批货物。相反，运载货物的却是另一艘12月出发而恰巧同名的船舶。原告则反驳，它一直打算用另一艘船运送货物，因此其行为是出于善意的。证词反映出各方当事人心中都有一艘不同的"无敌号"，而且都没有意识到对方的意图。正如被告代理律师向法庭阐明的那样，"当出现两艘同名为'无敌号'且均打算从孟买驶出的船舶时，潜在的歧义便产生了，为证明【原文如此】被告意指其中一艘'无敌号'而原告意指另一艘，需要提供口头证据。"③

法官有时会对潜在歧义和明显歧义作区分。后者适用于协议中一词多义的

---

① *Viviano.*
② *Raffles.*
③ *Raffles.*

情形。在弗里加蒙特案中，合同中关于词语"鸡"的分歧，就是明显歧义的典型范例。佛兰德利法官从字典中查到"鸡"（chicken）的两个相互对立的定义。但是，在潜在歧义中，争议的术语从文件表面看可能不存在含糊之处，却会基于某一语境下的特定事实产生所谓的"歧义"。拉弗尔斯案中，存在两艘船舶同名为"无敌号"的事实无法通过精读合同措辞来确定，而只是当这两艘不同的同名船舶在相距甚远的日期分别离开印度并抵达英国时，这一事实才被发现。任何一个案件中，一旦法庭愿意去识别"歧义"，口头证据就会被采纳。接着，法庭得出结论："不存在一致意见，也就不存在有效的合同"——即合同因缺乏双方合意而解除。各方当事人均可摆脱合同束缚，但需各自承担所遭受的损失。

值得注意的是拉弗尔斯案中指代歧义的问题涉及的是两个同样鲜为人知的事物。如果其中一艘船名声远扬而另一艘不然，那对合同的解释自然会偏向于著名的那艘船。假设我正在出售以乘坐"玛丽女王二号"出航旅行为奖品的彩票。碰巧的是我将自己拥有的一艘游艇也命名为"玛丽女王二号"，但你并不知晓它的存在。你赢得了彩票，期待着在远洋邮轮上出航旅行，但我却告诉你只是赢得乘坐我的游艇旅行的机会。法庭很可能采纳你对"玛丽女王二号"的解释，或者，甚至可能裁定我的行为存在欺诈。

我们把弗里加蒙特案的判决当作合同客观性理论最典型的例子。佛兰德利法官仔细查看了合同"四角"内的各项规定，仅当确定合同文件本身没有为"鸡"的解释提供任何线索之后，他才允许外部证据的介入。另一方面，拉弗尔斯案则是对合同主观性理论的一个很好的诠释。正因为各方当事人在"无敌号"具体指向的解释上有不同的主观理解，法庭于是判决解除合同。然而，在讨论弗里加蒙特案时提及过的一位法官，奥利弗·温戴尔·霍姆斯，是对合同客观性理论的忠实倡导者。实际上，他对拉弗尔斯案有着与众不同的分析。佛兰德利法官（在弗里加蒙特案中）已经借用了霍姆斯的原话"合同的订立不取决于双方目的的一致性，却取决于两组外部标志的一致性——即不取决于当事人意指同一事物，而取决于他们说了同一事物"。霍姆斯在其对拉弗尔斯案的分析中所提倡的正是这种客观性意见（不同于拉弗尔斯案法庭的主观性意见）。他认为，当事人的心理状态是无足轻重的，拉弗尔斯案判决的作出"不在于当事人意指不同的事物，而在于他们说了不同的事物"。[①] 因此，从霍姆斯看来，合同之所以被解除，不是因为各方当事人心中有着不同的"无敌号"，而是因为他们对"无敌号"

---

① The analysis by Holmes is found in Grant Gilmore, *The Death of Contract*, Columbus, OH: University of Ohio Press, 1974: 41 - 2.

这一名称就有着不同的客观指代，就像他们实际上使用了"两个不同的词语"。然而，多数法学学者都不大可能认同霍姆斯对拉弗尔斯案的分析。客观解释和主观解释的差别可能看起来像是在吹毛求疵。毕竟，尽管存在这种哲学上的争议，不同的分析思路最终都得出了一致的结论——也就是说，根本不存在合同。尽管这些哲学上的分歧确实影响着法官如何对待当事人以及他们的争议的性质。

两条同名的街道

仅仅在拉弗尔斯案发生后短短的几年，另一个与指代不明有关的案件又发生了，但这一次是在大西洋的彼岸。尽管这个案件与拉弗尔斯案非常相似；但却不如拉弗尔斯案有名。① 合同主要涉及位于马萨诸塞州沃尔瑟姆前程街的一处地产。被告期望得到的是地处另一条前程街的土地，碰巧那条街也在沃尔瑟姆市镇上。被告争论道，他同意购买的土地距离地契上提及的那块土地很远，因而绝不可能与之牵扯上关系。法官向陪审团作出了这样的指示，"如果被告企望商议所获之物与原告所售之物并非同一物，并且他们主观上并未就买卖标的达成一致，那就不能说他们已经达成合意并订立了合同"，陪审团作出了类似拉弗尔斯案的裁决，支持了被告的主张。此处，同样被认为缺乏双方合意。

硬币收藏中的硬币

指代歧义的问题不只产生于专有名词——诸如船名和街名。回想一下那些置于定冠词或指示冠词后的普通名词，它们也可能起到专有名词的作用。其中一个比较有趣的案件就涉及硬币收藏。② 原告奥斯瓦德博士是一位来自瑞士的收藏家。被告艾伦女士收藏了一些很有价值的瑞士硬币。奥斯瓦德博士对此很感兴趣，于是准备约见艾伦女士，看看她的收藏。实际上，艾伦女士有两项不同的藏品，分别是她所指的"瑞士硬币收藏"和"珍品硬币收藏"。它们被保管在她在银行的不同保险柜中，但都含有瑞士硬币。经过一轮磋商，双方当事人同意以 50 000 美元的价格转让瑞士硬币。直到要完成交易的时候，才知道发生了严重的误解。奥斯瓦德博士以为自己能得到两项藏品中的瑞士硬币，但

---

① *Kyle* v. *Kavanagh*. Mass. 356. 4 Am. Rep. 560 (1869). [103 Mass. 356; 1869 Mass. LEXIS 88].
② *Oswald* v. *Allen*, 417 F. 2d 43 (2d Cir. 1969).

艾伦女士只打算把瑞士硬币收藏中的那部分硬币卖给他。法庭别无选择，只好承认这是个指代歧义的问题。短语"瑞士硬币"是单指瑞士硬币收藏中的硬币还是指两项藏品中的所有瑞士硬币呢？法庭采用了 Raffles v. Wichelhaus 一案确立的规则，由此得出结论：不存在双方一致意见，因而不存在有效的合同。再一次，被告胜诉，只要被告无过错。

一个工作地点还是多个工作地点？

我们不能作出这样的论断：所有涉及指代歧义的案件最终都会导致缺乏"双方合意"的情形。也许口头证据可以扭转局面而使局势对其中一方有利。一个牵涉不公平劳工措施的案件就与此有关。[1] 联邦通信有限公司（以下简称CCI）是宾夕法尼亚州的一个提供电话和远程通信服务的公司，它承接了一个分包合同，要在费城机场进行电话电缆的修建工作。与 CCI 签订分包合同的公司与 Local 98 （一个工会）达成协议，承诺只聘请工会成员，并会鼓励 CCI 与工会共同致力于这项工程的建设。之后，该工会的代表声称发现 CCI 在机场以外的工作地点动工，而且还有非工会成员的雇员在那里工作。该工会于是向 CCI 递交了书面要求，索要协会管辖范围内 CCI 员工参与的工作信息。CCI 的回应中，它仅提供了与机场工作有关的信息，而拒绝满足（提供）有关其他工作信息的要求。接着，工会便就不公平的劳工措施提起了诉讼。该工会诉称，与 CCI 进行集体谈判后签订的协议涵盖协会地域管辖范围内的所有工作地，但 CCI 则主张协议只适用于机场。一位行政法庭的法官认为该协议在"工作地点范围"的问题上存在歧义，因而愿意考虑口头证据。基于主要由双方口头协议构成的证据，法官判定合同只针对机场工作有效。国家劳工关系局随后推翻了这一判决，断定工会确实能代表其辖区内所有工作地点的劳动者。这个案件于是被提到了上诉审法院。

法庭要面对的主要问题是决定该协议是否含有指代歧义之处。协议是指向了多个工作地点还是单指机场一处工作地点？法庭发现对当事人间的"协议"可以有多种合理解读，继而"协议"在工作地点范围的问题上是不确定的。因此，我们不能局限于书面协议，而应考量与此问题相关的外部证据。法庭推断："我们发现这项外部证据清晰地显示出当事人对协议范围的理解是限定在

---

[1] *Commonwealth Communications，Inc. v. National Labor Relations Board*，354 US App. D. C. 96；312 F. 3d 465；2002 US App. LEXIS 25651；171 LRRM 2513；147 Lab. Cas（CCH）P10, 151.

机场工作上的。而国家劳动关系局则认为争议合同所覆盖的协商工作地点范围广阔。因此，我们认为这一论断是错误的。"①

ICC 案与其他类似案件

经煺毛并清除内脏的鸡是否属于加工产品呢？这个问题摆在了艾奥瓦州的联邦地区法院面前。② 一方面，从 ICC 看来，经开膛清洗的鸡是加工产品，因而必须由获得该委员会资格认证的货车运输。另一方面，农业部和农民群体则认为清除内脏的家禽应当归入农产品的范畴（而不是加工产品），继而可以由未被认证的货运方运输，因为国会制定的一部法律使农产品运输免于获得 ICC 认证的要求。这部法律的相关部分，第 203 节（b）款（6）项，对此作了豁免：

> 用于运载普通牲畜、鱼（包括贝壳）或者农产品（包括园艺品）（不包括由此加工而成的产品）【着重号为作者加】的机动车，如果这些机动车未用于运载其他财产或乘客并索取报偿。③

诉讼发生以前，ICC 就成立了自己的专门委员会来探讨经开膛清洗的鸡是否为加工产品这一问题。一组科学家作此论述"鸡和火鸡，被煺毛，拔毛，取出内脏，切片或者冷冻后，仍【是】非经加工的农产品……【但】像烟熏、烹调和装罐……这样的处理方式，则被认为会使得家禽成为加工产品。"④ 问题不在于农产品是否经过某种形式的加工，而在于"加工的结果是否会使得这样的'农产品'发生巨大变化以至于产生了新的特殊的商品或物品"。⑤ ICC 内的一名委员认同了报告的大部分观点。他说道：

> 被煺毛、清膛并切片的鸡或火鸡不会变成一种独特的拥有新特点或新用途的物。它仍然是农产品。当然，被农妇精心填充食材并放入烤箱的感恩节火鸡也不能算作加工产品。⑥

这位委员从语言学角度进行了敏锐地观察，"鸡、鸭、鹅和豚鼠活着的时

---

① *Commonwealth Communications*, *Inc.* v. *National Labor Relations Board*, 354 US App. D. C. 96；312 F. 3d 465；2002 US App. LEXIS 25651；171 LRRM 2513；147 Lab. Cas（CCH）P10, 151.

② *ICC* 113 F. Supp. 599（ND Iowa, ED 1953）.

③ *ICC*.

④ No. MC – C – 968, Determination of Exempted Agricultural Products,（52 MCC 511）.

⑤ No. MC – C – 968, Determination of Exempted Agricultural Products,（52 MCC 511）.

⑥ No. MC – C – 968, Determination of Exempted Agricultural Products,（52 MCC 511）.

候和被宰杀以后都使用同样的名字"。但是，在英语中，我们对某些较大型的动物以及由此产生的肉类冠以不同的名称——如牛/牛肉（cow/beef），羊/羊肉（sheep/mutton），猪/猪肉（pig/pork）。而食物的名称则借用了诺曼法语的词汇。（显然，征服者威廉入侵英国时让他的法国大厨随行。）然而，有趣的是通过宰杀这些动物产生的肉类制品，诸如肉排和排骨，并不在ICC管制的农业豁免范围内，因而从未成为ICC和农民争议的一部分。不过肉排与产生它的动物几乎无相似之处，正如鸡腿也与鸡不相似一样。从这位委员的论述来看，他支持农民一方。然而，令人讶异的是尽管这一推论如此有力，ICC还是否决了自己委员的建议。正是这一举措将案件推向了法庭诉讼。

令法庭叹息的是那部联邦法律并未对"农产品"和"加工产品"这两个术语的含义作出界定。尽管"加工"一词固然有其字典含义，而且在其他的案件中也会被加以解释，但各方当事人都会主张那些定义与自己的解释相一致。法庭认为企图从一般定义推导出"加工产品"具体意义的做法只会让人陷入"语义荒野"。从语言学的角度看，这种语义之谜因"范畴模糊"而产生。应把标有"经煺毛并清除内脏的家禽"的物置于天平的"非加工产品"端还是"加工产品"端，这个问题绝非一目了然的。农业部倾向天平的左端，而ICC却倾向于天平的右端。法庭似乎处在中间的某个位置，因为不确定应偏向何方，所以它必须考虑采用外部证据。

法庭先是找寻行政解释，寄希望于一个特定机构应当有其主管领域专家的假想。农业部声称，国会赋予了它作为所有农业相关事项的专家地位，因而它能确定家禽应如何分类。ICC却对这一主张持有异议，认为基于自己执行州际货物运输相关规范的职能，它对规定第203节（b）款（6）项的行政解释应当被给予更多的考量。法庭希望找到合适的行政解释，但这一想法导致了另一种僵局的产生。

于是法庭转而寻求另外的外部支持——立法史。立法机关制定不同法律的目的何在？双方当事人都同意那部联邦法律是以使农民受益为目的的。通过使用未经认证的货车，农民能够以更快的速度和更低廉的价格运输自己的产品。快速的运输和低廉的价格对消费者也是有利的。多年来，许多修正案被纷纷提出以限制该法律中的某些规定，每一次国会不是拒绝这些修改意见就是进一步放宽部分规定的适用。细察立法史以后，法庭作出了判决，"按国会的立法意图，'加工产品'一词不应解释为州际商务委员会此处所主张的限定义"。[1] 农民胜诉，如此他们便可继续使用未获认证的运输方式在州际运送货物。

---

[1] *ICC*.

让我们略看一下存在分类歧义的一些其他案件。

什么是裙装（dress）？

原告经营一家零售商店，销售女性裙装（dress）、外套、套装以及女性"运动装"。[①] 他的租约中包含了一项限制性条款，约定房东同意"不将同栋大楼的其他商店出租给他人零售女性连衣裙、外套和套装"。后来，房东在原告知情并同意的情况下，把商店出租给被告零售"女性袜类、手套、内衣裤、文胸、腰带、浴袍、毛衣、手袋和配饰、短上衣、短裙和沙滩装"。原告惊讶地发现被告竟在自己商店的橱窗里陈列并出售搭配的短裙和上衣。原告认为这样的组合实际上就是两件套裙装，于是提起诉讼请求法院禁止被告销售这种搭配装。被告承认自己确实无权销售连衣裙或者传统的由下装和背心或夹克组成的两件式裙装。问题在于对销售商品种类的限制性条款是否排除"上衣—短裙搭配"，有时也能称为"裙装"（dress）。那么，就要问法院，什么时候此"裙装"不是彼裙装（dress）？

从原型理论的角度出发，这个问题可以作如下表达：上衣—短裙搭配是非典型的裙装（dress），但因其仍在此范畴内所以也可算作"裙装"（dress），继而在此案中违反了限制性条款？还是说上衣—短裙搭配在"裙装"（dress）的类别之外，因而不受销售限制？

为解决这一问题，法庭决定考虑女装行业内的惯例。服装产业长期以来对生产裙装的工厂、以运动服为主的工厂以及制造短裙和短上衣的工厂都有作区分，每个分支各自还有单独对外进行集体谈判的单位——短裙协会、上衣协会和裙装协会。另外在零售业中，大都会的百货商店习惯于在裙装商店销售常规裙装，而在运动服装店销售搭配的短裙和上衣。一方面，在这些商店里，两件套裙装以单一价格出售，且通常作为套装一起穿着。另一方面，搭配的短裙和上衣则是分别定价，常以"混搭"为特色——即它们可以一起穿或与其他短裙或上衣搭配着穿。考虑到这一外部证据以后，法庭确认搭配的短裙和上衣不是裙装（dress），因而没有违反限制性协议。顺应原告的请求，法庭规定如果搭配的短裙和上衣分别定价，且顾客不必要购买整套而能够选择单件购买，被告则可以继续出售这样的组合装。

---

① *Louis B. Weinberg v. Mark Edelsterin*, Supreme Court of New York, 201 Misc. 343, 110 NYS 2d 806; 1952 NY Misc. LEXIS 2459.

水是一种矿物吗?

俄克拉何马州最高法院审理的一个案件就围绕着水能否归为矿物质这一主要问题展开。① 最初被告的继承人起诉麦克石油公司,该公司签订了一块土地的石油和天然气勘探开采租约。这家石油公司在土地上挖井取水,开始只是自用,但后来就把部分水出售给不在该土地上的第三方。现在,被告劳伦斯只对这块特定土地拥有"表层权利",而之前的土地所有人则保留着"矿物权",具体定义为"所有的油料、石油、天然气、煤炭、柏油以及具备任何形式和特征的,来自土地里层、底层甚至可能是表层的其他所有矿物"。劳伦斯坚称水是排他性归属于她本人的表层权利的一部分,因而她有权就麦克公司从水销售中的获利取得金钱补偿。原审法院确实判决了劳伦斯胜诉,但麦克公司上诉到俄克拉何马州最高法院,诉称水包含于"矿物权"条款中提及的"所有任何形式和特征的其他矿物"之中。

法庭认可,由于水存在于土地中且可以出售营利,所以水是一种与矿物有着某些共同特征的物质。然而,即使从严格意义上说水可能是一种矿物,但它绝不是典型的矿物。法庭说明:"水是流动的、不固定的",而管理水资源使用的规定表明"必须从逻辑上有别于那些适用于诸如煤炭、矿石此类的规范"。尽管一般被充作商品,水对于为满足农业和其他目的的土地自然使用,以及对支撑人类自身生活都起到不可或缺的作用。基于此,法庭决定,在合同条款范围内,水不属于矿物。因此,麦克公司可以出于自身经营需要使用该水资源,但不能再向他人销售。

砾石是一种矿物吗?

美国联邦最高法院审理的一个类似案件提出了"砾石"是否为矿物的问题。② 尽管乍一看,砾石比水看起来更像"矿物",但砾石仍然不是典型的矿物。这个案件涉及一家采矿公司,其从原属于美国政府的土地上获取利

---

① *Mack Oil Company v. Mamie Lee Laurence*, Supreme Court of Okolahoma, 1964 OK 39; 389 P. 2d 955; 1964 Okla. LEXIS 270.

② *Watt v. Western Nuclear*, Inc. 462 US 36 (1983).

益。在批准该地块转让的国会立法中，国会规定美国政府可以继续保留对存在于土地上的"所有煤矿和其他矿物"的所有权。采矿公司开始从土地深坑中挖取砾石，用于铺设居住着该公司大部分员工的企业生活区的街道和人行道。

法庭所面临的法律问题在于砾石是否为矿物，如果是，那么搬运砾石是否构成对美国政府财产的非法侵犯？法庭标注了"矿物"一词的"宽泛"含义：

> 从词语的广义看，毋庸置疑砾石属于矿物，因为它显然不是动物或植物……尽管可能有必要将无机物认定为矿物的一种……这种理据并不充分。如果所有的土地都可以被认为是"矿物"【原文如此】……所有人对土地表层的权利则所剩无几。①

于是法庭探讨了词语的一些狭义含义。词语"矿物"是否包含所有类型的"石头和岩石沉积物"？它是否仅指向于金属性物质？法庭发现单靠这些广义和狭义的区别并不足以解决分类问题。与 ICC 案的做法相类似，法庭开始探寻国会的立法意图。鉴于其他联邦法律将砾石归为矿物，法官最终也作出了将砾石归为矿物的裁决。

句法歧义和从宽原则

目前为止，我们所研究的关于误解的不同案件——无论是词汇歧义，指代歧义还是范畴模糊——都与特定词语的解释有关。但句中词语间的语法关系也可能产生歧义。这种歧义通常是"修饰范域"的一项功能。此类歧义可能较常见地发生在一个形容词前置于两个以上名词前的情形下，如年老的男人和女人。"年老的"只修饰这组名词中的第一个还是同时修饰两个名词？我们可以用加括弧的方式来阐述这两种不同的语法解析：【（年老的男人）和（女人）】相对于【年老的（男人和女人）】。语言学中，当形容词只修饰其连接的第一个词时，该形容词就被认为有着"狭窄的修饰范域"，当其修饰整组名词时，则拥有"宽泛的修饰范域"。当然，也有某些惯常手段可以消除这种表达上的歧义。可调整形容词连接的词语顺序以进行狭窄式解读——"女人和年老的男人"，或者重复使用形容词以获得相对应的宽泛式解读——"年老的男人和年老的女人"。

---

① *Watt.*

　　现在，我们考虑以下这个有点奇特的虚构情节。一个州的法律确立了宵禁制度，规定"年老的男人和女人不得在晚上八点以后外出"。一名年轻妇女因违反宵禁被逮捕。妇女辩称这部法律只限制年老的女人，对她并不适用，因而她是被非法逮捕的。负责逮捕工作的官员则认为这部法律规制所有女人，也适用于这名妇女，所以对她的逮捕是正当的。法院应如何处理这种情况？

　　英美法学中有一项称为"从宽原则"的普通法原则，规定"刑法应当作严格解释，以不利于政府或试图执行法定刑罚的一方，而有利于遭受惩罚的一方"。① 这项原则主要指当刑法存在歧义时（显然正如我们虚构的情形），应当对刑法作出有利于被告方的解释。

　　从宽原则背后的一个基本依据是法律规定应当明确。公民没有义务去揣测一部法律是否适用于自己。从宽原则的另一个基本依据则与分权原则有关。这项原则用于防止司法机关超越立法机关的原意创造法律。因为法院的职责是解释法律而非制定法律，所以在一部法律存在歧义的情形下，法院没有必要知道立法机关是希望法律被广泛适用（影响较多的人）还是被狭窄适用（影响较少的人）。因为法院不愿对那些可能不在立法者意图惩罚之列的人进行定罪判刑，所以他们倾向于采用只对较少人有影响的解释，虽然由此支起的法网也许不能将所有立法机关想定性为违法者的人一网打尽。然而，一旦法院确定法律存在歧义，他们通常会建议立法机关改写法律以消除这种歧义。

　　就我们假设的法律而言，狭窄的法律解释源自对法律的宽泛式解读。若进行宽泛的法律解释，宵禁管制的是年老的男人和所有女人。与之相比，适用于年老的男人和年老的女人的宵禁只剥夺较少公民深夜外出的权利。必须注意区分"狭窄"作为语意措辞用于修饰范围和作为法律术语用于法律解释的两种不同用法。图1.4有助于从用词的角度说明这一区别，其中 OM = 年老的男人，OW = 年老的女人，YM = 年轻的男人，YW = 年轻的女人，阴影部分代表形容词"年老的"修饰范围以及法律适用的群体。

　　根据从宽原则，在我们虚构的案例中，那位年轻妇女必须被释放。接下来，我们将研究一个刑事案件，在该案中，被告是否被处以死刑取决于放在一组名词前的形容词的修饰范围。

① Norman J. Singer, *Statutes and Statutory Construction*, 5th edn, New York: Clark Boardman Callaghan, 1992: 59.

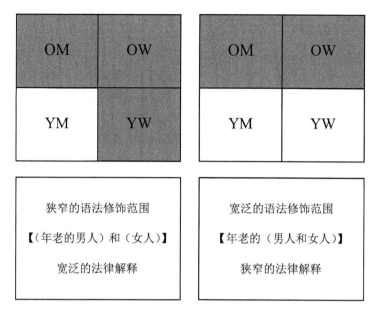

图 1.4 "年老的男人和女人"狭窄范围相对于宽泛范围

加利福尼亚州诉布朗案及另一个案件

在加利福尼亚州诉布朗案中，陪审团裁定被告犯有强奸罪和一级谋杀罪，受害者是一名 15 岁的女孩。这些邪恶的罪行足以使被告遭受死刑的惩罚。与美国联邦最高法院的指导方针相一致，加利福尼亚州法律要求被定罪后是否需要对被告处以死刑需要进行二审。加利福尼亚州刑法允许可能被判处死刑的被告在刑罚审判（定罪之后的再审以决定是否处以死刑）中提交任何减轻处罚的证据，可以是关于"犯罪的性质和情节……被告人的性格、背景、成长史、精神状态以及身体状况"。其目的在于使陪审团能够建议以终身监禁替代死刑。为了帮助他们对布朗作出适当的刑罚决定——死刑还是无期徒刑——初审法院指示陪审团应综合权衡加重情节和减轻情节。陪审员接受了如下的陪审团指示："你们不得单单因感情、猜测、同情、激情、偏见、公众舆论或公众情绪而改变看法"。

布朗被判处死刑。该案件被自动上诉至加利福尼亚州最高法院，而法院须考虑这一陪审团指示是否侵犯了被告可使陪审团以同情或怜悯之心斟酌其犯罪情形的权利。① 转化为语言学上的问题则变成在陪审团指示中，形容词"单单（mere）的"所修饰的只是名词"情绪"还是一整组名词。然而，其中的关键点在于这个形容词和名词"同情"之间的关系。根据形容词修饰范围的不同，"同情"和"单单的同情"间存在重大区别。加利福尼亚州最高法院将陪审团指示解释为指导陪审团"不得受……同情所影响"，并认定这一指示违反了联邦宪法的规定，该规定承认在量刑可能被判处死刑的被告时，有权考虑其"同情因素"。基于这种解释，加利福尼亚州最高法院撤销了原审法院的量刑判决。然而，美国联邦最高法院最终同意审查加利福尼亚州陪审团指示的合宪性。以5：4的投票结果，美国联邦最高法院推翻了加利福尼亚州最高法院的裁定。伦奎斯特首席大法官代表4名大法官发表美国联邦最高法院的多数意见，反对加利福尼亚州最高法院坚持陪审团被指示不得受"同情"所影响的主张；相反，在伦奎斯特大法官看来，陪审团只是被要求不可凭"单单的同情"作出决定，因此该指示通过了违宪审查。

　　"同情"和"单单的同情"之间有何差别？为什么要求不考虑"同情"因素的陪审团指示被认为是违宪的，而要求不考虑"单单的同情"的指示却能通过违宪审查呢？"同情"包含那些基于正当的减轻情节而产生的情感，这样的减轻情节诸如被告在有虐儿倾向的父母管控下成长，曾经遭受身体虐待和性虐，呈现出严重的精神或情绪问题，或者表现出对所犯受审之罪的真诚悔过。陪审员要对这些减轻情节有所感知，并在作出最终的刑罚决定时将其纳入考量的范畴。但陪审员被严格地告诫不能因"单单的同情"而感动，那样的情感反应与正当的减轻情节无关，如他们为被告的困境感到难过，为他在审判中的凄凉举动感到不安，或者为他的家庭不幸所触动。换句话说，处罚阶段作出的量刑决定应当体现的是对被告性格、背景以及犯罪性质的合理回应，而不是与这些情节无关的纯粹的情绪反应或抽象的同情感。

　　联邦最高法院首席大法官伦奎斯特认为，在确定陪审团指示是否干涉陪审团考虑减轻处罚证据的问题上，加利福尼亚州最高法院不恰当地把"单单"的关注点集中在词语"同情"上。他主张关键问题不在于州最高法院如何解释该指示，而在于一个"理性的陪审员"会如何理解该指示。伦奎斯特大法官的观点如下：

　　　　一名理性的陪审员不大可能会从周围一连串名词中单拎出"同情"一词，却极有可能将法官的告诫解释为避免基于"单单的同情"作出裁决，即指明无须考虑的只是那种非因处罚决定阶段提交的加重和减轻处罚

---

①　*California v. Brown* 107 S. Ct. 837（1987）.

的证据而产生的同情感。

这一观点提到了刑罚审判中出示的不同种类的加重和减轻处罚的证据。州公诉人称布朗早前曾强奸另一名年轻女孩。但又存在相当数量的减轻处罚的有力证据。布朗的家人为其作证，评价他"品性纯和"，不相信他会犯下如此恶行。一位曾给布朗作检查的精神病学家宣称布朗是出于羞辱和对性功能障碍的畏惧才杀死那个年轻女孩的。布朗本人也出庭作证，声称自己为之前所犯罪行感到羞愧，并恳求陪审团宽大处理。这一争议性的指示是在决定刑罚的最后阶段对陪审团作出的。整整三天的出庭作证中，十三位证人作出了有利于被告的证明。伦奎斯特大法官认为，陪审员极不可能将陪审团指示理解为他们应忽视且不考虑这三天时间内呈现在他们面前的减轻处罚的证据。

联邦最高法院九位大法官中有四位不赞同这一多数决定。布伦南大法官写就了主要的异议。他以评述该案争点的方式展开论述："州法院承认同情被告是正当的，却主张反同情的陪审团指示只是为了防止陪审团依据与犯罪情节或被告情况无关的'无限制的同情'作决定"。（"无限制的"同情只是"单单的同情"的别名，而"限制性的"同情则指与减轻处罚的证据相"联系"的正当的"同情"。）然而，布伦南大法官察觉到，"陪审团指示并未就陪审团区分'限制性'和'无限制'的问题作出任何说明"。

于是布伦南大法官对陪审团指示进行了深入的语言学分析，论述了当中句法歧义。解析之初，他强调了形容词"单单的"的修饰范围只局限于整组名词中的第一个：

> 这一陪审团指示……告诫陪审团不要受"单单的情绪、猜测、同情……所影响"。陪审员可能从逻辑上推断"单单的"只修饰"情绪"，因此这一指示显然不可能被解释为排除依靠"单单的同情"作判断。

但是，若解释为"单单的同情"则要求该形容词拥有宽泛的修饰范畴。布伦南大法官敏锐地注意到这种解释产生的语言学结果："为使形容词'单单的'能用于修饰'同情'，……'单单的'必须解读为同时修饰陪审团指示中其余的所有词汇：猜测、激情、偏见、民意或民心"。但是，这种宽泛式的解读却会导致如下困境：

> 由于"单单的"可用以辨别"限制性"和"无限制"的同情，因而它也可充当区分其他所列情感的"限制性"和"无限制"类型的标志。但当然了，没有人会主张，例如，在死刑评议中，与手头案件相关的"限制性的"偏见是正当的。

　　也就是说，假设陪审员认为法官劝诫自己不得考虑对被告产生的"单单的同情""单单的热情"或"单单的偏见"，却允许考虑这些情感的某种"正当"形式，这将会是十分荒唐的。因为任何形式的"猜测""激情"抑或"偏见"在死刑案件中都是不准许的，指示陪审员不要受"单单的猜测""单单的激情"或"单单的偏见"的影响是毫无意义的。

　　布伦南大法官有效地证明了加利福尼亚州陪审团指示内在的句法歧义。基于宽泛式解读会引起形容词和某几个名词间的前后关系不协调，他明确地认同狭窄式的解读，即形容词"单单的"只修饰与其连接的第一个名词。尽管严格意义上说，狭窄式解读和宽泛式解读都是可能的（因为当形容词置于一系列名词前时，潜在的歧义就会产生），但考虑到宽泛式解读中存在的前后关系不协调的问题，笔者认为似乎布伦南大法官的解释更为可取。

　　鉴于布伦南大法官极富洞察力的分析，我们能否设想法官成了优秀的语言学家？劳伦斯·索兰在讨论布朗案时提出了这一问题。① 真的就是伦奎斯特大法官支持对形容词"单单的"进行宽泛解读，而布伦南大法官则选择了狭义解读？索兰认为有时候法官对特定问题的解释可能受政治驱动。索兰查究了这些法官在死刑判决上的记录。一方面，首席大法官伦奎斯特是死刑的狂热支持者。在三十多件死刑案件中，只有极少数他是表决推翻死刑判决的，而且某些时候他还是唯一一位表决赞成死刑的。另一方面，众所周知布伦南大法官是强烈反对死刑的。实际上，甚至在布伦南对布朗案作语言学分析之前，他就在自己少数意见的一开始表达了对死刑的不满，称之为"宪法第八和第十四修正案所禁止的残酷的、异常的惩罚"。在索兰看来，有时候法官会个性地使用语言学的分析方式，以及运用语言学的论证思路来证明自己社会政治立场的正当性，就此而言他们都是有过错的。

　　站在多数意见一方的奥康纳大法官，记录了自己对布朗案的附随意见。她建议加利福尼亚州最高法院重新审视州的陪审团指示，确定这些指示是否告知陪审员他们有义务在死刑裁决中考虑相关的同情因素。事实上，加利福尼亚州正作此修订。彼得·蒂尔斯玛成为以改写加利福尼亚州陪审团指示为任务的工作组成员。② 报告中涉及死刑认定时需考虑的加重和减轻情节部分，明确地告知陪审员将"同情"纳入考量范围，而且在界定减轻情节的问题上留有充分的余地。陪审员将会被指示："在作出决定的过程中，你们可以将对被告的同

---

① Lawrence M. Solan, *The Language of Judges*, Chicago, IL: University of Chicago Press, 1993: 55 - 61.

② 'Death Penalty: factors to consider – indentified as Aggravating or Mitigating', Judicial Council of California, Sect. 702 ADP. Draft circulated for comment only, (criminst6. pdf) 2005.

情因素或怜悯因素纳入考虑范围，也可以是任何你们认为属于减轻情节的因素，无论我在此处是否提及"。

先前我们在探讨句法歧义时曾谈及"从宽原则"，即要求法院对刑法中有歧义的规定作出有利于被告的解释。如果这项原则适用于布朗案，那么陪审团指示可能会被认定违宪（依据狭窄式的解读），由此布朗就可以逃脱死刑。为什么从宽原则对此案不适用？布朗案的判决中没有一处提及这项原则，我们就只能猜测一些可能的答案。首先，从宽原则一般涉及刑法条文的合法性，而布朗案则与陪审团指示的合宪性有关。这种区分是否合理？其次，虽然布伦南大法官已指出陪审团指示中存在句法歧义，但首席大法官伦奎斯特却没有。他撰写的多数意见报告中仅采用了"同情"因素的一种合理解释。因此，缺乏句法歧义，从宽原则也就变得不甚相关。然而，这种关于多数决定的观点却未能解释为何布伦南大法官在他的少数意见报告中没有提出从宽原则的应用问题，因为他的报告已明确地把重点集中在陪审团指示的句法歧义上。最后，可能没有大法官在考虑案件时想到去援引从宽原则。无论如何，对该原则能否适用于布朗案的问题仍然找不到满意答案。尽管如此，如果某案中的联邦法律因存在句法歧义而存在争议，从宽原则的作用就会显现。

食品优惠券欺诈

被告里帕罗塔和他的兄弟共同拥有位于伊利诺伊州芝加哥市的月亮三明治商店。① 里帕罗塔先后三次以远低于票面价值的价格向政府特工购买食品优惠券。随后，他因非法获取并持有食品券而被起诉。规制食品优惠券欺诈的联邦法律规定，"任何人以未经法律法规许可的方式明知地使用、转让、获得、改动或持有优惠券或许可卡的，将被处以罚款和监禁"（着重号为作者加）。

该案在联邦地区法院审理。被告希望法官对陪审团进行指示，使之了解到政府必须证明"被告'明知地'实施了法律所禁止的行为，故意违反法律"。地区法院驳回了这一请求，反而向陪审团作出这样的指示：政府必须证明"被告为牟取金钱利益，以非经联邦法律法规授权的方式获取并持有食品券"以及"被告明知并故意获取食品优惠券"。这些指示中不包括被告建议的"特定意图"要素：即被告明知地进行非法行为。陪审团裁定他有罪。被告上诉，辩称地区法院未将"特定意图"纳入陪审团指示中的做法是错误的。上诉法

① *Liparota* v. *USA.* 471 US 419 (1985).

院拒绝接受他的观点。后来，美国联邦最高法院同意审理此案。

当事人之间的争议主要围绕被告的主观状态展开，如果这种主观状态确实存在且可以证实里帕罗塔从事了某种未经授权的行为，政府就必须对此予以说明。当然，对于法律的"主观"要求——尤其是被告必须"明知"什么，各方当事人都有不同解释。毫无疑问，这部法律在副词"明知地"的修饰范围上包含着句法歧义。作狭窄式解读时，这个副词只修饰其后的动词词组——即【（明知地使用、转让、获取……）以任何未经授权的方式】。作宽泛式解读时，副词的修饰范围可以扩展至以下的介词短语——即【明知地（使用、转让、获取……以任何未经授权的方式）】。

让我们明确案件中的各方是如何从语法上解析这个句子的。政府一方支持狭窄的修饰范围，主张如果被告明知自己获取或者持有食品优惠券且那些优惠券是以未经授权的方式获取或持有的，他就违反了联邦法律。换句话说，只要食品优惠券是非法获得的，且被告只需对自己获得并持有食品券的行为有明知，政府就认为被告有罪。而被告一方则认同宽泛的修饰范围，坚称要认定他违反法律，不仅需证明他对自己取得或持有食品券的行为有明知，还要证明他对食品券是以非法方式获得的事实有明知。尽管被告承认知晓自己获得并持有了食品券，但他并不承认认识到自己的行为违法。

在由布伦南大法官代表多数大法官发布的意见中，联邦最高法院表示：

> 国会并未清楚地说明法律所要求的主观状态。虽然国会当然地希望通过使用词语"明知地"来表达对某种主观状态的需要……从这种程度上说，双方提供的解释都与国会的意图相一致。除此之外，词语本身几乎起不到任何指导作用。任一解释都符合词语的日常用法。

然而，法院揣测，英美法一般要求犯罪行为需伴随特定的主观状态或者"犯意"（照字面义，即"犯罪意图"），因此立法机关所颁布的法律不要求犯罪者"明知"的情形不能说完全不存在，至少是极不寻常的。国会未能明确地说明是否需要犯意并不意味着立法机关违背了这项传统的刑法推定。采纳这一推定后，法院意识到管制食品券欺诈的法律需要"说明被告明知自己的行为是未经法律或法规授权的"。然而，政府在审判过程中无法证明这一犯罪构成要件。联邦最高法院极力声明，对"犯意"的要求是为了"坚持我们长期以来所认可的一项原则，即'应以利于显示刑法宽容性的方式处理刑法适用范围的歧义'"。[①] 由此，原审法院的判决被驳回。

---

① *Rewis v. USA*，401 US 808，812（1971）。

理解法律中的误解问题

这一章中，我们研究了法院审理的不同案件，这些案件都存在一定的误解或歧义。后者被广泛地用于法律中以表示法律文件的语言——无论是合同还是法规——是不确定的、不明晰的或者让人产生怀疑的。我们的分析说明，对这些包含所谓"歧义"的各种案件的语言学解析揭示了不同类型的误解。词语层面上，我们探讨了词汇歧义、指代歧义和范畴模糊之间一些微妙的差别。语句层面上，我们探究了句法歧义，观察到一些由修饰语的范围引起的意义含糊问题。然而，能否说，语言学的研究视角提供的不止是对法律资料的一种替代性分析思路？笔者认为确实如此。这种学问技巧有利于律师觉察语言问题的整体轮廓，也有助于法官在他们的判决中从语言学的角度阐释这些问题。而且，它还能帮助我们理解为什么起初会产生误解。让我们考虑以下这些问题。

合同的客观性理论主张协议中所运用的词汇已具体表达出起草者的意图。这一观点要求法院只能考察文件"四角"内的规定，而不得推究起草者对文件内容的理解。这样的论断就把正确制订文件的责任直接施加于订立合同者身上。但是，难道出错的总是语言的使用者吗？语言内在的某些特征也会导致误解的发生，如一词多义或者词语表达指代不明。说话者也许并不了解所有的细微差别，即使他意识到了，他们也可能认为某些歧义完全不适用于他们所处的法律情境，因而觉得不必要规定语言表达的具体含义或指向。

在弗里加蒙特案中，购买鸡的一方认为只有用于烤炸的仔鸡才适合家庭用餐完全是常识性问题，也许他从未想到还需要告知卖方老鸡不符合要求。相反地，卖方有义务提供一定价格和重量的鸡，他很可能认为只有供给老鸡才符合合同关于体型较大的鸡的规定，因为以合同规定的价格根本买不到仔鸡，由此也没必要指出体型较大的鸡不是那种适于烤炸的仔鸡。我想要说明的是，即使双方当事人可能都对"鸡"的两层含义非常熟悉，但他们对外部环境的理解使得在他们脑海里只有其中一种解释是可行的，以至于任何一方都未能意识到潜在的歧义。如果这一系列事件就是事实的真相，那么这样的设想是否意味着弗里加蒙特案的判决有误？实际上，对美国合同法原则加以概述的《美国合同法重述（第二版)》（以下简称《合同法重述》)，就弗里加蒙特案提出了与拉弗尔斯案相似的合理推论——也就是说，不存在"双方合意"即不存在有效的合同。① 但实际作出的判决并非如此。为什么在弗里加蒙特案中，原告被迫接受自己声称没有订购的货物（即炖煮用鸡），但在拉弗尔斯案中，合同则被解除？

正如此前所述，弗里加蒙特案判决所考虑的一个重要的法律要素就是口头证据的性质。双方都提及早前的谈判，并传召证人证实各自的解释。原告提供的证据不及被告的有力。因为是原告提起的诉讼，所以他有义务说服法庭采信己方关于"鸡"的解释，但原告并未做到。因此，被告的解释就为法院所采用。拉弗尔斯案中呈现的唯一口头证据就是有两艘不同的船舶，同样地鲜为人知，同样以"无敌号"命名，在不同的日期驶离印度。而且，合同当事人都没有意识到这一事实，他们并未指向同一艘船，也不了解对方的意图。正如报告所称，该案毫无任何证人证言或其他的证据，来说明其中一种解释较另一种解释应当被给予更多的分量。通过逻辑推导得出的唯一结论就是存在重大误解，因而不可能存在双方的一致意见。

然而，我们不能忽视弗里加蒙特案判决中所包含的语言学要素。"鸡"（chicken）含有两种客观释义，这两种释义恰恰与争议双方分别主张的解释相一致。而且，很重要的一点是，"鸡"（chicken）的狭义和广义之间存在包含关系。纵使卖方发运的不全是仔鸡，但他提供的仍然是鸡。因此，卖方并无严重地违反合同条款。我们把这样的实际情况与一假设的情形相比较，设定的情形下，两种含义间至多存在某种微弱的联系。假如"鸡"（chicken）的其中一种客观含义是"一种类似于母鸡的儿童玩具"，原告订购的是玩具鸡，反而收到了一批清膛冷冻的炖煮用的母鸡。我心生疑问，这样的案件是否会得到与弗里加蒙特案相同的判决。就此假定的情形，合同解释应采用词语何种含义的问题已不复出现。尽管双方当事人都使用了同样的词语，但词语的各种含义间是如此的截然不同以至于几乎不可能认为还存在哪怕一点点的"合意"。然而，当一个存在歧义的词包含两种备受争议的含义，而这两种解释间又有着某种内在联系时（正如在弗里加蒙特案中一样），法院倾向于试图找出支持其中一种解释的解决方式。

如果说弗里加蒙特案反映了未能辨认词语两种含义的失误，那么拉弗尔斯案则显示了在确定名称指向问题上的类似失误。回忆一下约翰·斯图尔特·密尔的观点，专有名词用于表示或指向特定事物。然而，拥有相同名称的人或物通常不止一个。比如，假设我和你有一个叫约翰·史密斯的朋友，而且他是我

① *Restatement of the Law of Contracts*, 2d, §201, Illustration 4. St. Paul, Minn. : American Law Institute Publishers, 1981.

们熟悉的人中唯一有此名字的。那么，我在谈话之初即提及昨天遇见约翰的事则再正常不过了。但是，如果约翰·史密斯和约翰·琼斯都是我们的朋友，而我说昨天遇见约翰——没有前后语境做参考——就不甚适当了。我需要作进一步说明，或加上我所指的那位约翰的姓，或补充他的额外信息。我们不妨将这种方式运用到拉弗尔斯案专有名词的使用中。假如双方当事人知道有两艘不同的船舶均以"无敌号"命名，我们会希望他们能够具体规定所指的是"十月出发的无敌号"还是"十二月出发的无敌号"。实际上，如果有理由相信其中一方当事人知道对方心中所指的是哪艘"无敌号"，那么法院将会对该案作出有利于另一方的判决。但我们所面临的境况并非如此。从所有确定的事实看，合同仅仅规定货物以一艘名为"无敌号"的船舶运离印度，这就引人推测，各方在合同订立时认为只有一艘船以此命名，而且相信对方心中所指的是同一艘船。起草协议时，当事人是否有必要了解所有名为"无敌号"的船舶？如果不必要，那么他们的错误毋庸置疑是无意所致的，判定不存在"合意"未尝不是一种合理的解决思路。

一旦意识到一个词语或表达包含不同意义或者一个名称指代不同实体，那识别词汇歧义或者指代歧义的问题就相对简单。然而，范畴模糊的问题就较为棘手了。对某一类别的词典或立法界定可能仍未确切到足以判断特定的物能否归入该类别的程度。而且，若涉及条例或行政法，了解条例或法律的立法目的对案件分析有一定的帮助，正如其在 ICC 案中起到的必要作用。有一个著名的法律案例是关于一部假设的禁止"车辆（vehicle）进入公园"的条例。[①] 如果我们推定立法目的在于使人们能够在公园内随意散步，使儿童能在那里安全嬉戏，很显然卡车、小汽车和摩托车是禁止进入的，而条例却并未限制儿童骑行的三轮车或者母亲手推的婴儿车。那么，滑板、轮滑鞋、自行车以及配有发动机的踏板车又如何？这些用具是否归属于被禁止的"车辆"（vehicle）类别？原型理论，尽管不能解决这一困境，但起码有助于我们理解它的维度。卡车、小汽车甚至摩托车均可作为典型的"车辆"（vehicle），但滑板、轮滑鞋、自行车和某些类型的踏板车要么在这一范畴以外，要么至多处于边缘地带。蒂尔斯玛提出了一种双重解决方式——由列举和定义共同构成，以此作为解决这类问题的手段。[②] 对于我们假定的条例，立法机关可以具体罗列被禁止的物，尤其当涉及的类型物之间迥然不同的时候（如卡车和轮滑鞋），同时可采用一

---

① See H. L. A. Hart, *The Concept of Law*, 2nd edn, Oxford: Oxford University Press, 1944: 128 – 9.

② Peter M. Tiersma, 'A message in a bottle: text, autonomy and statutory interpretation', *Tulane Law Review*, 2001: 76: 2.

些一般性的定义（诸如，"任何机动化的车辆"）。然而，即使是这种方式也未必能完全涵盖所有的情况。幼童被允许骑行自行车和使用滑板，但青少年和成人却不可以，这种情形是否可能？虽然列举和定义相结合的方式可以对大部分的物进行合理归类，但仍有一部分剩余物的分类是不确定的。相对于条例本身的目的，可能还需要探讨立法者的原意：在公园内，青少年玩弄滑板是否会影响或危及儿童和散步者？

在 ICC 案中，法庭注意到，立法者未能对法律提及的两个重要术语下定义："农产品"和"加工产品"。立法者也未对那种将家禽从农产品转化为加工产品的处理方式进行一一罗列。然而，科学家在他们提交给 ICC 的报告中，确实列举了某些加工手段以便于区分家禽何时为"非加工的农产品"，何时为"加工产品"："鸡和火鸡，被燀毛，拔毛，取出内脏，切片或者冷冻，【是】非经加工的农产品……【但】像烟熏、烹调和罐装……这样的处理方式，则被认为会使得家禽成为加工产品。"① 笔者不是十分清楚，为什么面对着这样一份报告，法院在作出判决的过程中仍不选择采纳其中的定义。也许法官觉得有必要遵从立法者的原意，因此对他们而言回顾这部法律的立法史显得极为必要。

不仅在单独的词语和词组的解释中，在整个句子的解释中也会出现无心之失。各种因素决定了句法歧义是否实际产生。在宽阔的行文语境或附随的情境线索，潜在的歧义可能永远不会浮现。例如，考虑并列结构"油炸的鸡蛋和土豆"中的形容词"油炸的"。狭窄式解读（即只有鸡蛋是油炸的）与宽泛式解读（即两种食物都经过油炸）之间存在着潜在的句法歧义。稍作延伸的行文语境也许就能很好地将其消除。假设你在食谱中读到："这是油炸的鸡蛋和土豆的烹调方法，把鸡蛋和土豆放于同一锅中烹煮"。恰当的解释应当是土豆也是油炸的。有时候，句子以外的上下文可能起到消除潜在的歧义表达的作用。又假设你经过排自助餐的队伍时被问到是否需要油炸的鸡蛋和土豆，你发现土豆已经被捣碎或涂上面包屑后烹制，那你就会意识到（不一定是自觉地）只有鸡蛋是油炸的。一方面，语义或语用因素也有助于消除歧义，因为或许只有其中一种可能的解读在语义上讲得通或者看起来合乎逻辑。例如，"油炸的鸡蛋和沙拉"这一表达就不大可能作宽泛式解读，因为沙拉不是那种常用于油炸的食物。另一方面，仅对于那些熟悉风靡美国南部的"油炸绿番茄"的人，"油炸的鸡蛋和绿番茄"的表达才可能引起宽泛式的解读。

在布朗案中，这种语用知识和文化背景正是短语"单单的情绪、猜测、

---

① No. MC－C－968，'Determination of Exempted Agricultural Products'，（52mcc 511）.

同情心、激情、偏见……"可能产生歧义的关键因素。狭窄式的解读和宽泛式的解读都是可行的。应注意，作宽泛式解读时，形容词和表达"单单的猜测"、"单单的同情"以及"单单的偏见"中的名词之间不存在语义上的不协调，倘若这些名词只解作其普通字典义。仅当我们考虑这些词的语用目的——即它们独特的法律意义时——才会出现异常。"单单的同情"这一宽泛式解读能通过违宪审查，由此对陪审团有关于"单单的同情"的告诫是正当的，但不得受"单单的推测"或"单单的偏见"所影响的警告则是不正当的。布伦南大法官指出，陪审团不得表现出任何程度的"猜测"或"偏见"，无论是"单单的"还是充分的。采取狭窄式的解读也不显得更优。尽管现在陪审员被正确地告知不要受任何形式的"猜测"或"偏见"所影响，但他们也被指示排除对"同情"的考虑，这是对被告宪法性权利的侵犯。

这一陪审团指示所隐含的悖论在于，其希望作宽泛式解读，只将修饰范围延伸至"同情"，却不延伸至词组中的其他任意名词，这分明是不可能的句法技巧。起草加利福尼亚州陪审团指示的人心里所想的也许如此："你不得受激情、偏见、民意、民心、单单的情绪或单单的同情所影响。"但只有对各成分进行重新排序并在适当之处重复使用形容词"单单的"，才能得出这样一个尽管冗长却完全明确的陪审团指示。事实上，伦奎斯特大法官正试图将这种解释适用于实际的陪审团指示中。虽然他对陪审团指示的宽泛式解读允许"单单的"的修饰范围适当地延伸至"同情"，但他却未能察觉或承认修饰范围延伸至词组中其他名词时所产生的不协调。显然，撰写这一陪审团指示的立法机关同样没有意识到句法、语义和语用因素产生的结果。这种三重异常竟是由另一位大法官布伦南，推向显著之处。

第二章　语言隐喻和法律拟制

虚构是用隐喻表达事实。

——朗·富勒①

　　虚构及隐喻和法律到底有什么关系呢？它们难道不是属于文学领域的吗？虚构，即指一个明知不是真实的陈述。但是，当阅读长篇或短篇小说的时候，我们总是暂时地抛开怀疑而去假装那些角色是真实的，并且那些事件也确实发生了。同样地，隐喻也是虚构的。它是一种将一种事物当作另一种事物来描述的修辞手法。因此，不管是虚构还是隐喻都具有一种相似的虚拟性，即让读者将一个实际上并非如此的事实想象如此。法律按理来说处理的应是"真实"而非虚构的事实，但是，你可能会惊讶地发现法律本身也有虚构，即要求他人将明知是错误的原则和原理假定为正确。并且大多数的这类虚构都是建立在隐喻的基础上的，也就是说法学家和律师们思考及谈论它们时，借助的是与之相比较的其他领域的词汇。②

两个著名的法律拟制

　　我们就从两个非常有名的法律拟制说起吧。

　　第一个是"充满诱惑力的滋扰"，它假定当小孩进入存在危险状况的场所时，他并不是非法入侵者，而是被邀请者。第二个是"公司法人"的拟制。

---

① Lon L. Fuller, *Legal Fictions*, Stanford, CA: Stanford University Press, 1967: 10.

② For a fascinating account of the implications of recent work in cognitive linguistics and metaphor for the law, see Steven L. Winter, *A Clearing in the Forest: Law, Life and Mind*, Chicago, IL: University of Chicago Press. 2001.

因为公司拥有某些与人等同的法律权利，这一拟制便认可基于法律上的特定目的而将公司当作人来对待。下面，我们先来看看作为文学技巧，作为常用语的一部分，以及作为法律现象的隐喻。我们不单单要探讨隐喻的语言学表现，更重要的是要探讨它的概念基础。当我们对法律拟制的目的以及隐喻的运行原理有了相当的理解之后，我们便具备了必要的工具，用以对作为这两种拟制基础的概念隐喻进行语言学分析。

充满诱惑力的滋扰理论

　　三个小男孩正在铁路轨道旁玩耍。他们进入了一个铁路调度场并且偶然发现了一个转车台，该转车台是一个上面有轨道，用以使火车改变方向的旋转平台。周围没有任何铁路公司的人来赶走他们，同时这个转车台看起来又是那么地吸引人。其中一个男孩便建议他们来玩这个设备。更让他们开心的是，他们发现它既没有被螺栓固定住也没有被锁起来。于是，其中两个男孩便开始转动它。而在那个最小的、大概只有六岁的男孩试图爬到转车台上的时候，他的脚被卡在了该转车台上的轨道和主干线的轨道中间。这个小孩的脚被剧烈碾压，导致了严重且永久性的伤害。

　　刚刚描述的这一幕实际上就发生在1873年内布拉斯加州的苏城，出现在宾夕法尼亚铁路公司对司陶特一案中。[①] 现在，这起事故已非个案。19世纪后期的美国处在一个铁路扩张的时代，所以发生了多起因儿童在铁道上或铁路调度场内玩耍而导致的伤害事故。且大多数的年幼受害者都来自低收入阶层，他们住在城镇里火车通常会经过的区域。事故的激增引发了公众的强烈抗议，这也给政府处理此类社会问题施加了压力。事实上，有太多这样的事件对簿公堂，以至于它们都被统称为"转车台案件"。

　　法官们会判定铁路公司需要对那些出于好奇或好玩进入铁路公司的土地而遭受伤害的小孩负责吗？法庭面临着如下困境：严格来说，那些孩子是非法入侵者。他们在没有得到主人的允许下进入了私人地产。传统上来说，土地所有者对于非法入侵者的唯一责任就是在前者一旦发现后者的存在时不能蓄意地对其造成伤害，法律并不要求土地所有者去关照入侵者的权益和安全。与对入侵者的这种有限责任不同的是，土地所有者对受邀请者则应负有更高标准的注意

---

① *Sioux City & Pennyslvania Railroad Co. v. Sout*, 84 US 657 (1873).

义务。举个例子，如果你将宾客邀请至家中，你便有责任确保他们在你的房屋时不被暴露在任何会使他们受伤的危险情况之中，如湿滑的过道或者破损的台阶。

法院并不打算把传统的关于非法入侵的法律抛到九霄云外，所以他们需要寻找某种能让这些孩子们变成"被邀请"到该地产的办法。而这一原则最终演变成了充满诱惑力的滋扰理论。根据该理论，如果非法入侵的儿童所遭受的伤害是由儿童可能进入的地产上的环境或者物体所引起的，且土地所有人又未能采取合理的预防措施来保护儿童免受伤害，则该所有人应对此伤害负责。这个原则建立在对"诱惑"或者"怂恿"的法律拟制的基础上。转盘、游泳池、开口井或通风井以及其他任何类似的对年幼儿童有吸引力的危险境况，都变成了诱惑儿童接近危险的一种邀请，同时也正因为此诱惑，土地所有人便对儿童有了本应对受邀请人才负有的责任和义务。法院在一起该类型案件中强有力地阐明了以下观点："一件有吸引力的玩具对一个年幼孩童的诱惑，就如同对一个成年人的明示性邀请。"[1]

即便如此，我们也必须认识到法律拟制并不是谎言。虽然它并非真实，但它的目的并不是去欺骗或者愚弄任何人。没有人会相信一个有吸引力的公害真的表达了到地产上来的邀请。那么，法律拟制的目的到底是什么呢？它其实是一种使"旧"规则适应"新"用法的方法，是一种在保留旧规则权威的同时使法律中正在发生的变化变得合情合理的方法。拟制是"法律语言成长的烦恼"。[2] 因为法律拟制以外的其他替代办法更具破坏性。比如，立法机关可以保留原来关于非法入侵的法律，但是宣布它不再适用于由于土地所有者没有试图阻止入侵者而致使在其土地上闲逛的儿童陷入危险的情况。或者立法机关可以彻底地废除传统规则，并且用既尽力保留传统法律目的又认可保护闲逛儿童需要的新法来替代它。不管是法律的例外还是创设新法都会带来其他的问题：土地所有者究竟对这些在其土地上闲逛的儿童有何责任？而在何种情况下这些儿童将被视为非法入侵者？传统规则中还有其他的例外需要被确认吗？法律拟制的实质在于保持原有法律的完整性，不需要确认例外或者创造额外的规则。儿童被自动地排除在非法入侵者之外，这正是基于充满诱惑力的滋扰已经邀请他们到地产上来的这一事实，而该事实的存在则归功于拟制。至此，土地所有者如今便对那些儿童负有等同于其对任一宾客应尽的注意

---

① *Keffe* v. *Milwaukee & St. Paul Railroad Co.* , 21 Minn. 207（1875）.

② Fuller, 22.

义务。

在法律中的其他地方我们也发现了拟制的其他邀请，该邀请是由除了实际所有者之外的其他人或者事发出的。在商业领域，一项商业活动的顾客都被视为受邀请者。他们进入一个经营场所不是因为所有者的请求就是因为其他的"诱因"。主人（商人）用来吸引顾客的办法包括站在人行道上的叫卖者、报纸刊登的广告或者是"吸引人的"橱窗展示。但无论是通过一个人或者一个事物，它的目的都在于"邀请"公众进入商店。引号中的内容便说明了引诱公害原则的相关用词在这里也同样适用。

在代理法中，委托人要对其代理人的行为负责，比如雇主和雇员之间的关系。代理原则基于一句拉丁谚语，*"Qui facit per aliumfacit per se"*——借他人之手行为者，相当于自己行为。而这个责任移转的概念毋庸置疑是从一个法律拟制开始的。类似地，替代责任原则建立在主人雇佣了一个粗心大意的仆人就应"被视为疏忽"的这一观点上。对此观点的一种延伸便是公司作为一个法律实体只能通过其代理人作出行为。而鉴于几乎不可能区分公司实体和它的雇员，"代理人的行为就是公司的行为"。①

公司法人

法律允许公司做一些人可做之事。它们可能订立合约、买卖土地、实施侵权行为、诉及被诉。其他的权利及责任则被否定，如公司不能担任公职、在选举中投票或者在监狱中蹲上一晚。尽管公司与有血有肉的人之间有着明显的差别，但它们之间有足够的相似性以至于法律将公司作为人来对待。法规中用到的"人"这个词在被解释的时候通常包括公司，只要这样的解释符合法规的一般设计和目的。将公司适用人的法律地位的灵感是法律最为持久的制度之一，同时也是最广为接受的法律拟制之一。

公司的拟人化绝不是近期的创新。早在1444年，它就在《议会议事录》中被提及："该医院的主人及其弟兄必须是以该医院之名有权从适格所有者手中购买土地和房屋之人"。② 三个世纪后，英国著名的法学家威廉·布莱

---

① Fuller, 69, note 32.

② The citation from the Rolls of Parliament appears under the entry 'person' (IV. 6) in the *Oxford English Dictionary*, Oxford: Oxford University Press, 1961: 724.

克斯通爵士对法人作出了如下定义："自然人是指上帝创造的我们；拟制人是指那些为了社会或者政府的目的而被人类法律创造及设计出来的公司或者政治团体。"① 19 世纪时，特别是在法国和德国，人们对于公司人格法语里称"法人资格"（la personnalité morale）的探究兴致盎然。

有关公司人格的三种学说：拟制说、受益人主体说与有机体说

公司一词来源于拉丁词 *corporatus*，即"组成团体"，指一群个体为了一个共同目的而聚集在一起。这个团体是否拥有某些权利，其不同于组成它的个体所拥有的权利？这个问题的哲学蕴含困扰了整个 19 世纪德国和法国的法学家，他们得出了三个关于法人人格的不同学说：拟制说、受益人主体说和有机体说。

拟制说

德国的萨维尼是拟制说的主要倡导者。② 他的思想来源于对人的个人主义本质的深信。根据萨维尼的观点，人作为有意识和意志力的实体，通过他或她的存在，拥有特定的不可剥夺的权利。法律必须确认个人的这种独特地位。处于最基础的层面上的法律关系，发生在人与人之间。如今，个体可以加入协会，但是由此形成的团体本身并非独立存在，同时，其也不像自然人那样拥有先存权。只有在法律的思考中，它才成为一个法律实体——一个拟制的人，即一个人为的、道德意义上的或者法律意义上的人。1801 年至 1835 年任美国联邦最高法院首席大法官的约翰·马歇尔，曾将公司描述为一个"人造的存在，看不见，摸不着，只存在于法律的思考中。仅仅作为法律的拟制物，它只具有创造它的章程所赋予它的那些属性"。③ 马歇尔的描述成为对作为"拟制物"的公司的经典定义之一。

公司法人是一个人造实体——仅仅由国家法律所拟制——这种假定与其他两个概念是相互冲突的：第一，人作为一个独立的存在，拥有自由加入他人并

---

① *Commentaries on the Laws of England* 1765 – 9，cited in the Oxford English Dictionary under the entry 'person'.

② A summary of Savigny's views is found in G. Heiman，*Otto Gierke：Association and Law*，27 – 33（1977）.

③ *Trustees of Dartmouth College* v. *Woodward*，17 US（4 Wheat.）518，636（1819）.

组成协会的自然权利；第二，这些协会呈现出其自身内部的聚合以及存在状态。第一个反对的理由形成了受益人主体说最主要的论据。而第二个则形成了有机体说的基础。

受益人主体说

受益人主体说主要的支持者有德国的耶林和法国的瓦莱利－索米雷斯。[①]和拟制说一样，它认可人是权利的最初享有者。在这些权利中，有与他人联合并以某一设定的名义从事商业活动的权利。但是随之产生的企业并没有成为一个被当作法律意义上的人对待的独立实体。受益人主体说认为虽然将权利归属于公司并因此将其视为法律个体可能非常方便，但是公司的权利实际上只是其成员的权利。以公司的名义从事经营的人也有权获得与其作为个体时所受到的同等法律保护。因此，一个公司的名称绝不是任何法律拟制的名称；它仅仅是一种有效识别团体成员的标签，就像是姓作为家族成员的统称一样。

有机体说

德国学者基尔克（Gierke）是有机体说的主要倡导者。[②] 他提倡团体就像组成它们的人一样"真实"。他指出，人们联合而形成团体是人类天性中不可否认的一面。家庭、宗族、行会、工会、公司、国家，这些都只是社会上出现的联合中的一小部分。在所有社会中，个人和团体都是天然的实体，并且在社会互动中，一定会有个人意愿和团体事业之间的权衡。更进一步说，团体远远不止是对它的成员总和的一个表达。它取得了共同意志并且追求它自己的目标，而且无论成员发生了何种变化它的生命也将延续。法律或许认可或不认可团体，但是这种认可与否绝不会影响它的现实存在，因为它凭自身力量而独立存在。在有机体说的框架内，仍然允许将公司比作拟制人，特别是当需要将它与自然人作明确区分的时候。然而，这样的指代不应当和拟制物说中的类似用词相混淆。在拟制物说中，公司是由法律所创造的法人。而在有机体说中，公司就跟任何人类一样是自然而成的法人。

---

① Arthur Machen，'Corporate personality'，24 *Harvard Law Review*（1911：257 - 8，note 5）.

② Otto Gierke，*Political Theories of the Middle Ages*，introduction and translation by F. M. Maitland，New York：Cambridge University Press（1987：xviii - xliii）.

公司人格与公司利益

在 19 世纪初期的美国，拟制说成为有关公司人格讨论的主导学说。① 这一观点随着 19 世纪后期至 20 世纪初期私人公司的惊人发展而发生了改变。新的经济需求与拟制说的前提条件发生了冲突。于是，对州所授予的特殊许可证效力的不信任由此产生并愈发强烈。它们限制新的公司的创立并且干涉公司的发展。更为恶劣的是，这导致了腐败、政治偏袒和垄断。因此，美国兴起了一场要求自由设立公司的运动，要求让法人公司形式作为商业活动的常规特色变得普遍可行（要求让公司形式得以作为商业活动的常规特征而普遍存在）。虽然结果发现自由设立公司与拟制说不相容，但暂时看来受益人主体说似乎可以适应新的经济结构。

受益人主体说运用与合伙企业法相似的术语来描述公司。毕竟，公司成员是自由地决定集合在一起来签订协议的。但试图将合伙模式适用于公司仍然存在一些基本的概念问题。真正的合伙企业的组成倾向于保持稳定，而公司则没有这样的僵硬性，它的成员组成可能会持续改变。此外，不像成员都分别且各自对企业债务负责的合伙（不像成员需对企业债务承担个别责任的合伙），公司给它的成员带来的责任则是有限的。最后，在合伙企业中，成员分享决策权；然而，随着大型公司的兴起以及针对股权交易的股票交换证券交易所的出现，公司股东变成了纯粹的投资者，决策权也转移给了由高管与董事组成的精英团队。

将公司视作合伙公司的受益人主体说，也并未能有效适应公司的永续性兴起。这一学说将公司视为独立于其成员而存在的真正实体。因此，成员的确切组成变得不甚重要。公司能够拥有其自身的财产并且负担其自身的债务。那么，其成员的责任并不与公司的责任共存则变得可以理解了。最后，作为一个人，公司有权将责任委派给它的代理人，即高管和董事。有机体说，通过将公司当作权利享有者和义务承担者来对待，使得公司从拟制说和受益人主体说的限制性概念中解放出来。

这三种关于公司人格的学说反映了社会的不同的利益。拟制说强调了主权

---

① The discussion of the evolution of US corporations within the context of the three theories of corporate personality is a summary of the views of Morton Horwitz, 'Santa Clara revisited: the development of corporate theory', 88 *West Virginia Law Review*, 1985: 173.

国家的终极权力；受益人主体说强调了个人的契约权；而有机体说则强调了公司及组织的经济自由。这些哲学和历史的发展为探讨和了解美国 19 世纪初期发生的一系列司法事件提供了必要的背景。虽然英国和美国的法学家并没有对当时发生在欧洲大陆的形而上学探讨表现出热忱，但美国法律并没能完全避开这些哲学问题的影响。很多时候，美国联邦最高法院都不得不决定，在宪法含义范围内，"人"和"公民"这两个术语是否适用于公司，而为了解决这个问题，法院便不能完全忽视公司人格的本质。

联邦最高法院关于公司人格的观点

美国联邦最高法院被迫过问公司人格的本质以及用以讨论它的语言，因为有一系列的案子涉及联邦管辖权。案件的争议在于，经美国宪法第 3 条授权处理不同州公民之间争议的联邦法院能否受理由公司提起的或者针对公司的诉讼。应当看到，在处理管辖权的问题时，联邦最高法院从一开始就放弃了公司人格的拟制说。最初，它本打算采纳受益人主体说。但当公司的这种构想被证明不切实际之后，法院便打算转向有机体说。然而，这一转移后来被证明是贸然及激进的，法院放弃了它，并采取了一个有趣的妥协的立场，即接纳两种理论的元素。

阐明联邦最高法院在分析一起案件时运用了某一特定理论，并不意味着法官们明确与明知地应用定义明晰的各套原则来作出判决。实际上，在大多数案件中，这些理论并没有以我们今天所熟知的形式被阐述。当时在欧洲引发的讨论并未出现在联邦最高法院的判决意见中。不同的理论必须被理解为有效分析法庭判决的解释性模型。它们使本不相干的事件之间形成了连贯性和某种结构，同时还提供了追溯美国公司人格演变的概念背景。下面则是一个有关管辖权问题的故事。

宪法第三条：（公民）州籍多样性

美国实行双轨制司法结构，既有联邦法院也有州法院。宪法设想州法院会处理大多数的纠纷。联邦法院则可能因为诉讼标的——比如因为宪法或者联邦法律而产生的案件——或者诉讼当事人的特点而成为管辖法院。宪法第 3 条确认了七种可以到联邦法院提起诉讼的当事人。第五种将是我们关注的重点。

1. 涉及大使、其他公共官员和领事的案件;
2. 合众国作为诉讼方的争议;
3. 两个或两个以上州之间的争议;
4. 一州公民和另一州之间的争议;
5. 不同州的公民之间的争议;（着重号为作者加)
6. 同一州的公民宣称不同州授权的土地之争议;
7. 一州或其公民和别国、公民或臣民之间的争议。

当两个人是同一州的公民，而他们之间发生了涉及州法律的纠纷时，他们就必须到该州的法院提起诉讼。然而，如果他们是不同州的公民，那么即使诉讼标的只跟州法律有关，联邦法院也可能会审理他们的案件。（公民）州籍多样性这一原则背后包含的理论依据是，使得一个担心不能在一个位于他对手所在辖区的法院得到平等对待的非本州诉讼人，能够到一个联邦法院这样一个更中立的辖区去提起诉讼。首席大法官马歇尔则恰当地地阐述了联邦法院管辖区的基本原理：

> 无论"对待任何类型的当事人，州法庭都会像联邦法庭一样公正无偏颇地去行使审判权"这个事实可能有多正确，但同样切实的是宪法本身也对这个问题持有忧虑，或者对诉讼当事人可能持有的惧怕和疑虑给予足够宽容，以至于其建立了联邦法庭来对不同州的公民之间的争议作出裁决。①

当出现当事人州籍不同而赋予联邦司法管辖权时，宪法明确提到"不同州的公民之间……争议"（着重号为作者加)。② 它并没有提到公司。宪法起草者并非没有意识到公司实体的存在。尽管不像今天这样普遍或广泛，那时的公司还是相当多的。那时候有贸易公司、银行、铁路、运河以及收费桥公司。③因为宪法第 3 条并没有明确地指明公司，那么是不是涉及它们的诉讼就完全限于州法院了呢？如果一个州的个人起诉另一个州的公民能够寻求联邦法院这一公正的保护伞，那么此人在作为外来者起诉该州的某一公司时难道就不会同样渴望得到这种保护吗？联邦最高法院肯定地认为这类案件中的诉讼当事人也是有权获得这种恩惠的。于是，借助"不同州公民之间的争议"的外衣，法院成功地将公司纳入了联邦法院的管辖之下。

---

① *Bank of the United States* v. *Deveaux*, 9 US (5 Cranch) 61, 87 (1809).

② United States Constitution, Art. Ⅲ, 2, cl. 1.

③ For a survey of the nature and kinds of colonial corporations, see Henderson, 'The position of foreign corporations in American constitutional law', 2 *Harvard Studies in Jurisprudence* 1, 1918.

美国银行诉德芙奥斯案

联邦最高法院第一次遇到针对公司的联邦管辖权问题，是在 1809 年著名的美国银行诉德芙奥斯案中。① 该原告银行是在宾夕法尼亚州注册的，它起诉德芙奥斯——一位佐治亚州的收税员，实际地从银行挪出资金以支付该银行宣称其并未拖欠的税款。被告收税员非常乐意让这起案件在佐治亚法院受审。而原告，当然有理由更倾向于选择一个联邦法庭并且将侵权之诉诉至位于佐治亚州的美国巡回法院。被告收税员认为此案并不涉及联邦管辖权，因为该公司并不是宾夕法尼亚州的公民，或者说根本就不是公民。然而美国宪法第 3 条"不同州公民之间的争议"的条款是唯一可适用于公民州籍多样性问题的条款。公司能否进入联邦法院最终必须取决于对此条款的解释。宪法第 3 条所采用的术语"公民"的含义是否适用于公司？法院通过调查公司的本质开始了对此问题的探究。

> 既然我们关于公司及其权益和缺陷的了解完全来自于英国书籍，那么在确定公司的特征时我们也应向它们寻求帮助。公司被定义为仅仅是法律的拟制物，不可见、不可触摸且没有实体……（着重号为作者加）②

通过它选择的形容词以及它直接将公司称为拟制物的说法，法院的定义完全符合拟制说的概念框架。假如法院采纳了这种关于公司的观点，那实际上，要弄清这样一个无生命、无形体、仅仅是国家法律的产物的实体如何被理解为公民将变得很难。联邦最高法院自身也肯定了这种观点：

那个不可见的、不可触摸的拟制存在，仅仅是法律实体，一个公司的集合体，其肯定不是一个公民；因此其不能在美国法院起诉或者被起诉。③

如果法院没有更进一步，那么这个问题便可能永久地解决了，而公司则会被永远地拒于联邦法院门外。联邦最高法院的确评论了一些为了税收目的而把公司当作土地"占有者"的英国案件。但是，法院拒绝使用这些将公司当作

---

① 9 US (5 Cranch) 61 (1809). The Supreme Court reviewed three different cases having to do with corporations and their admission into federal courts. The cases were argued and considered together: Deveaux 9 US (5 Cranch) 61; *Hope Insurance Co. v. Boardman*, 9 US (5 Cranch) 57 (1809); and Maryland Insurance Co. v. Woods, 10 US (6 Cranch) 29 (1809).

② *Deveaux*, 88.

③ *Deveaux*, 88 – 9.

公民来对待的判例。不管怎样，联邦最高法院无意剥夺公司进入联邦法庭的权利。

把公司当作"非人类"对待，同时否认它可以作为公民的拟制物说完全不足以支撑任何允许公司进入联邦法院的论点。联邦最高法院需要在公司的其他构想中找到对其管辖权的支持。法院将视角从公司自身转向关注它的组成成员，"如果公司被当作一个单纯的机构而不是被当作一群以某一法律名义处理共同利益的个体，那它肯定会被排除于联邦法院之外"。① 法院进一步阐释这种团体观点：

> 公司的名义，实际上是不能成为一名外来者或者公民的；但是它所代表的那些人却可能是外来者或公民；并且无论是在事实上还是法律上，争议都是发生在那些用他们公司的人格来起诉的人们和这个被起诉的个体之间的。②

让目光超越公司的名义，便能揭开公司的面纱，看到这个公司下其真正的成员。正是这些成员有权获得法院的保护。

受益人主体说足以把公司纳入宪法第 3 条规定的（公民）州籍多样性的范畴：是那些成员——真实存在的人，而非公司，得以拥有公民资格。公司的利益被取而代之地转变成其成员的利益。因此，后者并不能仅仅因为他们选择联合在一起并以公司名义从事商业活动就被剥夺进入联邦法院的宪法权利。在历史上的这个时候，法院并不需要更进一步，当然它也还没有准备好去利用受益人主体说以认可任何关于公司自身即可成为真实公民的主张。毕竟，公民只能是真正的人。这个观点出现在了总结性陈述中："对于公民这一术语，应当按照其在宪法及其他法律中的用法来予以理解。也就是说，公民描述的是来到法庭的真实个人，而在此案中，即是以其公司名义来到法庭的个人。"③

德芙奥斯案的裁决有效地将一个涉及公司的诉讼当作作为合伙人的股东提起或被提起的诉讼来对待。同时这个裁决也为公司建立了一个辨别是否存在州籍多样性的程序，即我们应当关注公司的股东或成员。如果他们的州籍与诉讼另一方当事人不同，那么州籍多样性的要求即达到了。这一程序必须与 1806年裁决的一个案件中所建立的规则，即斯特劳布里奇规则结合起来应用。④ 至今仍有效的斯特劳布里奇规则处理的是当诉讼任一方当事人由数人组成时州籍

---

① *Deveaux*，86 - 7.

② *Deveaux*，87.

③ *Deveaux*，91.

④ *Strawbridge* 7 US（3 Cranch）267（1806）.

多样性界定的问题。其要求州籍之间不存在重合。诉讼中任一方当事人与另一方中任一人的州籍都不能相同。换句话说，这些团体中成员的州籍必须组成一个不相交集合。当这样一项要求应用到公司时，对于股东要么都是同一州的居民要么仅是一小部分州的居民的地方性公司是管用的。但是这对于任何拥有来自几乎每个州的股东的全国性大型公司而言却是不利的。在后一种情况下，公司实际被排除于联邦法院之外，因为只要公司大量的股东中有一个碰巧和对方的任何一个人是同一州籍，那么州籍多样性的要求就无法被满足。这个困境是必然会出现的。

莱森案

联邦最高法院在 1844 年遇到了州籍重合这一特殊情况。[①] 一位纽约州公民莱森到位于南卡罗来纳州的一家联邦巡回法院对某铁路公司提起违约之诉。被告铁路公司，努力想让自己从联邦管辖权中脱身。它声称并非所有它的股东都是南卡罗来纳州的公民。其中有两个是北卡罗来纳州的公民。而且，其中一个股东是一家银行且该银行中有两个股东来自纽约州，即莱森的本州。根据德芙奥斯案的裁决，似乎原告和两个真正被告都是纽约州的公民。且根据斯特劳布里奇规则，这一状况产生了州籍重叠，事实上即缺乏充分的州籍多样性。这里的困境在于因为当事人州籍不同，一些股东拥有确保适用联邦管辖权的州籍，但同时，其他一些股东则拥有妨碍其适用的州籍。而法院明显是支持前者的："如果确实要依靠成员来确定此处是否适用联邦管辖权，那么当他们其中一些人身上缺少合适的州籍来支持管辖权，而其他作为公民的成员则拥有必要的居住权来保持管辖权的时候，管辖权便不能被剥夺。"[②] 法院再次急于认同公司的州籍多样性。

德芙奥斯案所体现的受益人主体说，对于确认诸如莱森案等案件中联邦管辖权的存在显然是不合适的。公司的州籍需要建立在一个全新的基础上。联邦最高法院以惊人的言语手法，作出了一个与有机体说相契合的新裁决。

一个为某州所创设的公司……虽然它可能拥有该州以外的成员，但在我们看来它是一个人，即使是拟制的，也是居住于并且属于那个州的人。因此，为了诉与被诉的目的，它有权被视为是那个州的公民。（着重号为

---

① *Letson* 43 US (2 How.) 497 (1844).

② *Letson* 554.

作者加）①

在之后的判决意见中，联邦最高法院进一步重申了其观点：

> 为某一特定州所创立并在其境内从事商业活动的公司，无论从哪点看都应被视为一个人，尽管是一个拟制人……但也就像自然人一样，能够被当作那个州的公民来对待。②

这里所使用的语言便跟德芙奥斯案中的语言相去甚远了。在德芙奥斯案中，联邦最高法院在否定拟制说时，一开始便使用了该学说中的术语来描述公司的特征。公司被称为一个"拟制人"、一个"纯粹的法律实体"、一个"法律的产物"，同时被描述为"不可见"、"不可触摸"且"没有实体"。而在莱森案中，对公司的描述则十分不同。公司被明确地称为人。更确切地说，它是一个不同于"自然"人、人类的"拟制"人。如此特点当然是为有机体说所承认的。然而，尽管还存在人造和自然之间的区别，但需要注意到的是法庭将这两个实体——公司及人类，都称为人。通过这样一个共同标签，公司和人就变得相似了。这种语言学的手段便使得人们在谈起前者（公司）时还是会把它当作后者（人）一样来对待。

那么，公司到底在哪一方面像人呢？法院确立公司人格的依据在于一个有几分不寻常的居住概念。一个在某州被设立并从事经营的公司就像是在那里出生并生活的个人。仅仅基于居住这一点它便看起来如同人一般。因为居住地通常是确认个人州籍的一个重要标准，所以这个概念便在法院的论据中形成了一个关键的联系。公司法人是一种人，它是一个州的居民，而居住权又关乎人的州籍，从这样一系列的前提出发，就必然得出有关公司州籍的结论。但是在莱森案中，法院并不仅仅暗示公司可以是或者应该是一个公民。它选择了一种更加激进的立场。法院裁定一个公司法人必须被当作一个公民。

"视为"这一"神奇"的词语影响了这种转化。该词属于一类特殊的动词，即"施事动词"。在特殊的情况下（将会在第三章讨论），说话者通过运用施事动词创设了该动词所表示的境况。比如，在说"我允诺给你寄钱"时，我使自己承担了一个未来付款的义务；我所说的施事动词"允诺"在那一刻便形成了一个允诺的行为。通过相似的方式，联邦最高法院在宣称它将公司"视为"人时，通过使用"视为"这个词，便实现了其所描述的新的法律地位。

---

① *Letson* 555.

② *Letson* 558.

联邦最高法院这一言语行为同时赋予了公司人格和公民身份。要注意到这两个性质都是非常必要的。如果联邦最高法院仅仅宣布公司是人而不是公民的话，那结果可能会是一无所成。宪法第3条明确地提到了"不同州籍公民之间的纠纷"，而不是来自不同州的人。但是因为人和居民的概念是法院对"公民"作出解释的必要条件，所以为了让公司成为公民，它首先必须被当作人来看待。更进一步来说，"人"这个通用术语很好地模糊了公司和人类之间的差别。通过居住权的概念，公司被认可为人，尽管是拟制的人，如此一来，它便"跟自然人一样……能够被视为公民"。这实际上从语言上暗示了有机体说。

虽然在德芙奥斯案经过近40年之后所裁决的莱森案是有机体说的一次胜利，但公司是公民这一概念并没有得到联邦最高法院所有法官的认同。一些法官质疑说公司怎么可能被认定为公民，尽管对宪法中"公民"这个词一直都有不同理解。皮特·丹尼尔大法官便抨击了在莱森案的裁决中用来推导出公司公民身份的前提。

> 虽然公民身份意味着居住权，但是后者无论如何都不意味着公民身份……宪法并没有规定那些可以被视为公民的个体可以起诉或被起诉，却规定了管辖权必须仅局限于公民；权利上和事实上的公民。①

丹尼尔如同一个语义学家，其指出居住权与公民身份并不存在相互关系：由前者的存在并不能推导出后者的存在。这样做不仅是错误的逻辑还是虚伪的法学。他继续指出，如果法院一定要将公司视作公民，那么无论在哪一点上都必须给予公司以公民之待遇。作为公民，公司应当能够担任公职甚至"追求美国总统一职"。② 丹尼尔对于公民的认定没有任何疑义，他们应当是高于众生的、有血有肉的人类。

莱森案的裁决最终成为令联邦最高法院难堪的事。对有机体说如此肆无忌惮的应用是不成熟的。其用以确定州籍多样性的方法最终只维持了10年的寿命。在1853年，法院否定了将公司当作公民的观点，而取而代之地提出了一个奇怪的折中立场。如果说莱森案的裁决是大胆的，那么新的裁决在某种程度上其实更加激进。

---

① *Rundle v. Delaware & Raritan Canal Co.* 55 US（14 How.）SO, 109（1852）（Daniel, J., dissenting）.

② *Rundle*, 101.

马歇尔案

马歇尔诉巴尔的摩与俄亥俄州铁路公司案非常有趣，不仅是因为它为（公民）州籍多样性确立了一个特殊的程序，还是因为它反映了法院从哲学层面对公司人格本质鲜有的一次涉足。① 法院关于拟制说的有趣评论及其语言的力量值得一提。

> "据说，公司是一个拟制人，一个纯粹的法律实体，不可见也不可触"。这在形而上学的某种意义上来说毫无疑问是正确的。同时，这种拟制实体"不能成为公民"的推论也是从一个不可驳斥的前提中推导出来的合乎逻辑的结论。②

即便如此，法院在处理有关拟制实体的问题时也是很谨慎的。

> 但是一个公民在签订合约之后跟一个公司发生了纠纷……并不是在和一个纯粹的形而上的抽象概念打交道，而是在和自然人打交道。那么，根据只会巧妙处理文字和名称而不考虑它们所代表的人或事的推论法或诡辩法，而剥夺那些跟这样的人打交道的个体的珍贵特权，这就显得不甚合理了。③

法院非常明确它并不想玩形而上学上的文字游戏。但是它也清楚地表明公司是受宪法第3条的规定所约束的。为了确保它们能继续有权进入联邦法院，法院找到了一种新的方法来确定它们的公民权。法院的这个混合了受益人主体说和有机体说元素的意见，结果被证明不仅是州籍多样性史上最离奇的转折点，还是法院有史以来最为奇异的法律拟制之一。

马歇尔案涉及一名弗吉尼亚州人，他起诉一家马里兰州的铁路公司，宣称该公司仍欠他为其获得通过弗吉尼亚州的过路权而提供服务所应得的酬劳。他在位于马里兰州的美联邦巡回法院提起了诉讼。被告，即该铁路公司被描述为一个"根据马里兰州议会立法注册的法人团体"。④ 它因这一声明不足以证明联邦法院管辖权的可适用性而遭到拒绝。尽管事实上之前有类似的声明已经被

---

① *Marshall*, US (16 How.) 314 (1853).

② *Marshall*, 327 (citation omitted).

③ *Marshall*, 327 – 8.

④ *Marshall*, 325.

认为是不充分的，但联邦最高法院现在却认为这一声明是充分的。在马歇尔案中，不再是公司成员的州籍，而是公司注册地变成了最重要的因素。正是通过这个信息，法院将要以一种最令人好奇的方式来推导出股东的州籍。

> 使用公司名义……行为的人们可以被合理推定为公司必要住所所在州的居民……应该被禁止……主张其他的住所。①

的确，在一个公司所有股东都是其注册地的居民的理想世界中，并不需要为了确定是否存在州籍多样性而单独调查每个股东的州籍。只要确定公司注册地便足够了，比如说通过一个注册地的相关声明确定。然后，便能直接推断所有股东都是那个州的公民。然而，关于股东州籍的推定只有在他们实际上都是公司注册地居民这样一种理想的状态中才经得起严格的推敲。那非理想状态下又如何呢？如果有来自于非注册地所在州的股东，又该怎么办呢？联邦最高法院大胆地宣布，即使在这样的情况中，这种推定也不会受到挑战。

法律推定可分两种——可推翻的法律推定和不可推翻的法律推定。一个可推翻的法律推定就像是科学中的假设；它是一个依据事实或数据可能被支持或者被否定的观点。然而，法律推定和科学假设之间的这种类比存在一个重大缺陷。不像科学，法律允许不可推翻的法律推定——那些不可反驳的、不受事实的"真正"本质所影响的推定。马歇尔案所阐明的不可推翻的法律推定导致了这样的结果：股东将被禁止或防止主张其为其他州的公民。一个不可推翻的法律推定当然很有可能是正确的。比如说，可能所有股东实际上都是注册地的公民。但也需要注意到，恰恰在那些明知事实是错误的案件中，法律倾向于诉诸不可推翻的法律推定。"不可推翻的法律推定"的概念被公认为最臭名昭著的法律拟制之一。

法院选用拟制的手法以确认公司的公民身份，这不仅表示了它认定公司确实是拥有公民权利的，同时也表现出它不愿意直接赋予公司以公民身份。需要注意的是为什么说马歇尔案对公民身份的认定方式体现了公司有机体说和受益人主体说的混合。首先，关注公司注册地，从而得出（虽然联邦最高法院并不承认这一点）公司的公民身份。通过这种方法，公司被当成人来对待。然而，因为它是一个拟制人，它缺乏真正公民应被保证的某些特定权利，比如在涉及州籍多样性的案件中将诉讼提至联邦法庭的权利。然而，通过不可推翻的法律推定，便能由公司的州籍推导出它成员的州籍，即成员的州籍被假定为与

---

① *Marshall*, 328.

其公司的州籍一致。作为自然人，这群个体有权获得无法直接给予公司公民的宪法保护，因此他们便获得了进入联邦法庭的权利。

莱森案和马歇尔案都有一个重要的特点：公司的注册地变成了确定其公民身份的决定性因素。在第一个案件中，公司自身被认为是注册地所在州的公民；在后一个案件中，所有的股东被推定为那个州的公民。在这两起案例中，都需要关注注册地，如果注册地所在州与另一方当事人的州籍不同，便存在州籍多样性。这一裁决非常适合那些在一个州注册并且其主营业地也在这个州的公司。

但是很多公司并不符合这个标准。一个公司有可能不只在一个州注册。同时，公司在一个州注册而将它的总部、工厂及厂房设于其他州的情况也并不罕见。这样的公司实际上居住于另一个州。那么那个州的公民能否在联邦法院对这个应当是"本州"的公司提起诉讼呢？而注册地所在州的公民在与这个无论从哪点看都是居住于别州的公司发生纠纷时，是否会被联邦法庭拒之门外呢？这些问题表明，也许为了州籍多样性的目的，应该关注公司的主营业地而非它的注册地。或者说公司是否应该拥有既反映其注册地又反映其营业地的双重州籍？

1958 年，距离马歇尔案判决的作出已经过了一百多年，这些问题都通过法律解决了。《美国法典》有关"（公民）州籍多样性"部分的第 1332 条规定："公司应当被视为其注册地所在的任何州的公民以及其主营业地所在州的公民。"[①] 根据对这条法规的解释，一个公司可能在一个或者多个州注册，但它的主营业地只有一个。可以确定的是，一个公司在越多的州取得公民的资格，那它进入联邦法院的权利便越局限。

虽然马歇尔案的裁决，即股东被推定为注册地所在州的公民，仍然是联邦最高法院关于确定州籍多样性的官方版本，但是莱森案中表述的有机体说却是最后的赢家。《美国法典》第 1332 条的文字也证实了这一点。回顾莱森案的文字时，可以发现公司被再一次地视为公民。虽然这个观点从未得到联邦最高法院的官方认可，但是在大多数的法律作家、法学家以及公司代理律师心中，公司自身便是一个州的公民，同时在关注州籍多样性时，通常直接将公司的州籍与对方当事人的州籍做比较。

但是，在莱森案和所提到的法规之间有 114 年的时间间隔。如果有机体说在莱森案后几乎立刻便被否定了，那这期间到底发生了什么以至于这个理论变

---

① 28 USC § 1332 (c) (1982).

得更易于接受了呢？毕竟，联邦最高法院不止一次地断言公司并不是公民。实际上，有机体说从宪法的其他地方得到了支持，并且正是别处的支持促进其渗入管辖权的领域。这些领域之一便涉及外国公司的权利，它们并未从某一特定的州处得到许可执照。下面便是对其中所发生之事的简短窥探。①

宪法第十四修正案：外国公司的权利

1839 年，联邦最高法院裁定在一个州设立的公司不具有在另一州从事经营的无限制的权利。② 外国公司或者外州公司则需要得到本州的同意。换句话说，每个州都有保护本地商业利益的自由。联邦最高法院的这个裁定为之后一系列有关各州向外国公司征收特殊税费的裁决奠定了基础。这些宪法性问题促发了美国宪法第十四修正案一系列规定的出台。

1868 年，国会通过了宪法第十四修正案。该修正案第一条便以定义公民身份开头："第一条　所有在合众国出生或入籍、并受制于其管辖权的人，都是合众国公民和其居住州的公民。"③ 第一条的其余规定在给州的权力设置限制时，也在公民和人之间创设了一个有趣的分歧。

> 任何州不得制定或实施任何法律，来剥夺合众国公民的优惠与豁免权。各州亦不得非经由法律正当程序，即剥夺任何人的生命、自由或财产，或在其管辖区域内对任何人拒绝［提供］法律的平等保护。（着重号为作者加）

"特权和豁免权条款"明确针对公民，然而"正当程序和平等保护条款"却提到了人。比如，这一分歧就影响了对外来者的处理。他们有权获得正当程序和平等保护，却未必享有给予公民的特权。这种区分对公司同样有影响。

宪法第十四修正案通过二十年后，法院在审理的一起案件中断言道，如宪法中所体现的，公司并不是公民："公民这个词……只适用于自然人或效忠于国家的政治团体的成员，并不适用于由立法机关创造的且只拥有立法机关所规定的性质的拟制人"。④ 然而，我们很难看出法院还能在宪法第十四修正案开端有关公民身份的定义方面总结出什么。"出生或入籍"这一条件将公民身份

---

① For a fuller treatment of the rights of foreign corporations, see Schane, 'The corporation is a person: the language of a legal fiction', *Tulane Law Review*, 61: 3, 1987: 584 – 92.

② *Bank of Augusta* v. *Earle*, 38 US (13 Pet.) 519 (1839).

③ US Constitution, amendmetn XIV, §1.

④ *Pembina Mining Co.* v. *Pennsylvania*, 125 US 181 (1888: 187 – 8).

限定于自然人。公司不是公民，所以它们并不能适用特权及豁免权条款。尽管如此，法院还是不愿意将公司法人的命运完全交给州来随意掌控。已经居住在某州内的公司被保证获得公平对待，同时法院还找到一种方法来增加对它们的保护。因为平等保护和正当程序条款指向的是人而不是公民，所以法院便打算将公司归入人这一类别。法院在 1888 年完成了这一举措，它宣布：根据人的指示范围，私人公司毫无疑问也是被包含在内的。①

尽管法院依然认同州有权对其领域内公司准入的问题予以规范，但是一旦公司达到了准入要求，比如取得了任何必需的执照，那么该州就必须为其提供与类似的州内公司同等的待遇。为什么呢？因为恶意对待外来公司就会被指为对一类人，即这些公司的成员的歧视和敌对性立法。后者（指公司成员，译者注）一旦被允许进入一个州并且在那里开展经营，便有了既定的利益——财产、经营权、代理以及雇员。因为那些利益是属于真实的人的利益，所以其应当得到法律的同等保护。这样一来，公司便被囊括进了宪法第十四修正案中"人"的命题之下。为了得出这一裁决，法院实际上是在受益人主体说的框架内思维。

下一步便是让公司自身变成人。此重要的一步发生在 1910 年一个再次涉及铁路公司的案件裁决中。② 虽然这家铁路公司是在弗吉尼亚州注册的，但是它在亚拉巴马州建立了广泛的铁路网。之后，亚拉巴马州对所有外来公司征收特许（权）税。自然地，类似的税收负担并没有被加诸本州的公司身上。这家铁路公司宣称，由于这一歧视性对待，它并没有受到法律的平等保护，因此，亚拉巴马州的行为违反了宪法第十四修正案。法院并没有费多大周章便作出了裁决："根据第十四修正案的意思，公司是人已经毋庸置疑了。"③ 此外，在整个法庭意见中，法院一直将铁路公司称为"公司原告"，而未在任何地方提及公司的成员，同时也并未提到公司是一个拟制的存在。在表明公司如今已是人时，法院明显是从有机体说的角度出发的。

其他宪法性权利

联邦最高法院同时也在斟酌公司是否享有其他的宪法性权利。它裁定宪法

---

① *Pembina*，189
② *Southern Railway Co. v. Greene*，216 US 400 (1910).
③ *Greene*，412.

第五修正案中保护个人不得被强迫自证其罪的规定不适用于公司，以至于公司的代理人必须就有关公司的问题出庭作证。① 而宪法第四修正案中禁止非法搜查和扣押的规定则可适用于保护公司的文件和记录。法院还认定，公司有权花费资金以影响公民投票，即使投票涉及的问题并没有对它们的经营产生实质影响。② 但法院却拒绝审查公司是否同样享有第一修正案赋予自然人的言论自由。法院非常聪明地回避了这个问题，通过关注"言论的固有价值"的问题，它裁定特定言论本身是受第一修正案保护的。

我们已经回顾了最广为人知的法律拟制之一，即公司的相关哲学基础及一些司法判决。拟制说、受益人主体说以及有机体说主导了整个 19 世纪欧洲法学家们的激烈论辩。虽然美国并未主动参与这些哲学辩论，但有关公司人格的问题还是被间接地抛到了联邦最高法院的面前。问题在于宪法第 3 条有关州籍多样性的规定以及宪法第十四修正案有关平等保护的规定对公司是否适用。在这两个问题上，公司人格的有机体说最终取得了胜利。公司在有关州籍多样性的问题上被认定为公民，而在平等保护的问题上则被宣布为人。

将公司视作人的表述并不完全是法律自身所发明/创造的语言。我们应当看到，普通说话者即使他们并不是律师，在谈及机构时也会使用那些同样适用于人的语言。这种说话方式的基础来源于概念隐喻。公司是人（THE CORPORATEION IS A PERSON）。（我们遵循专用字母大写来表示概念隐喻的标准做法。）我们需要探究这个隐喻的本质，因为其不仅为谈论公司提供了一个词语，还构建了我们有关于公司的概念。然而，我们首先需要弄清楚隐喻是什么，特别是概念隐喻指的是什么。

思想和语言中的隐喻

人们可能倾向于认为隐喻只属于诗歌和想象的语言，只属于话语中修辞手法，而当然不属于那些常与法律话语联系在一起的古板、客观和冗长乏味的文章。然而，过去 20 多年的认知语言学的研究已经表明对隐喻的这种一般看法是站不住脚的。认知语言学的调查揭示了隐喻并不单单属于文学语言的领域，实际上它形象地渗透在日常用语中，同时它也是概念思维的一个主要组成部

---

① *Hale v. Henkel*, 201 US 43（1906）.

② *First National Bank v. Bellotti*, 435 US 765（1978）.

分。莱考夫和约翰逊作为这个领域的先驱，曾经有力地表达过这一新颖的观点："［隐喻］是我们用于理解的主要手段之一。同时它们在社会构建和政治现实构建中也发挥着核心作用。"①

隐喻的概念化延伸进了所有言语领域——从人性直至科学。比如，有关原子的传统科学观点设想由为一个或者多个按轨道运行的电子环绕着由质子和中子组成的原子核运转。原子的结构被比作一个微型的"太阳系"，其中原子核对应太阳，而旋转的电子则对应绕轨道运行的行星。可以说，这一虚拟对比的本质就是一个概念隐喻：一个原子是一个微型的太阳系（AN ATOM IS A MINIATURE SOLAR SYSTEM）。超弦论的支持者宣称物质的终极组成不外乎是亚微观的一维振动弦。这样，一个新的隐喻便形成了：

> 随着超弦论的发现，音乐隐喻便呈现出了惊人的现实性，因为这一理论表示微观景观中充满了微小的弦，这些弦的振动频率将宇宙的演化和谐地编排在了一起……那些看起来不同的基本微粒实际上只是一条基本弦上的不同"音符"。由无数的这种振动弦组成的宇宙就像是一首宇宙的交响乐。②

这些各种各样的隐喻存在的目的是什么呢？它们为理解不熟悉的概念——比如传统理论中"不可见"的原子的结构和运动或者新理论中原子亚成分的行为，提供了一种用更为熟悉的概念来理解的方法——太阳及绕其旋转的行星和振动的音乐弦。就像莱考夫和约翰逊所评论的，"隐喻的本质在于用一种事物来理解和体验另一种事物"。③ 隐喻不仅让人们跨不同域在心里构建经验，而且还是人们谈论该经验的词汇之源。因此，"隐喻"这个术语同时适用于思想和语言。每当需要区分这两种不同的隐喻时，我们会将"思想上"的隐喻称为概念隐喻，而将"语言上"的隐喻称为用一种事物来理解和体验另一种事物。

因为读者可能对文学隐喻已经很熟悉了，所以这类隐喻为理解隐喻的基本内涵，特别是为理解概念隐喻和语言隐喻之间的重要区别提供了一个很有帮助的切入点。我们应该先从审视两类不同的文学隐喻开始。其中之一完全属于诗歌领域，而另一个则类似于日常用语中的那种隐喻。我们应当看一些日常语言

① George Lakoff and Mark Johnson, *Metaphors We Live by*, Chicago, IL: University of Chicago Press (1980: 159).

② Brian Greene, *The Elegant Universe*, New York: Random House, 1999: 135, 146.

③ Lakoff and Johnson 5.

中的其他隐喻，然后我们再从日常生活来看一些其他的隐喻。作了这些准备之后，我们将探讨"引诱公害原则"和"公司法人"这两个法律拟制背后的概念隐喻。

概念隐喻：人生是场戏（LIFE IS THEATRE）

概念隐喻：人生是场戏

《韦氏词典》将隐喻定义为："一种将此物比作不同质的彼物的修辞手法，即把此物说成似乎其就是彼物"。① 牛津英语词典的定义也与之相类似："一种修辞手法，即将某物的名称或描述性术语转移到另外一个与之不同但相似的事物上，且该术语可以恰当使用于此事物上。"② 根据这两个定义，隐喻是语言特征，即"修辞手法"。例如，让我们看看下面这段节选自莎士比亚的戏剧《皆大欢喜》的著名台词:③

> 全世界是一个巨大的舞台，
> 所有男男女女只是演员罢了;
> 他们上场下场各有其时，
> 每个人一生都扮演着许多角色，
> 从出生到死亡有七种阶段。

作为一位剧作家，莎士比亚将人类境况比作一个戏院表演是意料之中的隐喻方式。世界是一个舞台而我们仅仅是演员。我们上场退场就像是我们生活中各种各样的事件——呈现，同时我们在一生中要扮演许多角色——喻示着我们各种人格和身份，如学生、家长、工人。人生的每一重要阶段组成了正在展开的这部戏剧中的一幕戏——从幼年的"婴儿还在护士臂弯里哭泣和呕吐的"，经过青年，然后成年，最后一路到老年的"没有牙齿，没有眼睛，没有口味，没有一切"。

莎士比亚笔下的这五行台词，放在一起便组成了一个宏大的概念隐喻：生活是一出戏剧。而反过来，每一行自身又包含了"修辞手法"，即用以加强此主题的语言隐喻。

---

① *Webster's New Twentieth Century Dictionary*, 2nd edn, New York: Dorset & Baber, 1964: 1132.

② *Oxford English Dictionary*, 384.

③ William Shakespeare, *As You Like It*, Act II, Scene VII.

生活是场戏（LIFE IS THEATRE）的本体和喻体

概念隐喻并不是任何人——无论是剧作家还是街上的行人——实际所说的内容。我们所听到的其实是包含于语言隐喻中的内容。而概念隐喻主要起到描述的作用——对某一抽象概念（如"生活"）和稍为具体的概念（如"戏剧"）之间的结构关系的一种简洁描述。概念隐喻通常具有一种"X 是 Y"的结构，其中 X 代表那个较为抽象的概念，Y 则代表那个较为不抽象的概念。我们应当将这一结构看作一个将 Y 领域的术语还原到 X 领域对应元素的映射——从喻体到本体。生活是戏剧（LIFE IS THEATRE）这个概念隐喻的映射就如图 2.1 所示，戏剧（THEATRE）作为喻体，生活（LIFE）是本体，而箭头则表明了映射的方向。

喻体（Y）：戏	本体（X）：生活
舞台→世界	
演员→男人和女人	
上场和退场→人生活中的事件	
扮演的角色→各种人格类型	
戏的幕次→人一生中的不同阶段	

图 2.1　概念隐喻：人生是场戏（LIFE IS THEATRE）

这一隐喻来源于生活和戏剧之间的自然联系：戏剧模仿生活。戏剧一直以来都是描绘人类生活境况的有效媒介，而富有创造力的剧作家则是将"生活一隅"带到舞台上的大师。如果强有力的戏剧是生活的映照，那么将生活反过来想像成一部戏剧的诞生，用这样的方法去理解生活的复杂性就不足为奇了。这样便是生活在模仿戏剧了。

概念隐喻：树是人（A TREE IS A PERSON）

概念隐喻：树是人

以上选自《皆大欢喜》的台词中，莎士比亚明确地提到了三种对应关系中的喻体和本体，即舞台→世界；演员→男人和女人；幕次→年龄段。而其余的两个则没有明示，不过从它们的喻体，即上场、退场和角色，便能推断出应该作为本体的那类实体，就像我在图2.1里列明的那样。其实诗人明确地指明本体和喻体之间的联系更多时候是例外而不是惯例。实际上，诗歌的魅力更多地来自于发现其中的联系。比如，让我们看看乔依斯·基尔默的《树》。

> 我想，永不会看到一首诗，
> 可爱得如同一株树。
>
> 一株树，他的饥渴的嘴，
> 吮吸着大地的甘乳。
>
> 一株树，他整日望着天，
> 高擎着叶臂，祈祷无语。
>
> 一株树，夏天在他的发间，
> 会有知更鸟砌巢居住。
>
> 一株树，白雪躺在他胸上，
> 他和雨是亲密的伴侣。
>
> 诗是我辈愚人所吟，
> 树只有上帝才能赋。

虽然我们关注的重点在于说明隐喻的本质，但这当然不是诗歌的唯一要素。每首诗歌包含了形式和内容两个方面，即外在结构和内在含义，而隐喻仅仅是用来表达含义的其中一种手段。通常形式和内容会相互作用从而强化诗歌的主题，就像这里提到的例子一样。因此，基尔默这首诗的这两方面要素是值得关注的。

让我们先从形式开始。节奏和韵律是诗歌形式最明显的特征。在观察这首短小精悍的诗歌富有节奏感和韵味的结构时，我们注意到它由十二行诗组成，且被分为六组押韵的对句。每一组对句都是独立的；它表达了一种独特的思想。而对句的独立性又进一步加强并在形式上通过分开对句的间隔表现出来。此外，这首诗的每一行都恰好包含了八个音节，而且除了最后一行的第二个，这些音节可以被分成四个抑扬格韵脚。一个抑扬格韵脚由一个非重读音节后跟一个重读音节组成。（详见图2.2对于这首诗的韵律分析：元音上的重音符号表示重读音节，垂直线分开了韵脚，连字符将词分成了音节。）倒数第二行是个例外，其以一个扬抑格韵脚开头——即一个重读音节后跟一个非重读音节，但是最后一行又变回了正常的抑扬格音律。为何诗人创作了一行不同于其他行的诗呢？让我们转而关注诗歌的内容以寻求一个可能的解释。

《树》的韵律分析

```
I think | that I | shall nev – | er see
A po – | em love – | ly as | a tree
A tree | whose hun – | gry mouth | is prest
A – gainst | the earth's | sweet flow – | ing breast;
A tree | that looks | at God | all day,
And lifts | her leaf – | y arms | to pray;
A tree | that may | in sum – | mer wear
A nest | of rob – | ins in | her hair;
Up – on | whose bos – | om snow | has lain;
Who in – | ti – mate – | ly lives | with rain.
Po – ems | are made | by fools | like me,
But on | ly God | can make | a tree.
```

图 2.2　《树》——乔依斯·基尔默

　　这首诗以相似的主题开始、结束。它一开始便告诉我们即便是最恢宏的诗歌在树的优雅面前也会黯然失色。但诗的结尾却使同样的主题上发生了显著变化。开头的对句在诗歌和树的美之间作了一个对比，然而结尾的对句却以它们的创造者为重点。诗人称艺术家的创造永远不及神的作品伟大。韵律和语法的相互作用进一步地强化了这种对比。诗的最后一节以"诗"一词开头，以"树"一词结尾。从语言学的角度说，句子的开头和结尾一般是起强调作用的位置。此外，将这两个关键词放在突出的位置也形成了韵律上的张力。因为这个双音节词"诗"（poems）的主要重音在它的第一个音节上，将它放在一行诗的开头便使得这行诗以一种意料之外的方式开始。就像我们已经注意到的，这是全诗唯一一行有着不同的扬抑格韵脚的诗句。现在，我们知道是为什么了。

　　这两个关键元素"诗"和"树"的位置同样也产生了一个显著的语法效果——与句法突出特征相关。"诗"这个词在语法上充当一个被动结构的主语，即"诗是我辈愚人所吟"（'Poems are made by fools like me'），而相对的"树"这个词却是一个主动句的直接宾语，即"树只有上帝才能赋"（'But only God can make a tree'）。而被动句通常被认为不如主动句有活力。实际上，"主动"和"被动"这两个词便体现了这一区别。因此，这组对句的句法结构和先前注意到的韵律效果都有利于强调诗人的创造不如上帝所能的这个观点。

　　开头和结尾的对句使用了字面语言，没有任何隐喻。倒是夹在开头和结尾两节中间的那四组对句充分体现了隐喻。通过拟人的手法，诗人将树独特之处描绘了出来。它拥有如人一般的肢体特征。图 2.3 便展现了"树是人"（A TREE IS A PERSON）这一概念隐喻中喻体"人"的属性到本体"树"的属性的映射。

"树是人"（A TREE IS A PERSON）的喻体和本体

喻体：人	本体：树
身体各部	树的结构
嘴——→树根 手臂——→树枝 头发——→树叶 胸脯——→树干	

图 2.3　概念隐喻：树是人（A TREE IS A PERSON）

正是因为我们对人的身体如此熟悉，所以它是一个非常理想的喻体。纵使诗人从未明确提到"树根""树枝""树叶"和"树干"，但诗中人的肢体特征和树的物理结构之间的相似性却十分显著。因而读者不费吹灰之力便能确定其意欲表达的喻体。而两者之间的联系十分明显，源于基尔默将人的生理结构和树的具体特征及重要事件相并列的方式：紧贴大地汲取甘乳的嘴唇；枝叶繁茂的手臂；供知更鸟筑巢的秀发；覆盖着雪花的胸脯。这种拟人化还扩展到了身姿和运动。一棵树和一个人都拥有直立的姿态。基于这种直立向上的状态，诗人赋予了树拟人的行为：仰望上帝；举起枝叶祈祷；戴着头饰。树本身是女性化的：她有胸脯；她举起手臂祈祷；她在头发上戴了一个鸟巢。这种拟人化甚至更进一步扩展到了"大地母亲"的意象上，她富含喻义的胸脯流淌着滋养万物的乳汁。

基尔默的诗阐明了隐喻是如何使我们通过一组概念来熟悉另一组概念的。我们都非常清楚视觉、触觉和感觉之于人意味着什么，却几乎不了解这些之于树又意味着什么，通过赋予树以人的特征，诗人邀请我们更亲近地去了解树并且建议我们像从未见过它一样去想象它。

常规隐喻

在很长一段时间内，隐喻被认为只存在于诗歌和其他文学体裁中，或者只属于修辞性和说服性的言语。而且，"隐喻"的字典定义中出现的"修辞手法"一词似乎也强化了这个假设。但是，认知语言学领域的一项重要研究成果强有力地证明了在日常交谈中，说话者也会经常性地用到语言隐喻，而这些表述反过来又揭示了其思维过程中潜在的概念隐喻。常规隐喻是指已经融入普通、日常用语中的隐喻。这样的情况俯拾皆是，如概念隐喻"人生是场戏"（LIFE IS THEATRE）便已经通过这种方式变成了约定俗成的隐喻。注意下面这些例子。

　　　　一个不真诚的人经常被描述为"装腔作势"。（putting on an act）
　　　　这样的人甚至还会被诙谐地称为"一个好演员"。（a good actor）
　　　　一个作出重大成就的人可能会端正地"鞠躬谢幕"。（take a bow）
　　　　一件被很好完成的工作则变成了"难以超越的表演"。（hard act to follow）
　　　　某人可能会好奇摇滚明星是否是青少年们恰当的"楷模"。（role model）
　　　　总有一天，我们中的每一个都不得不做"最后的谢幕"。（final curtain call）

这些作为日常交谈一部分的语言表达证明了"生活是戏剧"（LIFE IS THEATRE）这个概念隐喻是说英语者想象和谈论生活的其中一种方式。我猜测这个常规隐喻也存在于莎士比亚时代。剧作家和诗人们非常善于选取一个常规隐喻并用一种完全非常规的方式将它表现出来。我们之前看过的（见第65－66页）节选自《皆大欢喜》的台词，之所以让人难以忘怀，便是由于莎士比亚运用巧妙的手法为既存的概念隐喻创造了如此新颖的语言表达。比如说，"全世界是一个巨大的舞台"，便不是这个概念隐喻在日常用语中的表现，不管是在莎士比亚的时代抑或是我们现在的时代。因此，概念隐喻，如"人生是场戏"（LIFE IS THEATRE），其既可能外在表现为一种常规的语言隐喻，如"难以超越的表演"，也有可能表现为非常规的语言隐喻，如"全世界是一个巨大的舞台"。

　　而"树是人"这一概念隐喻却不是一个常规的隐喻，因此它仅能以非常规的语言隐喻作为其实现载体。将树当作人来想象和谈论并不是我们日常经验的一部分。然而，通过恰到好处地运用这一非常规隐喻，基尔默向我们展现了一副树可以是怎样的难忘画面。而正是这个概念隐喻的独特之处使得这首诗如此与众不同。

　　一些本体概念可能十分抽象以至于存在不止一个用以描述它们的常规隐喻。"人生是场戏"（LIFE IS THEATRE）这一概念隐喻便不是论及生活复杂性的唯一方式。另一个有力地表现生活的常规隐喻便是：人生是场旅行

(LIFE IS A JOURNEY)。其中，旅行（JOURNEY）变成了喻体而生活（LIFE）则再一次变成了本体。下面的例子改编自考威赛斯。①

他看起来很迷茫（lost），他的生活没有方向（direction）。

我的职业生涯到了一个十字路口（crossroads），但我并不确定要转向哪条路（which way to turn）。

她很聪明并且会在生活中走得很远（go far）。

我终于在工作上到达（arrive）了我想要到的地方（where I want to be）。

他知道他要去哪儿（where he's headed）并且永远不会让任何人挡他的道（get in his way）。

在婚姻中，她已经经受（go through）了很多。

良好的教育能在事业中给人一个有利的开端（head start）。

"人生是场旅行"这个概念隐喻是如何发展的呢？② 考威赛斯并没有在生活和旅行之间假定一种直接的联系，而是将这个隐喻当作另一个更加基础的隐喻——目的是终点（PURPOSES ARE DESTINATIONS）的一个特例。完成一个目标或目的与到达一个目的地同义。人们也可以将生活想象为一系列的目标。而旅行的原因就是为了到达目的地。这样下来，结果便是形成了一个包含喻体及其本体的复杂的概念等式，即目的地：旅行→目的：生活（DESTINATION：JOURNEY →PURPOSE：LIFE）。

让我们再看看一个有关生活理解的概念隐喻：人生是场赌局（LIFE IS A GAMBLING GAME）。这一次，赌博（GAMBLING）是喻体。这里有一些改编自莱科夫和约翰逊的例子：③

虽然我获胜的概率很小（the odds are against me），但我还是想碰碰运气（take my chance）。

如果你打好你手中的牌（play your cards right），你就能做到。

这不是在掷硬币（toss‑up）。不幸的是，他拿着所有王牌（hold all the aces）。

别相信她说的任何一个字；她只是在虚张声势（bluff）。

他大赢了一场（win big），但仍然是一个输家（loser）。

我认为我们应该不换牌（stand pat），等等看接下来会发生什么。

① Zoltán Kövecses, *Metaphor：a Practical Introduction*, Oxford University Press, 2002：3.
② Kövecses, 70‑1.
③ Lakoff and Johnson, 51.

有时候在生活中你必须碰碰运气（take a chance），赌注（stakes）太高会让你不得不那样做。

我能做什么？那只不过是抽签碰碰运气（luck of the draw）。

毫无疑问，这些表达方式都是从赌博游戏的世界里借用的。尽管如此，正如例子中展示的那样，它们是我们谈论人生而非赌博的正常方式。拉科夫和约翰逊提出，这是带有隐喻结构的常规语言。因为它已经变成了一种谈论生活的自然方式。每一个使用它们的人都不会被认为是在运用隐喻，所以它们就变得常规了。但说话者能够将人生描绘成赌局的这一事实还是使得这种特定的话语以隐喻的方式被构建起来。

我们已经研究过"人生是场戏"（LIFE IS THEATRE）、"人生是场旅行"（LIFE IS A JOURNEY）和"人生是场赌局"（LIFE IS A GAMBLING GAME）这三个常规隐喻了。它们都以"生活"（LIFE）这个抽象概念作为其本体，而以不同的具体概念作为与之相比较的喻体。虽然这三个隐喻并不是唯一代表生活的隐喻，但它们表明了单一的喻体通常是不足以描述一个复杂的概念的，可能会涌现其他具体的喻体以描述一个丰富而抽象领域的其他方面。这种从具体到抽象的单向性，是一种典型的隐喻过程。以一个较抽象的概念做喻体实际上是较为少见的。

关于两个法律拟制的分析

现在，我们将探究先前提到的两个法律拟制背后的概念隐喻。

概念隐喻：充满诱惑力的滋扰是邀请者（AN ATTRACTIVE NUISANCE IS AN INVITER）

之前，我们提到过"充满诱惑力的滋扰"这一拟制是建立在"诱惑"或者"怂恿"的基础上的。也就是说，那些对少年儿童有吸引力的危险状况诱惑了他或者她到那片地产上去。此外，另一个和"代理"有关的完全不同拟制也进一步支持了这种拟制。因为引诱公害是位于且属于那片地产的，所以将其看作是非人的"代理人"在实施邀请行为也似乎是合理的。

该拟制的两个关键词是"吸引人的"（attractive）和"邀请"（invite），当然这两个词并不是严格的法律术语。它们作为语言的普通用词出现，但与相关法律英语的意思差别不大。比如，《韦氏词典》为"吸引人的"（attractive）

下的其中一个定义便是："讨人喜欢的；诱人的；邀请人的"。① 而对于"邀请"（invite）这个动词，这部词典给它下的第一定义是："邀请（某人）去某地"，但又列出了其他含义，如："诱惑人；吸引人；引诱人"。牛津美语词典则列出其同义词：（1）吸引人的（attractive）："诱人的"和"邀请人的"；（2）诱人的（inviting）："吸引人的"，"迷人的"，"诱惑人的"和"诱人的"；（3）诱惑（to entice）："引诱"和"吸引"；（4）引诱（to allure）："吸引"。② 我们可以看出这四个词之间有着不可分割的联系。不管是在法律上还是在日常用语中，当我们说某物是"吸引人的"（attractive）时，往往从言语上便暗示了此物具有"邀请"（inviting）的能力。

体现这一原则本质的概念隐喻是：充满诱惑力的滋扰邀请者（AN ATTRACTIVE NUISANCE IS AN INVITER.）。虽然"吸引人的"（attractive）、"公害"（nuisance）、和"邀请者"（inviter）这几个词单独存在时都有其一般含义，但"充满诱惑力的滋扰"（attractive nuisance）这个词组却是一个独特的法律术语。《布莱克法律词典》将其定义为"一种境况、设备、机器或其他媒介，其会对儿童造成潜在危险鉴于他们并不具备分辨危险的能力，且其被合理期待为可能会引诱儿童到某地产上。"③ 正是"充满诱惑力的滋扰"这一法律概念使得这个概念隐喻为法律所特有。因此，它并不是一个常规隐喻，它与"一棵树是一个人"（A TREE IS A PERSON）属于同一类型，即非常规隐喻。但是，"充满诱惑力的滋扰"这个隐喻并未使我们感觉异常，因为其与另一个我们较为熟悉的隐喻——"实体是邀请者"（AN ENTITY IS AN INVITER）十分相近。以下是几个日常用语的例子。

在一个炎热的夏日，游泳池非常诱惑人（inviting）。
一本好书能够诱惑（entice）我整个周末都待在家里。
这条蜿蜒狭窄的小路吸引（pull）他去探寻路的尽头。
她被闪亮的珠宝和亮丽的衣服给吸引（attracted）了。
游览罗马的主意十分地引诱人（seductive）。
橱窗里一件精致的长裙诱惑（lured）她走进了那间商店。
当一个人手头拮据的时候，使用信用卡便十分诱惑人（tempting）。

尽管"充满诱惑力的滋扰是邀请者"（AN ENTITY IS AN INVITER）这一非常规隐喻为法律所特有，但它只是"实体是邀请者"（AN ENTITY IS AN

---

① *Webster's New University Unabridged Dictionary*, 2nd edn, New York: Simon & Schuster, 1983.

② *Oxford American Dictionary and Thesaurus*, Oxford: Oxford University Press, 2003.

③ *Black's Law Dictionary*, 4th edn, St Paul, MN: West Publishing Co. 1968: 165.

INVITER）这一普通的常规隐喻的特殊版本而已。

概念隐喻：公司是人（THE CORPORATION IS A PERSON）

在"树是人"（A TREE IS A PERSON）这个非常规隐喻中，"人"（PERSON）是它的喻体。特别有趣的是，由于"人"和法律之间的联系，概念隐喻"公司是人"也采用了此相同喻体。然而，跟前者不同的是，这个隐喻恰好是一个常规隐喻。

是什么让公司为人这一观点如此引人注目，纵使所有人都知道公司并不是人？一个有趣且让人好奇的词汇学现象是，"人类"（people）作为"人"（person）这个词的其中一种复数形式，仅仅指真正的人。虽然公司永远不能成为人类，但它们可以成为法律意义上的人。这种拟人化难道仅仅是一个便于法律为特定目而以类似于对待人的方式去对待公司的法律拟制吗？如果法律需要有一个既包含人类又包含公司的类概念，那么"人"是否是一个合适的术语呢？我们应当表明，从语言学的角度说，它的确是。

为了证明人和公司之间的联系，我们应该看一下语言是怎么给人类和非人类实体作词语分类的。当然，名词是描述实体的那类词汇。让我们特别感兴趣的那些特定名词将会被分成四类：虚构名词（mythical nouns），指的是个体虚构的存在；属人名词（human nouns），指的是人类个体；集合名词（collective nouns），指的是人的集合；以及机构名词（institutional nouns），指的是组织。表2.1便包含了各个类型的例子。

我们的目的在于确定语言是如何处理诸如公司这样的名词的。它是把它们当作类似于虚构名词那样的拟制实体来对待吗？事实上，有一位法学学者已经思考过这样的问题了："没有人曾见过公司。如果我们不相信天使，那我们又有什么理由要相信公司的存在呢？当然，我们当中的一些人曾经见过公司基金，公司交易，等等。（就像我们当中一些人曾经见过天使般的行为，天使般的面容等）。"[①] 那公司是更像真实的人，还是人类或其他集合名词，又抑或属于自成一体的分类？如果对公司能够用适用于人的方式来描述，那这样的描述性语言一定是隐喻？还是说其中一些可能成了常规语言？为了回答这些问题，我们需要看一下不同类型的名词能够参与的关系种类。

① Cohen，'Transcendental nonsense and the functional approach'，35 *Columbia Law Reviewm*，1935：811.

表 2.1　名词分类

名词类型			
虚构名词	属人名词	集体名词	机构名词
美人鱼	主席	委员会	公司
机器人	老师	全体教职工	哈佛大学
飞马座	陪审员	陪审团	最高法院
天使	牧师	神职人员	天主教堂
半人马怪	运动员	队伍	运动产业

在语言中，关系现象主要是通过动词和动词短语来表达的。因此，对此的分析必须考虑到与各类名词搭配的不同类型的谓语。我们应当考虑作为主语的名词与它们的动词间的两类关系：数的一致（或者单/复数一致）和语义兼容性。例（1）说明了数的一致，而例（2）则描述了语义兼容性。前面标注星号的例子是不合文法或语义异常的；前面标注问号的例子则只在特定的上下文中才可被接受。

（1）a. 法官已经作出（has reached）了判决。
　　＊b. 法官已经作出（have reached）了判决。
（2）＊a. 总统发生（took place）在中午 12 点。
　　? b. 那群牛在牧场里用餐（dined）。
　　? c. 盘子和勺子溜（ran away）了。

例（1b）违反了单复数一致性，而例（2）中那些使人困惑的例子则是在语义上不协调。因此，在例（2a）中，是一个用来表示时间的动词与一个并非用来描述事件的名词相搭配；在例（2b）中，一个描述人类活动的动词则被用在了一个非人类身上；而在例（2c）中，一个无生命的名词被冠之以一个有生命的行为。然而，例（2b）和例（2c）这两句话在那些动物乃至没有生命的物体都能进行人类行为的故事或者童谣中是可以被接受的。即例（2b）和例（2c）中的语义协调仅在这些特定的语境下才讲得通。

让我们来看一下，对影响名词和动词的单复数一致性及语义特征的分析是如何阐明语言学对于机构名词及其与人的关系的处理。我们先回顾一下表格 2.1 中分栏 2 下所描述的属人名词这一分类。属人名词可以单数或复数形式出现，分别指代单一或多个个体；并且，当其以单数形式出现时，其决定了特定代词的性别（选择男性或女性的）。这些语法特点太广为人知了，所以这里并没有必要举例说明。语义上的限制则更具直接意义。与属人名词一起搭配的动词可以在语义学上分为三大类：生理类、认知类和活动类。这一分类反映了人类的某些基本特征：他们是生理学上的存在；他们有特定的心理状态；以及他们会参与社会活动。图2.4包含了这三类动词的具体例子。

生理类动词与生物有机体有关。特定动词（如吃、睡、跑）描述了人类和其他物种共有的生理机能。其他动词（如进餐、睡午觉、慢跑），虽然也指类似的生理行为，但通常只适用于人类。这些动词中的一部分还能被归到第三组，比如，进餐也能被定位为社会活动。但这些类别仅代表大致分类，因而我们不必考虑部分重叠的问题。认知类这一组由表达心理状态（思考、认识）、感知特征（听、感觉）和交际功能（说、宣称）的动词组成。活动类是这三类中最为综合的，其包含了人类所涉足的种种社会实践。

到目前为止，我们已经明确了四类名词（见表2.1）以及三类仅与属人名词有关系的一般动词（见图2.4）。这些动词分类中是否有任何一类与虚构名词、集合名词和机构名词也相容呢？这种研究方式能使我们确定语言学上是如何将拟制体、集合体和公司体视为与真实的人具有概念相似性的。而因为我们对机构名词这一分类最感兴趣，所以我们也会将这类名词与虚构名词、集合名词作比较。对其中各种异同点的涉足，是对字面语言、隐喻和拟人化的一种探索。

人体名词搭配的一些动词

生理类：
·吃、睡、跑 ·进餐、午睡、慢跑
认知类：
·思考、认识、意识到，怀疑、听到、看到、感觉 ·宣布、说、宣称、询问
活动类：
·阅读、看电视、建造房屋、打电话 ·下象棋、做饭、投票

图2.4 与属人名词一起搭配的动词

虚构名词

　　虚构名词指的是想象的、人为的、虚构的、形而上的存在物，是居住在其他领域和其他世界的生物，是思想的产物。这些实体所拥有的特质都是其创造者通过想象赋予它们的。比如，美人鱼是雌性的，她们会游泳。天使是无性的，他们会飞。自然地，这些虚构的存在与人类越相似——无论是生理上、心理上还是社会上，人们就越容易将人类特征赋予它们。需要注意的是，每当表现这种特征的动词与虚构名词搭配时，对这些动词只作字面解释，而不作隐喻性的解释。这是因为虚构名词通常不指向无生命实体，除了机器人和同勺子一起溜掉的盘子外。下面将例（3）中的虚构名词和例（4）中的无生命名词作对比：

　　　　（3）a. 那条龙大口地吞吃（gobbled up）那个穿着闪亮铠甲的骑士。

　　　　　　　b. 那条美人鱼以为（think）她可以嫁给那个喝醉了的水手。

　　　　　　　c. 天使们一早上都在捣乱（misbehaving）。

　　　　（4）a. 这个自动取款机吞掉（gobbled up）了我的信用卡。

　　　　　　　b. 我的个人电脑认为（thinks）自己是一台苹果电脑。

　　　　　　　c. 我的汽车整个早上都不太对劲。（misbehaving）

　　在例（3）当中，那些虚构的实体在它们居住的那个虚拟世界中，可以真正地参与为它们所设定的活动。换句话说，如果它们存在于我们这个世界，它们也可以实施那些同样的行为。而在例（4）中，那些名词指向真实存在于我们这个世界上的物体，但这些实体是无生命的。因为例（4）中的动词属于通常只与生命体或者属人名词搭配的那一类动词，所以这里的无生命实体便被拟人化了；因此，对例（4）中的动词只能做隐喻性解释。

集合名词

　　集合名词指的是一群拥有相似特征的人（全体教职工、陪审团、神职人员等）。这些名词有一个有趣的语法特征，即其在数的一致性上有其特殊性。之前我们注意到，当单数名词做主语时要求谓语动词是单数形式，而复数名词做主语时则要求谓语动词是复数形式。而这个基本的英语语法规则却有一个例外。一个单数集合名词既可以指代作为一个整体的集合也可以指代组成这个集合的单独个体，而它的谓语的单复数形式即随之变化。谓语动词，当指代整体时呈现单数形式，但当表示分别的含义时则呈现复数形式。这一用法让人想起了法律上"连带的"和"个别的"区别。让我们来考虑一下例（5）。

（5）a. 一点时，全体教职工正在（is）开会。（连带的或者集合的含义）

b. 一点时，教职工们正在（are）开会。（个别的或者分别的含义）

为了进一步阐释这种可变的单复数一致，让我们想象这样一个场景。假如某大学的每个学术部门都有针对某项特定的行政事务投一票的权利，为了确定那一票的去向，那个部门的每一个教职工成员都要投出自己的一票并且将票送到主席那里。最后多数人投的那个方案便变成了该部门交到学校行政部门的投票。例（6）中的句子便描绘了这两步走程序的特征。

（6）a. 法律系教职工们已经（have）将他们的（their）投票送到了主席处。

b. 法律系教职工已经（has）将它的（its）投票送到了学校行政部门。

还有其他的语法特征证明了"集合名词的双重指向"。动词单复数形式的选择也影响了代词的选择。注意，在例（6）中，集合名词表分别含义时用的是"他们的"（their）而表集体含义时用的是"它的"（its）。而例（7）中的句子则是另一种类型，它举了一些通常与复数名词搭配的状语短语。然而，例（8）却又展现了同样的副词与单数集合名词搭配的情形。

（7）a. 参议员中几乎没有达成共识。（among senators）

b. 来自六所教堂的所有牧师（ministers）聚在了一起。（met together）

c. 陪审员们（jurors）一致投向认定无罪。（voted for）

（8）a. 委员会中几乎没有达成共识。（among the committee）

b. 来自六所教堂的神职人员（clergy）聚在了一起。（met together）

c. 陪审团（jury）一致（unanimously）投向认定无罪。

例（9）和例（10）中的句子则进一步表明了这些状语短语跟集合名词搭配时，只有在分别含义内才是符合语法的，即集合名词必须指的是团体中的个体成员，而不是团体这个实体本身。不过鉴于这些状语短语本身就带有复数的指代含义，这一限制也就不足为奇了。

（9）a. 委员会不能（are unable）在他们间（among themselves）达成共识。

b. 来自六所教堂的所有神职人员们今天要聚在一起（are

meeting together）。

  c. 陪审团一致（unanimously）投向（have voted）认定无罪。

（10）a. ＊委员会不能在自己之间（among itself）达成共识。

  b. ＊来自六所教堂的所有神职人员今天要聚在一起（is meeting together）。

  c. ？陪审团一致（unanimously）投向（has voted）认定无罪。

  因为集合名词指的是由相似的个体组成的群体——全体教职工是由教师组成的，陪审团是由陪审员组成的，以及神职人员是由牧师组成的，所以我们可能会猜测这样的名词会与相对应的属人名词具有相同的语义限制。实际上，这一猜测得到了证实：正如例（11）所示，一个集体名词，即使取其作为集体的含义，其也可以和任何动词（生理类、心理类或活动类的）——能适于描述该集合中的个体成员所参与的关系的——相搭配，就像例（12）中所显示的那样。

  （11）a. 全体教职工吃了（ate）午饭。

   b. 陪审团认为（believed）被告在说谎。

   c. 这支队伍与协会签订（signed）了一个合同。

  （12）a. 老师们吃了（ate）午饭。

   b. 陪审员们认为（believed）被告在说谎。

   c. 运动员们与协会签订（signed）了一个合同。

机构名词

  机构名词指的是多个人通常为某一共同目的联合起来而形成的正式组织。而我们最感兴趣的是语言是如何来处理像"公司"这样的词的。机构名词的语法行为是否与同样为个体所组成的团体的集合名词相似呢？但例（13）却体现了单数的机构名词一般与复数动词、代词或者状语短语都是不相搭配的。这些语言学的事实证明，不同于集合名词，单数机构名词仅仅指代机构体本身，而并不指代它的组成成员。

  （13）a. 该公司已经（has）使自己（itself）与蓝铂公司 结盟了。

   b. ？该公司成员已经（have）使自己（themselves）与蓝铂公司结盟了。

   c. ？IBM 公司中（among）存在意见不合。

  一些英国同事告知我们他们认为例（13b）和例（13c）这样的句子是可接

受的。

现在让我们来考虑一下诸如例（14）中的句子，当中，一个复数代词反过来指代一个单数的不定代词或一个非集合名词的单数名词（包括机构名词）。

  （14）a. 每个人（everyone）都把他们（their）的工作完成了吗？

    b. 我的一个朋友（a friend of mine）想要知道他们（they）是否能取得参观珍本书馆的许可。

    c. *我的朋友哈里（my friend Harry）想要知道他们（they）是否能取得参观珍本书馆的许可。

    d. IBM 公司宣布他们（they）将研制出一款新型电脑。

这类常见于口语中的特殊用法，通常出现在指代的人的性别不清的语境中，就如例（14a）中的那样，或者指代的人的性别被故意隐藏的语境中，就如例（14b）中的那样。当这个人的性别十分明确时，即例（14c）这种情况，复数代词便不合语法了。因为机构名词是中性的，所以例（14d）中"它们"（they）一词的出现便与其他性别不清的例子相似了。将复数代词搭配单数先行词的用法主要见于存在指向人的名词、代词以及机构名词的情况中。这里便是语法将人的特点赋予机构的第一点证据。

现在，我们转过来看看机构名词和三类动词——生理类、认知类和活动类——之间的语义限制。首先，比较一下例（15）和例（16）中生理类动词分别搭配集合名词和机构名词出现的情形。生理类动词在句例（15）中搭配集合名词，显得十分自然，而在句例（16）中搭配机构名词，则显得极其怪异。

  （15）a. 那个队伍吃了午饭（ate lunch）。

    b. 陪审团去散了个步（took a walk）。

    c. 教职工在会议上睡着了（slept），什么也没听见。

  （16）a. ？法国航空吃了午饭（ate lunch）。

    b. ？哈佛大学去散了个步（took a walk）。

    c. ？微软公司在会议上睡着了（slept）什么也没听见。

要注意到，毕竟机构作为实体是不具有人类的生理机能的，所以例（16）中的句子在任何字面解释中都会显得异常，但即便如此，这些文本在以转喻的方式作解释时，就变得可以接受了。转喻是一种特殊的隐喻，它提供了一种用人群所属的机构或者职业联盟来指代该人群的方法。例如，例（16a）在下面这种情形中就会是一个合适的句子。试想一次与来自几家不同航空公司的代表的会面。由于用餐条件的有限，不是所有的与会者都能在同一时间吃午餐。通知说法国航空将在中午 12 点用餐，英国航空在 12 点半，而伊比利亚航空在 1 点。这里的机构名称就是被用作转喻，即"吃"这个动作并不是加诸航空公司本身，而是加诸代表不同公司的人。同样，我们也能为例（16）中的其他例子构造相似的情景。关于转喻，很重要的一点在于，因为在现实生活中公认的主语并不是那个机构，而是代表该机构的个人，所以对其中动词所指的那项活动是可以作字面解释的。

隐喻性的解释在生理动词搭配机构名词出现的情况中也是可能的。比较一下例（17a）的字面解释和机构被拟人化的例（17b）的隐喻解读。需要注意的是，例（17b）并不是一个转喻的例子。实施"大口大口地吞并"（gobbling up）行为的主体不是代表这个机构的个人，而是这个公司本身。因此，这个公司作为一个实体通过隐喻的方式被拟人化了，恰好与例（4a）中的"自动取款机"有异曲同工之妙。

（17）a. 这些饥饿的青年将眼前的食物大口大口地吃完了（gobbled up）。

b. 这家巨型公司将小公司大口大口地吞并了（gobbled up）。

对机构名词使用隐喻和转喻影响着句子的不同部分。使用转喻时，是机构名词自身获得了特殊的含义；比如，在例（16a）中，法国航空代表了与该机构有关联的特定个人。而在隐喻中，名词则被拟人化了，反而是动词获得了比喻义。比如，在例（17b）中，名词"公司"依旧指的是机构本身，但因为它与生理类动词"大口大口地吞并"搭配，所以它被拟人化了，并且该动词也具有了与拟人化相适应的比喻义。例（15）到例（17）是为了表明生理类动词一般是不与机构名词搭配的。一旦这种情况出现，句子的含义是被创造的，即只能做转喻解释或者隐喻解释。

（18）a. 福特公司否认（denied）平拖车是劣质汽车。

b. 英国石油公司宣布（announced）它将需要提高油价。

c. 日本丰田公司了解（learned）到尼桑汽车正打算（was thingking of）研发一种新的双动力汽车。

d. 运动产业认为（believes）意大利人不会买太多曲棍球球棍。

认知类动词可不受约束地、自然而然地与机构名词搭配。这些动词有其自身的字面解释，因此对这些句子并不需要作特殊解读。似乎对于可使用哪些特定的认知类动词也没有限制所有的认知类动词都在合适的候选之列。一开始，认知动词能够如此轻易地与机构名词搭配可能看起来很令人意外。毕竟这些动词是描述心理状态的，而毫无疑问这样的状态是属于人类能力的范畴。有人可能会主张例（18）中的动词是像例（16）中的动词那样作转喻使用的，或者是像例（17b）中的动词那样作隐喻使用的。但我们可以否定这样的分析。回想一下例（16）中的句子，它们就自身而言是不合乎常规的。它们需要特定的上下文使之变得可接受。而另一方面，例（18）的句子并不需要特定的情境设定来支撑其可理解性。单独来看，它们就完全是合乎常规的句子。

如果把它们当作转喻来对待，则无法解释这些句子与例（16）中的句子之间的这一重要区别。针对例（18）和例（17b）中的句子，有人可能会提出类似的争论。例（17b）的句子要求"大口大口地吞并"（gobble up）——通常与生命体相关联的活动，在以机构名词作其主语时要作隐喻性的解释。与此相反，在例（18）的句子中，描述人类认知状态的动词在与机构名词搭配时却并不需要对自身含义作任何更改。它们的含义与其跟属人名词或集体名词搭配使用时的含义相同。

（19）a. 这个队伍与该协会签订了一份合约（signed a contract）。

　　　b. 神职人员将它的烟草股份出售（sold）了。

　　　c. 全体教职工派（sent）了一名代表去游说国会。

（20）a. 飞利浦电器与该协会签订了一份合约（signed a contract）。

　　　b. 菲亚特把跑车销往（sold）中国。

　　　c. 通用汽车派（sent）了一名代表去华盛顿。

而例（21）和例（22）的句子则体现了其他一些活动类动词只能与集合名词搭配，而与机构名词搭配时则会显得异常。

（21）a. 全体教职工在下象棋（played chess）。

　　　b. 委员会给新成员打了电话（made phone calls）。

　　　c. 神职人员在2004年选举时给布什投了票（voted）。

（22）a. ? 飞利浦电器在下象棋（played chess）。

　　　b. ? 菲亚特给它的客户打了电话（made phone calls）。

　　　c. ? 通用汽车在2004年选举时给布什投了票（voted）。

当然，两者的区别在于例（20）中描述的活动是那些谈及的机构所能够完成的，反之，例（22）中那些动词则是在其胜任范围外的。然而例（22）中的句子也的确有作转喻解释的可能。比如，例（22a）可以只表示代表飞利浦电器的个人或者来自飞利浦电器的队伍参与象棋联赛。然而，就像例（18）中的句子一样，例（20）中的句子可作字面解释：例（18）中的英国石油公司就像任何真实存在的人类那样发出宣告，例（20b）中的菲亚特公司就像任何个人也会的那样从事销售。作为反向分析，有人也许会声称例（20）中的机构动词应该作转喻解释，也就是说，这些名词指的是来自于这些机构的代表。根据这种分析，动词的含义应当是字面上的，因为它们所描述的活动是为转喻的个人所从事的。然而，再一次将例（22）中的句子与例（20）中的句子作比较，如果例（22）中句子可理解的，那它们必须作转喻性解读，而例（20）中句子并不要求任何形式的特定化解释。将所有的这些例子都当作转喻对待便会漏掉这一重大区别。

　　另一个可有力证明例（20）与例（22）中的句子区别迥异的方法，便是寻找一个既有字面含义又可作转喻解读的句子。例（22c）就是一个潜在的候选句子。作转喻解读时，它可能意指通用汽车的大部分员工作为公民个体曾经投票给了布什。然而，假设联邦最高法院鉴于公司属于宪法第十四修正案规定中"人"的范围之内且为了特定管辖权目的而能被看作公民，进而决定使公司成为完全意义上的公民，且有权在全国性的选举中投票。那么，通用汽车将会有单独的一票。如果这一情况真的发生了，那么例（22c）的句子将会像例（20）一样获得一个直接的字面含义。需要注意的是，在这一假设情景中，公司的成员将仍然保有其自身的投票权。那么，公司的投票权不是其成员的投票权，而是公司实体自身的投票权，因此，例（22c）将会获得一种字面解读。

公司人格和名词范畴之间的关系

　　在我们之前关于法律人格的讨论中，我们指出基本的法律关系发生在一个人和另一个人之间。那么自然人就变成了定义和判断其他类型法人的晴雨表。类似的情形也出现在了我们语言学的分类中。属人名词是基础的，因此它们也为其他名词种类的分析提供了一个出发点。这一比较得出了一个意外的结果，即虚构名词、集合名词和机构名词的某些特点分别与拟制说、受益人主体说和有机体说的特征有惊人的相似之处。我们考虑一下出现在公司人格概念和名词分类特征之间的一些相似之处。

　　拟制说认为公司乃拟制实体，其法律权利始于公司注册成立。在语言中，虚构名词与之相似。它们也指代人造实体，它们的生理、心理以及社会特征都是在它们的创造过程中被赋予。至于像"公司"这样的名词，有语言学的论据证明它们并不属于这一类名词。首先，因为虚构名词通常描述生命体，所以它们拥有确切赋予它们的生理特性，但机构名词却没有。每当表现生理过程的动词与机构名词搭配时，那些句子就必须作隐喻或者转喻解释。其次，虚构名词所指代的实体可能只拥有受限的心智能力，因此指代这样的实体的名词并不能与所有的认知类动词搭配。而另一方面，机构名词却覆盖了认知类动词的整个范围。

受益人主体说将公司看作为某一共同目的而聚集起来的一群人。在语言中，集合名词指代相似个体组成的集合。像"公司"这样的名词也并不属于这一类名词。首先，一个单数的集合名词即可以引发单数一致也可以引发复数一致，这都取决于它指代的是那个团体还是它的成员，不过一个单数的机构名词则通常不允许动词单复数的选择。其次，因为集合名词指代人，所以任何可适用于群体中的个体的生理类、认知类或活动类的动词都能适用于作为整体的这一群体。然而机构名词在与生理类动词，以及所有能与集合名词搭配的活动类动词搭配时，却不能作字面解释。

有机体说将公司这一独立的正式组织，当作类似于人类的法人来对待。在语言方面，机构名词指代组织。这类名词有一些特质。首先，虽然生理类动词表字面含义时不适于和机构名词搭配，但认知类动词却十分盛行。在语言范围内，机构并没有形体——它们确实是无实体的且不可触摸的——但它们无疑是有思想的。它们能思考、能感觉还能说话。接着，许多活动类动词也能与机构名词搭配，且表现于其字面含义，因此，从语言学的角度说，机构被视为有能力去执行这些指定动作。诚然，语言并没有将机构看作完全意义上的人类，但它的确赋予了它们一些重要的人类特征——心智以及从事社会活动的能力。因此，语言认为随之发生的思维和动作是属于机构自身的，而不是属于它背后的成员的。这一语言学的观点被证明与公司人格的有机体说最为一致。

为什么法律需要虚构和隐喻

法律拟制的目的是什么？朗·富勒恰当地指出："虚构是用隐喻的事实。"[1] 皮埃尔·奥利维尔在他关于法律拟制的论文中也支持了这个观点：

> 不管是在法律中还是在几乎所有的科学中，使用拟制的最基本的原因都在于它们推动了思维的进程……拟制是建立在两个物体或情境之间的类同或者相似的基础之上的，它使我们得以将二者视为等同从而以类似的方式处理它们……然与此同时，其也提醒我们注意这种相似性……并非存在

---

[1] Fuller 10.

于所有方面……①

一个法律拟制实际上是一个假命题。为了阐述一个假命题是如何可能揭示真实，富勒提出了一个关于首次提出"引诱公害"原则的法官所面临的困境的怪异情景。②让我们先回顾一下案情。一个来自城镇工业区的小孩进入一个开放的铁路调度场中，并在转车台上玩耍时受了重伤。小孩作为原告起诉了被告铁路公司。案件争议点是：铁路公司是否对此伤害负责？在试图寻找这个问题的答案时，富勒想象了可能会出现在法官脑海里的各种解决方案。他知道现行法律规定，土地所有者对"受邀请者"，而非"非法入侵者"负有注意义务。

然而，法官内心深处感觉到这个不幸的孩子应该更多地被看作一个受邀请者，而不是一个普通的非法入侵者。但法官又不愿意根据他的个人情感作出裁决；毕竟，这个小孩的确实施了非法入侵行为。也许这个法官可以宣布有关非法入侵的规则不适用于儿童。但这样一个裁定会引发更多的问题：什么样的儿童应当被豁免，他们的年龄是否有限制，以及进入那片土地的儿童是否意识到那里存在危险。又或者也许土地所有人应当对任何进入他们土地的人所遭受的伤害负责。但法官意识到这样一个提议将过于宽泛（以及轻率）；它将从本质上完全废除整个禁止非法入侵法。最后，他可能直接裁定原告（即儿童）胜诉而不给出任何特定的理由，但这种可能的做法会使法官感到不安，因为它无法获得那些追求裁决依据的人的认同。

于是，我们的法官在面临着如此困境而又找不到真正可行的解决办法时，感到必须回到他最初的想法——将小孩当作一个受邀请者而非一个普通的非法入侵者来对待。他在法庭上宣布被告铁路公司必须"被认为邀请了"那个小孩到那片土地上。我们假想中的法官作出的这一大胆主张"将这个案件带入了现有原则所涵盖的范围并且免去了试图提出一个新原则的麻烦"。③法律采用了一个拟制的陈述，基于其实用性。虽然这个陈述是错的，但它表述了一个事实——也就是，那个小孩的地位更像是一个受邀请者而不是非法入侵者，并且表达这一"事实"的唯一方法就是通过隐喻——通过宣称那位土地所有者（或者他的代理人，那个引诱公害）必须被"认为邀请了"那个小孩到那片土地上。一旦作了这样的"邀请"，土地所有者就对那个小孩负有其必须对其他

① Pierre J. Olivier, *Legal Fictions in Practice and Legal Science*, Rotterdam: Rotterdam University Press, 1975: 91.
② Fuller, 66-8.
③ Fuller, 68.

任何客人负有的同样的注意义务。这个情景尽管是想象出来的，但它也向我们勾勒了"充满诱惑力的滋扰"原则产生的大致思路，而这一原则被富勒称为"可能是现代法律中最为大胆的拟制"。①

法律创设"充满诱惑力的滋扰"这一拟制的基础是"诱惑"或者"怂恿"的概念。我们曾提到，这个拟制对应的概念隐喻是：一充满诱惑力的滋扰是邀请者（AN ATTRACTIVE IS AN INVITER.）。而反过来这个隐喻只是另一个更普遍的常规隐喻——"一个实体是一个邀请人"（AN ENTITY IS AN INVITER）的特例。虽然引诱公害这一拟制可能有些大胆，但其概念化本就包含于一个常规隐喻当中，这使得该法律隐喻更易被理解和接受。

并不是所有的法律拟制都有对应的概念隐喻。比如，引诱公害原则还从代理法——将代理人（如雇员）的行为归于其委托人（如雇主）的法律——中获得了额外的支持。根据对引诱公害原则的"代理"解释，由代理人（即引诱公害）所发出的邀请变成委托人（即土地所有者）发出的邀请，既而该土地所有者便对小孩这一"被邀请者"负有责任。我们可以将这个"代理"拟制简述为：代理人的行为是其委托人的行为（AN AGENT'S ACT IS THE PRINCIPAL'S ACT）。然而，这个等式却并不是概念隐喻。首先，笔者找不到表达这一观点的语言隐喻。更重要的是，被类比的这两个实体并不符合"本体"和"喻体"的要求。难道"代理人"（agent）是一个比委托人（principal）更为抽象的概念吗？更准确地说，这两个概念是有相互关系的专门法律术语。进一步说，一个概念隐喻要求喻体特征与本体特征相对应（比如，舞台；莎士比亚眼中的世界或者手臂；基尔默眼中的树枝）。我们从委托人的行为特征和代理人的行为特征之间找不到这种对应关系。这个简单的等式仅仅表明了代理人实施的任何行为都被视作委托人所为。如果仅仅因为它从字面上来说是错的，那很显然的，它具备成为法律拟制的资格。但它并不是一个隐喻，至少在本章表述的隐喻的意义上不是。

还是有其他并非建立在隐喻上的法律拟制的。其中之一便是有关合同法上的"默示条件"。它们是协议当事人从未明确表述，但又足够重要以至于法律将其推定为合同一部分的条款。这一拟制是基于如下假设作出的：这些条件的产生源于"合意"。而在现实生活中，当事人在起草他们的合同时也许完全没有意识到这些条件或者甚至是不同意这些条件的。另一个非隐喻性的拟制涉及

① Fuller 66.

"不可推翻的法律推定"，这个拟制我们曾经在讨论马歇尔案时提到过。在马歇尔案中，公司股东被推定为该公司注册地所在州的居民。不可推翻的法律推定并不是一个彻头彻尾的谎言，因为可能确实有一些股东居住地恰巧与公司注册地所在州相一致。然而，这一法律拟制却将这种一致性的推定延伸至股东居住地实际另在他处的情形不可推翻的法律推定是不可反驳的，即当股东居住地不同于公司注册地时，也没有人会提供关于股东的"真正"居住地的证据。

字面语言与隐喻

有关隐喻的文学有时候会区分"活"隐喻和"死"隐喻。活隐喻是指比喻义明显易懂的隐喻，比如"这个巨型公司将小公司大口大口地吞并了"。死隐喻在历史上曾经也是活的，但现在已经不这样认为了。现在的说话者已经将它的含义当作词语的其中一个字面含义了，并且标准字典也通常以这样的方式来引用该含义。举一个有关此语言学过程的例子，思考一下表述"三角形的腿（边）"（leg of a triangle）和"桌腿"（leg of a table）中的"腿"（leg）一词。在这里，一个生理结构上的术语分别被延伸至与数学和家具有关的概念上。虽然"腿"（leg）的这些其他含义毫无疑问有一个隐喻性的来源——毕竟存在某些结构上的纵向延伸和支撑——但这些新的含义填补了以往词汇上的缺口。这些含义的独立性也通过语言的使用被加以确认。因此，对制袜商而言，他只会针对对腿感兴趣的观众做广告，而不会将他的广告信息发给数学家或者家具经销商。"腿"（leg）的不同含义发生重叠的情况在实际上非常罕见。

日常用语中的很多词都是通过这种方式扩展它们的含义的。实际上，这是语言引进新含义的最普遍的方法之一。著名语言学家爱德华·萨丕尔曾经指出："对旧语言材料或多或少的扩展性或延伸性使用不可避免地预示着新概念的产生。"① 这种隐喻的创新在计算机用语中尤为明显。思考一下这样的术语：网址（address）、书签（bookmark）、浏览（browse）、聊天（chat）、网络追踪器（cookie）、防火墙（Firewall）、图标（icon）、信息高速公路（information highway）、链接（link）、鼠标（mouse）、密码（code）、搜索引擎（search engine）、服务器（server）、站点（site）、网上冲浪（surf）、病毒（virus）、网站（web）、蠕虫（worm）。这些词仍然是活隐喻呢还是说它们中的大部分已经变成死隐喻了呢？

---

① Edward Sapir, *Language.* New York：Harcourt, Brace, 1921：16.

这种语言演变的方式对法律而言也并不陌生。谈及合同时，人们会说一个合同是"有约束力的（捆绑的）"（binding），但即便如此它也有可能被"违反（打破）"（broken）。今天没有人会认为这些词具有特定的隐喻性。不然一个人将会如何谈论合同的这些方面呢？当然，这些词的法律含义和它们指代实体物品时的含义是不同的。一个合同"受约束"（binding）和一堆报纸"被捆绑"（binding）显然不是一回事，而合同"被违反"（breaking）也和实体物品（如盘子）"被打破"（breaking）这样的情况截然不同。违反（break）合同并不意味着撕碎写着合同条款的纸，尽管有些人在违反合同时也可能会选择做那样的象征性动作。

当然，综合词典还是对词语的不同含义分别进行罗列。比如，在《韦氏词典》所列"break"一词的各类词目中，如下两条是与我们的讨论相关的。需要注意的是它们鲜有共同点，而这正强化了它们之间并没有隐喻性关联这个观点。

　　1. 用力使得某物，如一固体，分离或分开；通过打碎的方式而使某物分裂成碎片；使破裂；打破；如打破一个盘子；断开一根线或电缆。

　　……

　　9. 未能遵循条款；违反；如他违反了他的协议。①

然而，认知语言学研究并不支持这种有关活隐喻和死隐喻的传统观点，尽管这种区分对于分辨含义是非常规的——因而是隐喻性的表达，与现在含义已经完全被常规化的表达起到有益的启发作用。但此处，认知语言学的观点超越了传统语言学的观点，其认为在一个词的原始具体含义和它的各种引申义之间仍存在着概念上的联系或共性，因此从概念的观点来看，隐喻从未真正"死去"。

为了论证认知语言学的这个主张，我们为及物动词"break"提供一个能贯穿其意思变体的基本含义："打破一个盘子"（to break a dish）是指将它摔成碎片；"违反婚约"（to break an engagement of marriage）是指彻底改变一段个人关系的进程；"驯服一匹马"（to break a horse）是指使它突然变得易于驾驭；"越狱"（to break prison）是指立刻恢复自由；"镇压罢工"（to break strike）是指通过武力来结束它；"减弱落势"（to break a fall）是指停止快速的下降；"违反合同"（to break a contract）是指使得它的条款毫无价值以至于

---

① *Webster's Third New International Dictionary*（*unabridged*），Springfield，MA：Merriam - Webster，1964：223.

该合同不能再作为表达当事人意愿的文件。这些"break"的不同含义之间有什么共同的概念吗？打破（break）某物常指剧烈地改变其形体或者功能，以至于其通常不可能再回到原来的状态。某种类似于这样的概念构成了继续将"break"一词的各种抽象的和具体的含义联系在一起的隐喻结构，而这些含义现在在词典中被记录为常规化的、字面的含义。

　　为了更好地理解认知语言学的这个观点，我们可以在如下两者之间作一个有益的类比：（1）一系列的语言隐喻和它们潜在的概念隐喻之间的关系；（2）一个词的各种字面含义和围绕这些含义而聚集的隐喻基础之间的关系。为举例说明前一种关系，我们将阐述人们如何使用认知类和活动类动词来谈及公司以及这样的话语是如何通过字面语言表达的。然而，在这些表现形式之下隐含着概念隐喻——公司是人（THE CORPORATION ISA PERSON）。换句话说，虽然我们可能在用字面语言谈论公司，但我们对于它们的观念仍然是用隐喻构建的。类似地，无论我们是在谈论打破一个盘子（break adish）、破坏一段关系（breaka relationship）抑或是违反一个合同（break a contract），我们都在使用字面语言。然而，存在一个原始含义，即隐喻基础，它使得"break"一词的不同含义能够联结起来。正是这样的认知结构使得我们能够去理解包含不同含义的概念统一体。

　　我们已经对比了有关一个词的不同含义之间关系的两种立场。一种比较传统的观点主张，虽然一个词的新含义在历史上是源于隐喻的，但现在任何这样的联系已经"死"了，并且曾经的隐喻义已经演变成独立的字面义。与此观点相反的是认知语言学的观点。它同样认可词的字面含义，但它认为隐喻仍然活着，并且词的不同含义在概念上围绕隐喻这个不可或缺的媒介而聚集。如果我们回到20世纪的前25年，我们可以发现有关公司人格本质的类似的对立观点。

　　哲学家约翰·杜威主张，"人"是一个纯粹的法律概念，其含义依据法律的选择而确定：

　　　　在说"人"在法律上可能表示任何法律赋予的含义时，我想说的是"人"可能只是被用作一个"权利和义务的承受体"的同义词。任何这样的个体都可以是人；这样的陈述……没有表达出任何含义，除非这个个体拥有法院所认定的权利和义务。"人"在交际语、心理学、哲学或者道德中的含义都是不相干的……就如同主张因为一种红酒被称作"干"红（dry），所以它就具有干固体（dry solid）的特质……很显然，当"干"被用于特定的红酒时有一种含义，一种该词仅仅用于某种饮料时才具有的含义。为什么法律中"人"这个词的用法就不属于此同类情形呢?①

对于杜威来说,重要的是法律需要这个表示"权利和义务的承受体"的概念,以同时将人类和公司包含在内。如果法律采用了"人"这个词来描述这种实体,这并不意味着自然人和公司机构之间有任何必要联系,无论是隐喻性的还是别的联系。人们也可以将这种权利和义务的承受体称为机器人、桌子或者其他任何东西。法律需要确立一个之前不存在任何对应词的概念,因此它选择了一个现有的词去填补词汇上的空白。"人"这个词的法律含义覆盖了一个与它指代人的日常含义完全分离的领域。此外,杜威关于"干红"(dry wine)和"干固体"(dry solid)之间缺乏联系的观察,正好与主张"三角形的腿(leg)""桌腿"(leg)不再与生理结构上的"腿"(leg)有关的观点,或者主张"break"的各种含义之间很少或没有共性的观点是相类似的。

杜威的立场,即"人"这个词在法律中的用法并无暗示自然人和机构之间存在任何必要联系——隐喻性的或其他的联系,受到法学学者亚瑟·梅琴的驳斥。亚瑟反驳道:

> 当一个法学家首次提出:"公司是人"(A CORPORATION IS A PERSON)时,他是在用一个隐喻去表达这样一个事实——公司拥有某些类似于人的特质,并且在法律上的某些方面被当作人或者一个具有感觉和意志的理性存在一样对待。②

对于梅森来说,公司被称作人,正是因为人们将它当作人来看待。更进一步说,作为一个人,如果公司能在其他方面也被指代为人,那么它便能从某些曾被认为是不可能的角度被加以理解。梅森继续说道:

> 如果你能想象一个公司实体是人,那你也能想象这个人是有思想的。因此,公司便能犯诈骗罪、恶意罪或者是涉及特定心理状态的罪。【着重号为作者加】③

选择用"想象"这个词是十分有洞察力的,因为"想象"正是隐喻的基础。根据梅森的观点,法律将公司当作"一个具有感觉和意志的理性存在"来对待。理性意味着有思想或心智,并且有认知能力。"感觉"和"意志"是

---

① John Dewey, 'The historic background of corporate legal personality', 35 *Yale Law Journal*, 1926: 656.
② Machen, 263.
③ Machen, 348.

认知状态，并且在语言学对机构名词的处理中，恰恰是认知类动词可以从字面上自由地适用于这些实体。我们也可以站在一个更好的立场去理解莱森更进一步的主张，即在适当的情形下，我们可以想象公司犯下诈骗罪或者恶意犯罪。与诈骗罪和恶意犯罪有关的语言表达包含在活动类动词中，并且它们中的大部分都能与机构名词搭配，如果我们认为机构足以实施这些指定行为。回忆一下有关公司投票权的讨论。虽然公司不被允许在政治选举中投票，但我们可以设想那种可能性。类似地，我们可以创设在语言学上适于将诈骗、恶意或者其他犯罪心理状态归于公司体的情形。实际上，将犯罪心理状态归于公司本身已不再是如此牵强了，就像下面这段引用所表明的那样。

公司被判支付一千三百万的刑事罚金

2005 年 3 月 1 日，在加利福尼亚州圣地亚哥市，泰坦公司，一个圣地亚哥的军事情报和通信公司承认了三项重罪罪状，包含违反美国《反海外腐败法》、篡改公司账簿和记录，以及协助填写不实的公司纳税申报单……泰坦公司被判处服三年缓刑并支付一千三百万美元的刑事罚金。【着重号为作者加】①

有趣的问题来了：如果泰坦公司在缓刑期间又违法会发生什么呢？

---

① www. Irs. gov/compliance/enforcement/.

第三章　言语行为与合法传闻

> 如果将证据规则视作一座城堡，那么传闻规则就是通往其正门的基石。
>
> ——G. 迈克尔·费纳①

　　在法庭中，一名证人可以对其直接通过以下五种感官所认知的事件进行作证：证人可以说他看到被告提着一个黑色袋子离开银行；他进入房间时闻到汽油的味道；他吃到味道独特的牡蛎；他坐在火车车厢里感觉到冷；或者听到一声剧烈的爆炸。但是如果他所听到的（或读到的）是别人所说的（或写的），那么这样的话语就可能构成传闻，不得被法院采纳为证言。"禁止传闻规则"提出了这样一个问题：证人的哪些陈述应被视为不可采纳的传闻，而哪些不是传闻进而可被采纳为证据？

　　首先，我们将总览传闻的理据以及其标准。大致有三种类型的陈述：（1）属于传闻而不得被法院采纳为证据的陈述；（2）不被视作传闻因而可被法院采纳的陈述；（3）虽然符合传闻的定义但被视为"禁止传闻规则"的例外，可被法院采纳的陈述。我们主要研究前两种类型。在第三种情形中，我们只研究与思想状态有关的陈述。

　　之后，我们将介绍言语行为理论，一种关涉意义的语言学理论，主要研究说话者如何使用语言。话语在交流过程中发挥着独特的作用。比如，说话者在描述一个事件时，可能会说出这个事件未来的发展过程或者新的事态。我们还将分析该理论在判断哪些陈述构成传闻的问题上如何提供新颖的方法。那些反映思想状态的话语尤为引人关注。虽然这类陈述一般可被采纳为证据，法学研究者却并不总是能就如何对其进行分类的问题达成一致意见。关于这一问题有两种对立的观点：（1）有关思想状态的陈述根本不是传闻；（2）该陈述是传闻但是可作为被允许采纳的例外。言语行为理论为该问题提供一种独特的解决

---

① G. Michael Fenner, *Practical Trial Evidence: a Video Handbook*, New York: Joseph M. Mclauglin, Fordham University School of Law, Practising Law Institute, 1977: 51.

方式。最后我们将分析言语行为理论对于深入理解传闻规则本质的问题所发挥的作用。

什么是传闻?

传闻是证据规则所涵盖的内容之一。在英美法中，证据规则意图通过限制庭审中可被采纳的证据类型来揭示真相。在陪审团审判中，法官与陪审团在评判证据方面承担的职责截然不同。法官决定证据可否被采纳，可否提交陪审团。陪审团则决定该证据的重要程度以及证据是否可信。换言之，法官就法律问题作出决定，陪审团则将法律运用到案件事实上。对于案件事实的认定者，不论是法官还是陪审团，根本要求就是其必须完全依靠在法庭中出示的证据来审理案件。

只有与案件相关的证据才会被法庭采纳。"相关证据"指证据具有某种倾向，使对确定诉讼具有重要意义的事实更有可能或者更不可能。① 比如，某人与他人婚外恋的事实在不忠诚构成离婚的理由的司法管辖区可被视为离婚案的关联证据。但同一事实在交通事故案中则不大可能被采纳。

证据可分为直接证据和间接证据，也可分为实物证据和言词证据。直接证据的作用是直接的。若该证据可信，将自动解决法庭所面临的问题。而间接证据即便是可信的，在问题解决前仍需经过额外的推理。设想某一案件的争点在于琼斯是不是进入了银行，靠近出纳员，举枪索要并获得一沓钞票，将钞票塞进公文包，接着快步走出银行，庭审中银行出纳员指认琼斯就是抢劫者。这是直接言词证据。若陪审员相信该出纳员，则该案很可能就此得出有罪裁决。

现在稍稍变换一下场景。在抢劫银行的整个过程中，抢劫者头上一直紧紧地戴着一顶绒线帽，因此，银行中没有一位职员或顾客能够识别出罪犯。然而，琼斯成了犯罪嫌疑人，被逮捕，正在受审。检方找到了一位证人出庭作证。该证人说当她正打算穿过马路进入银行时，注意到了琼斯，自己以前的同事，正匆忙地离开银行。他打开公文包并将一顶疑似针织帽的物品放入其中。她大声叫了琼斯，但是他往另一方向看去并开始奔跑。她对这一事件的叙述就是间接证据，最重要的原因在于她实际上并没有看到抢劫的发生。尽管如此，陪审团仍然会认为她的故事是可信的，并且由此断定琼斯就是抢劫犯。然而，

---

① *Federal Rules of Evidence*, Committee on the Judiciary, House of Representatives. Washington: US Government Printing Office, 2003: 401.

这个结论在论证过程中却需要一个关键的步骤。现在，无可争议的是抢劫者在银行内戴着一顶绒线帽并且提着一个公文包。任何当时在银行看到抢劫发生的人都至少可以证实这两点。这一关键步骤就是演绎推理：一名女子声称看到一名抢劫者从银行里冲出来，提着一个公文包并且放进去一件像绒线帽的物品。此外，这个人转移视线，拒绝与据称是其旧识的人相认。那么这个逃离银行，将某物放入公文包，转移视线并逃跑的人是不是很可能就是抢劫者呢？

实物证据主要指有形物。例如，文件，武器——命案中俗称的"冒着烟的枪"，即确凿证据等。言词证据则涉及证人的叙述。以上我们假设的两个关于银行抢劫的情形中，银行出纳员和过马路女子的叙述就是言词证据的例证。

证据规则的目的在于揭示真相。毫无疑问，达到该目的最有效的方式就是交叉询问。这是一种对对方证人进行严格质询的权利，也是区分英语国家与欧洲大陆或拉丁美洲国家庭审模式的一个标志。让我们来看，当一个证人在交叉询问阶段将对他（或她）从别人那里听到的话进行转述时，接下来会发生什么。我们一定要将证人与陈述者的区别谨记于心。证人是在法庭面前进行发言的人，他已经宣誓要讲真话，讲全部的真话，并且只讲真话，陈述者则是某一陈述的主体，该陈述被用以证明庭审中的某些问题。大多数时候陈述者就是证人。但是，当证人陈述另一个人曾经说过的事实，那么该另一个人也是陈述者。鉴于这一区别，我们为银行抢劫案设立了一种崭新的完全不同的情形，该情形包含了不能被法院采纳的证言。

琼斯正在受审。出于某种原因，那位声称在过马路时看到过他的女子无法出庭，而由她的朋友代为出庭作证。琼斯的律师想要证明这位不能到庭的女子错误地将琼斯指认为抢劫者。对"代理"证人的交叉询问由此开始：

律师：你提到过当你的朋友要过马路去银行时，她看到一名男子匆忙走出银行。

证人：是的，没错。

律师：并且她认出这个人是她以前的同事。

证人：是的，她是这么告诉我的。

律师：你的朋友是什么时候到的银行？

证人：我想应该是在下午。

律师：当她看到该男子从银行出来时，她距离银行门口多远？

证人：我不知道。她并没有向我提及与距离有关的情况。

律师：那天下午的天气怎样？

证人：我真的不知道。

律师：你的朋友戴眼镜吗？

证人：有时候戴。

律师：那么她当时戴了吗？

证人：我不知道。

在回答接下来的问题时，证人总是重复"我不知道"，由于他几乎没有提供当时情况的细节信息，这使得对方律师几乎不可能就其朋友的叙述或其朋友对案件情况的感知提出质疑。如果她的朋友能够亲自出庭作证，她就可以应对被告律师的质询，并且提供对当时情况的完整描述。

"禁止传闻规则"的理据在于排除有缺陷的、不可信的进而无法帮助事实发现者（一般为陪审团）揭示真相的言辞证据。不能对作出陈述者进行交叉询问导致传闻不可信。① 另外，由于陈述者并未出庭，他或她就不会宣誓讲真话，不会为司法程序的庄严性所感染，也不能在法官或者陪审团的观察下作证。

并非所有法庭外的话语都被视作不可采纳的传闻，只有用以证明其陈述的事实（或事项）真实性的法庭外话语才是传闻。而用作其他目的的话语则不是传闻。比如："今天天气真好"，若这句话被用以证明某一天天气很好，那么它就是传闻。相反，若它被用以证明陈述者非常热情友好，那它就不是传闻。

举一个更具戏剧性的例子。安迪在街上行走时，惊恐地发现他的朋友比尔躺在血泊中。他俯身问比尔："发生了什么？"比尔虚弱地回答："查理捅了我"，然后就死去了。查理因涉嫌谋杀比尔而受审，安迪被传召为证人。安迪向陪审团陈述他在街上散步并看到比尔躺在血泊中的全部经过。最重要的问题当然是：谁杀了比尔？安迪将会向陪审团提及比尔的临终遗言，"查理捅了我"。比尔是这句话的陈述者，但他不是证人也不可能作证，因为他已经死了。因此，在谁杀了比尔这个问题上，不管比尔法庭外的陈述多么有用，其都是不可采纳的传闻，并且安迪也不能向法庭提供该陈述以确定凶手身份。为什么不能？因为如果你相信了比尔的陈述，那么就等于你相信了查理就是凶手——也就是说，比尔的法庭外陈述被用以证明其内容是真的。但不幸的是，这个证明别人有罪的陈述的作者，即死者比尔，是不可能被交叉询问的。

现在让我们再换一个问题：比尔被捅后还有意识么？安迪证实比尔在被捅后的短时间内是有意识的。安迪又是怎么知道的呢？他答道："因为我俯身时，听见比尔虚弱地说，'查理捅了我'。比尔的该陈述并不能用来证明凶手

---

① *Federal Rules of Evidence*，Committee on the Judiciary，House of Representatives. Washington：US Government Printing Office，2003：401.

的身份，却可以用来证明比尔当时是能够说话的。他当时可能用英语或者其他任何语言说了什么。关键在于他说话了，因为他能够说话基本上可以证明他当时是有意识的。陪审团不需要相信比尔说话内容的真实性，只需要相信他确实说话了。即使比尔对谁捅了他的这个问题撒了谎，这也不能改变他说话了这一事实，不管他说了什么——是真相还是谎言——足以证明他当时是有意识的。此外，证人安迪是可以被适当地交叉询问的：他是否确定比尔说话了？当时街道上是否很嘈杂？他的耳朵距离比尔的嘴唇有多远？那么我们可以发现，同一陈述可能在一个问题上被视作传闻，但在另一问题上则不被视作传闻。这意味着不能孤立地或断章取义地去分析某个陈述。对某一陈述的分析必须结合特定问题进行。因此，在这种情形下，法官通常发现有必要向陪审团作出这样的指示，即陪审团可以将比尔的陈述视为比尔有意识的证据，但不可视为查理杀害比尔的证据。我先请读者思考一下陪审团是否会完全忽略比尔说话的内容。

合法传闻

下面有关传闻的定义记载于《美国联邦证据规则》中，该规则适用于美国联邦法院并被许多州采纳。其对传闻的定义如下："传闻是由陈述者在审判程序或者在听证程序外作出的、作为证据证明所声称事项的真实性的陈述。"[1]"陈述"以及"陈述者"也被定义。一项"陈述"是指：（1）口头或书面的主张；或（2）个人的非言词行为（如点头称"是"），行为人意图以此来表达一个主张。[2]"陈述者"是指作出一项陈述的人。[3] 整篇文章中，我们将交替使用"话语""陈述""主张"这几个表述。《美国联邦证据规则》还规定："传闻证据，除本证据规则或其他由联邦最高法院根据立法授权或者国会立法所确认的规则另有规定外，不具有可采性。"[4] 英国对传闻的界定与美国相似："证人转述的他人陈述，可能是或不是传闻证据。当它被用以证明陈述所称内容的真实性时，它就是传闻且不可被采纳。当它被用以证明陈述作出本身的事实存在而非陈述内容的真实性时，它就不是一个传闻并且是可被采纳的。"[5]

据此定义，当一项陈述不被用作"证明所声称事项的真实性"时，它就

---

[1]　*FRE* 801（c）.

[2]　*FRE* 801（a）.

[3]　*FRE* 801（b）.

[4]　*FRE* 82.

[5]　*Subramaniam* v. *Public Prosecutor*［1956］1 WLR 956 at 969，PC；and *Ratten* v. *R.*，*ante*.

不是传闻。那么其他在传统上不被视为传闻的庭外陈述有哪些呢？一共有四种类型：（1）具有法律意义的口头行为或者与肢体行为相伴的口头部分。（2）用以证明其对听者或听者的思想状态产生影响的陈述。（3）间接评论说话者心理状态、知觉或意识的陈述。（4）主张的价值在于陈述本身，如被视为诽谤或者伪证的陈述。

首先，我们将阅读多年前在哈佛大学法学院暑期班证据考试中出现的有关传闻的试题。[①] 该考试共有 75 道题目，其中许多考察传闻证据例外规则。我们选取了 13 道问题，其中 12 道问题的回答要么是传闻，要么不是传闻。只有一道可能合乎传闻例外规则情形。以下是题目，均由争议与陈述两部分组成。你可以先自行测试。在试题之后是就每一争议的陈述所进行的分析。

哈佛大学的传闻试题

以下哪一项是传闻？

1. 在判断 X 与 D 是否已经订婚时，D 对 X 的陈述："我允诺在六月一日与你结婚。"

2. 在判断 D 向 X 移交动产这一行为是买卖还是赠与时，D 在移交动产时对 X 的陈述："我将这一动产给你作为生日礼物。"

3. 在第二题中，D 在移交动产的第二天对 X 的陈述："我昨天给你的动产当作你的生日礼物。"

4. 在判断 D 对黑土地的时效取得时，D 主张："我是这块土地的所有人。"

5. 在判断 X 攻击 Y 的挑起原因时，D 对其丈夫 X 的陈述："Y 强奸了我。"

6. 在判断 X 射杀 Y 的行为合理性时，D 对 X 的陈述："Y 威胁要立即杀你。"

7. 在判断 X 是否意识到自己即将死去时，D 对 X 的陈述："你只能活几分钟了。"

8. 在第七题中，X 的陈述："我意识到我要死了。"

9. 在判断 D（一名女性）是否心智健全时，D 的公开陈述："我是教皇。"

---

① 'Morgan, Evidence exam, summer term, 1946', Harvard Law School in *Evidence*: *Cases and Materials*, 3rd edn, David W. Louisell, John Kaplan and Jon R. Waltz. Mineola, NY: Foundation Press, Inc, 1976: 126 – 30.

10. 在判断 D 对 X 是否不满时，D 的陈述："X 是谎话连篇的伪君子。"

11. 在判断 D 被袭击后是否还有意识时，D 的陈述："X 向我开了枪，就像他时常威胁的一样。"

12. 在确定射击者的身份时，D 做了与 11 题一样的陈述。

13. 在判断 X 是否威胁要向 D 开枪时，D 做了与 11 题一样的陈述。

让我们从法律的角度谈讨哈佛试题中的陈述和法律争点的关系。

口头行为

"我允诺在六月一日与你结婚"

此问题涉及 X 和 D 是否已经订婚。

D 的法庭外陈述是一个允诺。此外，我们必须假定转述该话语的证人亲耳听到了陈述者说出那一番话。并且我们只对一个允诺已经被作出这一事实感兴趣，而该允诺的内容，即（是否）进行婚礼却并不重要。至于相关性，一个结婚的允诺当然与是否订婚有关联。允诺是法律所确认的言语行为，因为它可能产生一定的法律后果。（比如，在英美法系中，允诺被视为是一个有效合同订立的必不可少的要件，第四章也将主要探讨该问题。）具有法律效果的陈述不构成传闻。

"我将这一动产给你作为生日礼物。"

D 将一动产交给了 X，这是一个买卖行为还是赠与行为？

我们假设一个证人看见 D 将动产交给了 X。这个证人回忆起了他亲见的场景，并将其叙述出来。但是，这一动产交付行为本身不一定能证实其到底属买卖行为抑或赠与行为。然而，D 随其肢体行为所说的话却可以清楚地解释这一举动的目的。此类陈述也可被视为口头行为，一种能解释肢体动作含义的口头行为。据此，这也不是传闻。

"我昨天给你的动产当作你的生日礼物。"

现在我们思考在移交动产第二天 D 的陈述。

此处 D 告诉 X 昨天送他的动产是给他的礼物。这一陈述不是口头行为，而只是 D 对自己之前行为的描述。它是被用作"证明所称事项真实性"的陈述。因此，这个陈述是传闻。此外，当某一陈述中的动词是过去式时，这个陈述往往就属于传闻。

"我是这块土地的所有人。"

此问题涉及 D 黑土地的时效取得。

时效取得是指占有他人土地经过一段法定期间后，即可取得他人土地所有权。[①] 非法擅自占用土地就是一种时效取得。构成时效取得的条件之一就是占有者必须公开承认自己的占有。[②] D 走遍全村，向所有人宣布他是"这块土地的所有人"则符合这一条件。这一陈述显然是具有法律意义的，所以 D 的陈述构成口头行为，因此也就不构成传闻。

听者的反应及思想状态

"Y 强奸了我。"

此问题涉及 X 对 Y 进行攻击的原因。

妻子法庭外的陈述并不能用以证明她是否真的被强奸（如我们所知，她可能在说谎），却能够证明陈述本身对她丈夫所产生的影响。听到他的妻子说出此事时，不论真假与否，X 都会变得愤怒并且将该怒火撒到 Y 身上。当一个陈述被用以证明其对听者的影响时，它就不是一个传闻。

"Y 威胁要立即杀你。"

此问题涉及 X 射杀 Y 的行为合理性。

D 告诉 X：Y 威胁要杀死 X。听到 D 的陈述后，X 意识到必须进行自我防卫。如果 D 的陈述被用来证明其对听者 X 产生了影响，那么它就不是传闻。但应注意，如果该陈述是为了证明 Y 威胁过 X，那么它就是传闻。

"你只能活几分钟了。"

此问题涉及 X 是否知晓自己即将死亡的事实。

---

① 5 *California Real Estate* 2nd 629, *et seq.*, Miller & Starr, 1989.

② *California Code of Civil Procedure*, Sections 318 et seq.

当 D 告诉 X 他只能活几分钟的那一时刻，X 意识到了 D 对他说的信息，而不会考虑即将死亡这一信息的真实性。这一陈述并非被用以证明其内容的真实性，而又是被用以证明其对听者的影响。因此，这不是传闻。法律也将此类非传闻视作"听者思想状态的表征"。

说话者的间接思想状态

"我是教皇。"

此问题涉及作出该陈述的女人是否心智健全。

很显然，用此陈述并不是要试图证明她是教皇。而是用该陈述向公众声明自己意识清醒。她陈述的目的是让别人推断出其精神状况的。以陈述为间接证据证明说话者的特定思想状态，并不构成传闻。

"X 是谎话连篇的伪君子。"

此问题涉及 D 是否表达出了对 X 的不满。

这个陈述并不是用来证明 X 是否真的是一个谎话连篇的伪君子，而只是用来证明一个人对他人做此评论是心怀不满的表现。我们在乎的是这一陈述作出的事实，而不是这一陈述的真实性，因此，它不是传闻。

"我意识到我要死了。"

此问题涉及 X 是否对自己即将死亡的事实有意识。

这个问题与此前提到的一个例子相同。在那个例子中，D 对 X 作出的法庭外陈述："你只能活几分钟了。"那个陈述不是用来证明 X 到底能活多久而是用来证明它对 X 产生的影响，也正是因为这个原因，它不构成传闻。而在这个例子中，X 直接宣称对自己即将死亡的事实有意识。这一陈述正是为了证明其主张的内容。从这一角度讲，它应当被视作传闻。然而，X 的陈述涉及他的思想状态。之前我们提到过反映思想状态的陈述不是传闻。那么，X 的陈述到底是不是传闻呢？现在，我们暂且不去讨论这个争议性的问题，此后会在讲到关于思想状态的陈述时再作解答。

主张本身即为陈述

"X 向我开了枪，就像他时常威胁的一样。"

此问题涉及 D 被袭击后是否还有意识。

这一陈述与之前讨论过的"查理捅了我"的情况相似。类似的分析在这个情形中同样有效。这一陈述只是用来表明 D 可以说话。而说话这一举动又可以证明其存有意识的可能性。因此，它不是传闻。然而，就哈佛传闻测试的另外两个问题（确定凶手身份与 X 的威胁行为）而言，D 的陈述却构成传闻。这个陈述中的每一个分句均可用以证明其所包含的内容："X 向我开了枪"是为了证明凶手的身份；"就像他时常威胁的一样"则表明了威胁行为。然而，在确定凶手身份的问题上，尽管 D "X 向我开了枪"的这一陈述毫无疑问就是传闻，但它也可能作为"临终陈述"这种例外为法院所采纳。为什么会存在禁止传闻规则的例外情形呢？同时，总体而言，又为什么要有例外情形呢？

传闻规则的例外

假设你需要在法庭上证明你出生的地点和日期。有比提供出生证明更简单的方法吗？然而这一文件会被视为传闻，因为它是在法庭外作出的用以证明待证事实的书面陈述。相反，你可能需要找到一个知道你的出生"地点"和"时间"的证人来证明这一事实。而不幸的是，可能这样一个人已经去世或者不能到庭。虽然传闻规则目的在于排除不可靠的证据，但它同时也会排除一些看上去非常可信的有价值的证据，如出生证明。正因如此，法院确认了"禁止传闻规则"的除外条款以及例外情形，这些情形中的证据是可以被采纳的。这些例外情形之所以被采纳，要么是由于对证据的需要，要么是由于证据的可信性。《美国联邦证据规则》咨询委员会写道："如果要在不甚完美的证据与完全没有证据之间作出选择，只有愚蠢的人才会采用全面排除证据适用的方式。"①

禁止传闻规则的例外约有 24 种，我们只讨论其中的一部分：重要统计资料，如出生证、结婚证或死亡证，以及其他家庭记录；关于日常经营活动的记

---

① *FRE*, art Ⅶ, advisory committee note.

录，如买卖凭证、信用卡收据、寄给客户的信函或通知；出于医疗诊断或治疗目的的陈述；公共记录或报告；学术论文，如专家证人引用的著作；关于个人名声或者家族史的陈述；表达现在的感觉印象或者刺激发泄的陈述记述；关于当时存在的精神、感情或身体状态的陈述，即所谓的"思想状况"陈述的例外；以及对确信死亡即将发生的陈述。① 不被视作传闻的证据（与例外情形不同，但功能一致）种类有：证人先前的陈述、对方当事人自认的陈述。②

　　让我们以"相信死亡临近"的例外（又称"临终陈述"）为例进行分析。这种例外情况的典型就是我们先前假设的陈述"查理捅了我"，以及哈佛传闻测试中 D 的陈述"X 向我开了枪"。我们很容易发现采纳这种证据的必要性。这种必要性在于除受害者对犯罪者身份的临终陈述外，可能无法找到其他指向犯罪者身份的直接或者间接证据。然而，临终陈述必须满足如下三个条件方可被采纳：（1）必须在指控杀人的审判中，向法院提供该庭外陈述。（2）该庭外陈述必须与陈述者死亡情节有关。（3）在作出该陈述时，陈述者必须相信死亡即将发生。我们假设此前虚构的情形满足（1）、（2）两项条件：查理和X 因涉嫌杀人接受审判，受害者指认他们就是犯罪实施者。第三项条件要求陈述者必须确信死亡即将发生。有几种方式可以证明这种确信。一些注意到受害者的人可能会告诉受害者说："你马上就要死了"或者（如哈佛大学传闻测试中写的）"你只能活几分钟了"。又或者，受害者自己可能会说（如哈佛传闻测试中写的）："我意识到我要死了"，或某些间接的话语，如："我想去见牧师。"受害者的陈述，"查理捅了我"和"X 向我开了枪"，尽管构成传闻，但如果满足了以上三项条件，也会被法院采纳。

　　现在我们又面临一个新的难题。"我想去见牧师"和"我意识到我要死了"这两项陈述在关于证明是否确信死亡即将发生的问题上具有可采性的原因是截然不同的。前一种是毫无争议的。之前我们提到，可据此推断说话者的心态的陈述——如："我是教皇"和"X 是一个谎话连篇的伪君子"——并不是传闻。"我想去见牧师"这样的陈述与之类似。希望会见牧师的人（大概是想完成临终圣礼），很可能深信他或她即将死去。当一个陈述被视作证明特定思想状态的间接证据时，它就不是传闻。而正如哈佛传闻测试中提到的陈述，"我意识到我要死了"，由于直接提及问题本身，因而不能被视作间接陈述。因此，它属于传闻且不得被采纳为证据。然而，基于一个完全不同的原因该陈述是可被采纳的，因其符合"思想状态"例外的情形。

---

① *FRE* 803，804.

② *FRE* 801（d）.

思想状态的例外

禁止传闻规则最重要的例外之一涉及陈述者关于其自身思想状态的陈述，如："我疯了"或"我恨我丈夫"，以及（哈佛传闻测试中提到的）"我意识到我要死了"。① 每一个陈述都是用来证明其所称内容的真实性：D 心智不健全；D 对她配偶不满；X 知晓他即将死亡的事实。虽然有时这些陈述本身的可靠性值得怀疑，但是由于通常没有其他方法证明陈述者的思想状态，对该证据的需要超越了对其可靠性的质疑。

我们注意一下哈佛传闻测试中更多的陈述细节。"我意识到我要死了"。引导词"我意识到"直接表明意识。因此，有关对即将发生的死亡事实是否有意识这一问题，该陈述完全符合传闻的定义——法庭外对所称事项内容真实性进行证明的陈述。相反，假设 X 说："我将要死了"，其中并没有直接表明思想状态的引导词。如果没有"我意识到"这个引导词，"我将要死了"这句话就转变为对思想状态的间接陈述，由此将不被视作传闻。这种情况与"我是教皇"的陈述类似，两者都是用以证明说话者思想状态的间接证据。

奇怪的是，陈述中用语的细微差别——某些引导词（如"我意识到"或"我相信"）的存在与否竟决定着这一陈述是否构成传闻，这个现象是非常令人困惑的。然而，这种不一致几乎不具有实际意义。不论该陈述如何措辞，它都将被采纳，因为"思想状态"陈述作为"禁止传闻规则"的例外之一已经被广泛认可。尽管如此，如果我们想对传闻有更为清晰的认识，那么由陈述措辞的差异所引发的困境就极具理论探讨意义。我们发现言语行为理论为这一难题提供了有趣的解决之道。

什么是言语行为？

言语行为理论很好地阐释了何为"是涉及连接世界的语言"。② 我们倾向于认为句子是对某一事件的描述性陈述或者是一种可证实的主张。例如："亨

---

① FRE 803.

② John Searle, *Speech Acts: an Essay in the Philosophy of Language*, Cambridge: Cambridge University Press, 1962.

利打他的妻子""明天会下雨""乔治想要买我的车""这只猫看上去生病了"。然而，哲学家约翰·L. 奥斯汀发现说话者在说出某一语句时，并不一定是要作出某种真实或虚假的陈述，而是很可能进行着句中言语所指向的行为（如作出允诺，宣告某一新实践或者表达对某事的情绪）。① 某人说："我允诺我会将欠款还给你。"在说出这句话的同时，他也作出了一个为自己设定特殊义务（即允诺）的行为。受委托主持婚礼的治安官通过"现在我宣布你们结为夫妻"这句话确立了结婚双方的婚姻关系。在说"祝贺你晋升"这句话时，说话者并不是要对该命题的正确与否进行评述——事实上已假定晋升事实的存在，而是在作出祝贺这一行为。奥斯汀将这类句子统称为施事句，因为说话者作出句中动词所表示的某一行为。与之相对的为述谓句，即说话者确实是在描述某一事件或者状态。②

奥斯汀指出了英语施事句几项有趣的语法特征。句子中的主语必须是第一人称（我、我们），也通常会出现明示或暗示的第二人称（你）。另外，句中必须出现一般现在时形式的施事动词，如："我祝贺你晋升"。将此句与一个非第一人称式的句子"她祝贺你晋升"或过去式的句子"我以前祝贺过你晋升"相比较，在这两种情况下，说话者并没有做祝贺的举动，而只是传达别人祝贺的意思或者述说过去曾经发生的祝贺行为。（但值得注意的是，"她祝贺你晋升"在说话者成为"她"的代理人时可被视为施事句。然而此处，我们只对这句话作述谓解释，即说话者在转达别人的祝贺。）只有将一般现在时的动词"祝贺"置于合适的语言结构中（"我__你"）才会产生祝贺的施事行为效果。奥斯汀将语句中是否存在"在此"一词作为辨别施事句的方法。表示施事性行为的动词通常允许句中同时出现"在此"一词，但是当同样的动词出现在述谓句中时则不然。因此，我们可以说"我在此发誓我所说的是实话"，但是不能说"我曾经在此发誓我说的是实话"。

另一位哲学家约翰·塞尔对奥斯汀的"施事句"从概念上作了拓展。塞尔的言语行为对说话者及听者使用语言的情况进行了较为全面的阐释。在他的理解中，"言语行为"实际上是一种预期，因为它强调了可以通过言语来实施某项行为。重要的是，一个言语行为可能会与肢体行为具有同等效力。它可能单独存在或者伴随非口头行为一同出现。因此，某人打算就一项体育比赛的结果打赌，其行为意图可能通过说出"我打赌巴塞罗那一定会战胜马德里"的话语或作出握

---

① John Austin, *How to do Things with Words*, 2nd edn, Cambridge, MA: Harvard University Press, 1962.

② Austin, p. 8; also Austin, 'Performative – constative' in *The Philosophy of Language*, ed. by J. Searle, Oxford: Oxford University Press, 1971: 13.

手的举动，又或者甚至是同时实施这两个行为——口头行为和身体行为——来实现。在另外一个例子中也有类似情形，证人在法庭上宣誓时，都会举起手并同时说出"我发誓我所说的都是实话"，这是一个具有法律意义的行为。

我们采用塞尔的理论对传闻进行分析。根据该理论，每一个言语行为都包含四个不可或缺的组成部分：言外行为、言后行为、言内行为以及思想状态。言后行为和言内行为源于奥斯汀，言外行为和思想状态则是塞尔所创。我们不使用塞尔的"话语行为"的表述，其与奥斯汀的以言表意（即言内行为）意思相近。言外行为是其中最为重要的要素，其他要素均围绕其展开。它或多或少地与奥斯汀施事句的概念相关——即说话者通过说某些话完成了某些行为。一个说话者的言外行为会在不同的方面影响听者。而言后行为即为它产生的效果。此外，由于言外行为是通过语言表达的，因此它必须具备语言属性。言内行为正是在描述这些语言方面的特征。从说话方式的角度看，言内行为、言外行为和言后行为可以被概括为："我说了什么、我的意思是什么、你认为我想表达的意思是什么。"① 塞尔进一步指出，在进行言外行为时，说话者同时暗示了一种特定的思想状态。言外行为成为某种心理状态的外在表现，其可能是对言外行为所表达内容的相信、意图、渴望或感受。这四个组成部分——言外行为、言后行为、言内行为和思想状态——将成为我们分析传闻的基础。接下来我们将逐一分析这四个要素。

言外行为

说话者会进哪几类言外行为？塞尔概括为五种：阐述类、允诺类、指令类、宣告类、表达类。②

阐述类

作出阐述类言外行为时，说话者实则在叙述一个有关某事项的原则上存在真假之分的命题——比如："我声称言语行为理论可对传闻进行简洁有力的论述"。在英语中被当作阐述类言外行为的动词包括如下这些：主张（assert）、

---

① Austin, p. 8; also Austin, 'Performative – constative' in *The Philosophy of Language*, ed. by J. Searle, Oxford: Oxford University Press, 1971: 13.

② John Searle and Daniel Vanderveken, *Foundations of Illocutionary Logic*, Cambridge: Cambridge University Press, 1985: Ch. 9.

声 称 （ claim）、报 告（report）、坚 称（maintain）、预 计 （ predict）、告 知
（inform）、承 认（admit）、指 责（accuse）、提 醒 （ remind）、证 明（testify）、
坦 白（confess）、声 明（state）、发 誓（swear）。这些动词在言外行为效力或
者阐述的力度上有所区别。比如：声 称（claiming） 的阐述力度比告知
（informing）强，而发誓（swearing）一词的阐述力度则更强。然而，所有这
些动词都构成作出阐述的不同方式。阐述类言外行为描述的事件或时态可能会
以过去时、现在时或将来时的形式出现："我证明（testify）琼斯当时匆忙地
离开银行"，"我坚称（maintain）琼斯不是无辜的"，"我预计（predict）陪审
团会认定琼斯有罪"。这些阐述句中都包含两个部分：其一是包含第一人称代
词以及施事动词的言外行为分句 ["我证明（testify）"，"我声称（claim）"，
"我预计（predict）"]；其二是描述某一事件或者事态的命题从句——如："言
语行为可对传闻进行简洁有力的论述"，"陪审团会认定琼斯有罪"，等等。我
们可以把这两分句式的句子称为显性言外行为。然而，许多阐述类言外行为并
不具备这种两分句式的结构。它们没有一个明显的阐述性动词作开端。而我们
发现这类语句看起来像是缺少引导词"that"的命题从句——比如"琼斯匆忙
地离开银行"。我们将这种单分句式的句子称为隐性言外行为。虽然这类句子
并不含有阐述类言外行为的标志性动词，但是我们仍然将其理解为作出阐述的
表达。隐性言外行为等同于奥斯汀所称的"宣告类的"陈述。讨论完不同类
型的言外行为后，我们将会对显性言外行为与隐性言外行为的特征再作探讨。

许多言外行为与一定的思想状态相关联。对阐述类言外行为而言，就是确
信。因此，若一个人在将其理解为作出阐述的表达的情况下作出某种阐述，那
么他自然也就相信所称命题的真实性，即使这个命题实际上是错误的。关于伦
理以及宗教的陈述通常属于此类。因此，如果我诚恳地说："我坚称（maintain）
地球已经 6 000 岁了"，那么即便科学依据证明这一说法是错误的，我也确信
地球已经 6 000 岁这个命题的真实性。值得注意的是，虚假陈述不一定就是谎
言。为了证明谎言以及法律中的伪证，说话者必须不相信自己所说的话，而且
必须有欺骗的故意。[1]

允诺类

作出允诺类的言外行为时，说话者允诺自己将来作出或者不作出特定行
为，比如"我允诺我将来会将欠款还给你。""我发誓我不会复仇"。作为允诺

---

[1] Peter Tiersma, 'The language of perjury："Literal truth," ambiguity, and the false statement requirement', 63 *Southern California Law Review*, 1990：2.

类言外行为的动词如下：允诺（promise）、发誓（vow）、愿意（offer）、承诺（pledge）、保证（guarantee）、发誓（swear）。发誓（swear）一词在"我发誓我会说实话"这个句子中属允诺类，但是在"我发誓我上周二在纽约"这个句子中则属阐述类。因此，一个动词可能会有不止一种言外行为属性。在阐述类的命题从句中，动词可以三种时态中的任一时态形式出现。而在允诺类的命题从句中，动词则只能以将来时的形式出现。换句话说，一个人不可能允诺自己作出某个过去或现在的行为。时态的限制是很有意义的。某人说："我允诺（promise）我将来会将欠款还清。"以一般现在时的形式说出"允诺"这一动词，说话者同时也在作出"允诺"这一言语行为。然而，还款这一事实则只能在允诺作出以后发生。

伴随允诺类言外行为产生的思想状态是打算做某事的意图。因此，如果我允诺还钱，那就意味着我打算这么做。与阐述类言外行为不同的是，允诺类的言外行为没有真假之分。因此，如果我并没有还钱，你可能会说我没有遵守允诺，却不会说这个允诺是虚假的。这个区别需要进一步阐述。确实，"虚假的允诺"在某些场合表示没有遵守允诺。虽然允诺作为言外行为，其本身并不存在真实性价值——即到底是真实的还是虚假的，但是命题从句存在着这种真实性判断。我们比较一下允诺类与阐述类言外行为的命题从句。首先分析预计（阐述类言外行为的一种）的真实性价值，如"我预计下周将会发生地震"。如果接下来的一周没有发生地震，那么这个命题的内容就是虚假的，因为它表述了一个将来没有发生的事件。与之相类似地，如果我允诺下周会将欠款还清，但结果我没有还，那么这个允诺类命题从句的内容就无法与本应发生的事实相匹配。从这个意义上讲，允诺类命题的内容可能为真或为假，尽管允诺本身并不具有这种属性。言外行为及其命题内容的这一区别对于我们分析传闻至关重要：我们应当注意到，只要命题内容从言外行为中抽离，并且作为证明某一外部事件发生的证据，那么传闻就会产生。

指令类

作出指令类的言外行为时，说话者是在指示听者作出或者不作出将来的某一特定行为。例如："我命令你明天8点准时到庭"，"我建议你不要酒后驾车"。一些表示指示性的动词有：让（ask）、命令（order）、指令（command）、要求（request）、推荐（recommend）、建议（advise）、提议（suggest）。执行指示的人不能参与现在或者过去发生的活动。这一限制的逻辑推理过程与允诺类言语行为相同。说话者对听者说："我命令（order）你明天8点准时到庭。"以一般现在时的形式说出"命令"这一动词时，说话者正在作出"命令"这一言语行为。

但是听者的作为或者不作为却只能在命令发出以后作出。

伴随指令类言外行为出现的精神状态是打算做某事的意图或渴望。因此，如果我命令你8点到庭，那么就是因为我希望你在那个时间到达那里。指令类的言外行为，与允诺类的言外行为一样（但是与阐述类的言外行为不同），没有真假之分。因此，如果你在8点没有出现，我可以说你违背了我的命令，但我不会说我的命令是虚假的。很显然，允诺类的言外行为与指令类的言外行为有许多共通之处。两者最重要的区别在于做或不做某个将来行为的主体不同：对于允诺类的言外行为来说，主体为发出言外行为的说话者；对于指令类的言外行为来说，其所指示的对象听者才是主体。

宣告类

作出宣告类言外行为（又称宣告类）时，说话者引起了命题语言所恰恰描述的特定事实状态的发生，如："现在我宣布你们结为夫妻"（由牧师或治安官在婚礼上宣布）；"我将这艘船命名为玛丽女王二号"（由伊丽莎白女王在船舶命名仪式上宣布）；"被告是有罪的"（由法官或陪审团在庭审中宣布）。另外，不要忘记历史上最伟大的宣言——《创世记》第一章第三节中写到："上帝说：'要有光，于是就有了光。'"这些例子形象地说明了，并非任何人都可以作出某一特定的宣告行为。通常，只有特定的人在特定的条件下才有权为之。一些表示宣告类言外行为的动词有：宣布（declare）、命名（name）、保佑（bless）、取名（christen）、宣告（pronounce）。由于一个此前不存在的事实状态是在宣告的那一刻被创造出来的，因而描述此状态的动词只能以现在时的形式出现。

宣告类言外行为没有与之相伴的思想状态，除非说话者希望被宣布的事实成就的意图。而且，宣告类的言外行为也不涉及真伪判断的问题。它并不是对某种世界观或者某些现有状态的描述，而是在其顺利完成时（由恰当的人在恰当的条件下作出），即可在语言表达的同时创造出某种新的状态。

注意，不可将宣告类的言外行为（declarative illocution）与语法上的陈述句（declarative sentence）相混淆。除了祈使句和疑问句这两种例外情形（作为隐性指令类言外行为出现），大多数的言外行为在语法上都是以陈述句形式出现。为了消除误解，我们将宣告类的言外行为简称为宣告类。还应注意的是，某些法学论文用"宣布"（declaration）一词来意指"陈述"（或本书中的"言语"）。再次强调，不要将这种用法与言语行为理论的用语相混淆。

表达类

作出表达类言外行为时，说话者表达了对某一通常被推定为真的命题的情绪或感受。例如，"我祝贺你晋升"，"我很抱歉对你发火了"。在前一句中，其假定的前提是你已经或者将要得到晋升；在后一句中，前提是我已经对你发火了。表达类言外行为的标志性动词有：祝贺（congratulate）、感谢（thank）、称赞（compliment）、道歉（apologize）。还有一些口头表达，如：很高兴（be happy）、很惊讶（be surprise）、很生气（be angry），如"我很惊讶陪审团这么快就作出了决定"。表达类言外行为中，命题从句的动词可以任何时态形式出现。例如，我可以因为你过去做过的某事而感激你，也可以因为你现在正在做的或将来要做的某事而感激你。就这一点而言，表达类言外行为与阐述类言外行为相似，因为阐述类言外行为的命题从句也允许采用三种时态中的任意一种。然而，这两种言外行为的相似之处也就仅此而已。两者在真实性价值判断的问题上有本质区别。阐述类言外行为的命题要么为真要么为假，而表达类言外行为的命题则被推定为真。

表达类言外行为所伴随的心理状态与说话者的内在主观感受和情绪是相一致的，而这些感觉或情绪正是引起该言外行为的原因。因此，一个人真诚道歉时会感觉到一定程度的懊悔或歉疚；一个人向他人祝贺时则会产生对某事的积极向上的情绪。

表 3.1 总结了五种言外行为，与之相伴随的思想状态及其命题从句的时态形式。

几种言语行为

表 3.1　言外行为，思想状态，允许的时态

言外行为的种类	相伴随的思想状态	命题从句的时态形式
阐述类	确信	过去时，现在时，将来时
阐述类	确信	过去时，现在时，将来时
允诺类	意图	将来时
指令类	要求	将来时
宣告类	无	现在时
表达类	感受	过去时，现在时，将来时

言后行为

当一个言外行为顺利完成，它通常会对听者产生一种或几种效果。言后行

为指的就是这种对听者的影响。言后行为的结果之一就是听者知晓了言外行为的命题内容。如果我告诉你现在外面下雨了，那么你就知道现在下雨的事实。如果我承诺开车送你去机场，那么你就会了解我允诺的内容。劝告，威胁和恐吓也是言后行为的效果。言后行为可能以肢体反应或者言外行为的形式展现。如果在人潮涌动的剧院里有人大喊"着火了"，那么所产生的言后行为效果可能是被那些试图逃跑的人踩踏。合同法中，要约（允诺类言外行为的一种），可以引起承诺、拒绝或者要约邀请的结果。所有的这些都是要约的言后行为。然而，它们同时又是言外行为，因为听者或者受要约人，在回应要约时也充当了说话者的角色。从某一原始要约出发，可能会反复产生出无数的要约邀请。后产生的每一个要约邀请都将同时作为前一个要约的言后行为以及新要约的言外行为。我们发现作为言后行为的陈述不构成传闻。

言内行为

由于言外行为是通过语言表达出来的，因而它们具有一定的语言特征，诸如语音、字母、单词、语法特征及语义。说话者运用语言的方式以及他们对该用法的了解也就被视作言内行为特征。例如，某一指控："史密斯在缴纳所得税时弄虚作假"（Smith cheats on his income tax）。就此阐述类言外行为而言，一些不甚重要的言内行为包括：这是一个英文句子；其由六个英语单词组成；其包含动词"弄虚作假"（cheat）；第一个单词以 s 音为首音。接下来的这些言内行为可能更为有趣：这个句子的主题与史密斯有关；该句对其行为进行评论；这种评论可能构成诽谤。我们可以看到，用于证明其言内行为特征的陈述并不构成传闻。

显性及隐性言外行为

我们通过讨论阐述类言外行为对此话题进行简要分析。回忆一下，显性言外行为由两个语法分句组成：一个包含第一人称主语、施事行为动词以及第二人称代词（可有可无）的言外行为分句；其后连接着一个表达言外行为内容的命题从句。如："［I promise（you）］［（that）I will pay back the money I owe］"（［我答应（你）］［我会将欠款还清］）（英语中命题从句有时会以 that 开头）。显性言外行为也可以通过其他语法形式表达。某些命题从句以不定式结构（to + 动词）而非 that 引导从句的形式存在。这种语法结构在指令类言外行为中甚为常见："［I order you］［to be in court at 8：00 tomorrow］"（"［我命令你］［明天 8 点准时到庭］"）。允诺类的言外行为也可能通过这种结构表达："[I promise][to pay back the money I owe]"（"[我允诺][会将欠款还清]"）。虽然这两个非限定结构形式从表面上看极为相似，但它们在被要求作出行为的主体问题上是有所区别的：在指令类言外行为的不定式结构中，作出被指示行为的主体通常是"你"，而在允诺类言外行为的不定式结构中，被要求作出允诺行为的主体通常是"我"。宣告类的和表达类的言外行为还允许施事行为动词之后出现其他的语法结构形式。如："[I name][this ship the Queen Mary Ⅱ]"（"我将这艘船命名为玛丽女王二号"）"[I congratulate you][on your promotion]"（"我祝贺你晋升"）。尽管语法结构不尽相同，所有的这些例子都属于显性言外行为，因为它们都是以第一人称主语以及能够表明言外行为类型的特定动词为开端的。

然而，言外行为并非总是以这种方式作出。通常，命题内容自身或者其他类似的表达，就足以让听者推断出说话者所要表达的言外行为类型，例如："那天下雨了"（阐述类的言外行为）；"我会将欠款还清"（允诺类的言外行为）；"明天8点到这里"（指令类的言外行为）；"你是有罪的"（宣告类的言外行为）。所有疑问句都被视作指令类的言外行为。如果我问"现在几点钟了?"那么我的疑问就等同于一个显性言外行为"我让你告诉我时间"。事实上，祈使句和疑问句是隐性指令类言外行为最常见的表现形式。有时，仅仅一个词就足以表明言外行为的种类："有罪!"（法官的宣告行为）；"出局!"（裁判的宣告行为）。只有表达类的言外行为没有相应的隐性转化。因为表达类言外行为的说话者必须表达出其对某一命题的情绪或者感受，而且除非说话者明确说出，听者一般无法推断出某种确切的情绪或感受。

听者是如何推断出隐性言外行为的种类的呢？大多数陈述都并非以单独的句子形式出现，而是作为交际互动的一部分与对话中的其他句子一同出现。在面对面的交流中，可以明显看出谁是说话者而谁又是倾听者。那个作出隐性言外行为的人必须是该言语行为中的主体"我"，而那些话语的接收方则必须是"你"。即使缺乏明确的动词，说话者陈述时所处的社会环境、语言语境以及语法结构都有助于听者推测出其想要表达的言外行为。然而，单独的一句话可能会引起歧义。比如，"我明年带你去巴黎"，这一陈述可能是一个允诺，一个意图表达或者甚至是一种预测。为消除歧义，说话者可能会在事后补充说明其想要表达的言语行为，如"我明年带你去欧洲，这是一个允诺"。或者听者可能会要求解疑，如说话者："我明年带你去巴黎。"听者："那是允诺吗?"

图3.1 为每一种言外行为提供了以下例子：（a）显性言外行为，其施事行为动词用横线标出；（b）与之相对应的隐性言外行为；（c）与思想状态相伴之陈述，其动词用斜体标出。注意，某一言外行为类型的三个版本都包含相

同的命题内容。

显性、隐性的言外行为以及相伴随的思想状态

阐述类
我<u>坚持认</u>为那辆灰色的车闯红灯了。
那辆灰色的车闯红灯了。
我确信那辆灰色的车闯红灯了。
允诺类
我<u>发誓</u>我会说实话。
我会说实话。
我打算说实话。
指令类
我<u>要求</u>你将文件送到法院。
将文件送到法院。
我希望你将文件送到法院。
宣告类
我们<u>宣布</u>被告有罪。
被告有罪。
〔没有与之相联系的思想状态〕
表达类
我对诉讼还未能完结感到<u>遗憾</u>。
〔没有相应的隐性形式〕
对诉讼还未能完结，我深表遗憾。

图 3.1 言外行为的类型

隐性言外行为不仅可以代替显性言外行为，也可以表达出相应的思想状态。某人说："那辆灰色的车闯红灯了。"与此同时他也在阐述并确信那辆灰色的车闯了红灯。因此，从一个隐性言外行为中，我们可以推演出相对应的显性言外行为以及有关思想状态的陈述，如"我坚持认为那辆灰色的车闯红灯了"以及"我确信那辆灰色的车闯红灯了"。在我们的分析中，我们发现将一个隐性言外行为转化为其他关联句的做法是有一定意义的。类似地，从一个显性言外行为出发，我们也可以构造出与之相应的隐性言外行为及思想状态；从

某一思想状态出发，我们也可以得出两种类型的言外行为。由于显性言外行为需要施事行为动词的存在，因而为了从隐性言外行为或有关思想状态的陈述中推出相应的显性言外行为，有必要提供某一特定类型的施事行为动词。在这种情况下，有一类"通用"动词可以满足需求，如"主张"用于阐述类；"允诺"用于允诺类；"指示"用于指令类；"宣布"用于宣告类。基于三种陈述形式的互转性，我们很容易将这三种形式视为相同的表达。而这种对等性将会在我们对传闻进行言语行为分析的过程中起到重要作用。

传闻的言语行为分析

分析原理如下：如果证人提供一庭外陈述作为证据，以证明陈述的言外行为价值、言后行为效果、言内行为特征或与之相联系的思想状态，那么该陈述就不是传闻。如果该陈述仅仅是被用来证明所主张的命题内容的（真实性），那么它就构成传闻。

阐述类言外行为作为传闻的情况

《美国联邦证据规则》将"传闻"定义为一种陈述，并进一步将"陈述"定义为一种"口头的或书面的主张（assertion）。"[1] 但注意，《美国联邦证据规则》中所称的"主张"不同于言语行为理论中的"阐述类"（assertive）。五种言外行为都属于《美国联邦证据规则》所定义的"主张"。虽然毫无疑问，大多数的主张都是"阐述类"的言外行为，但这仅仅是因为绝大多数的陈述都属于此类言外行为。

阐述类言外行为与其他类型的言外行为的主要区别在于其与命题内容的关系：其所描述的内容可能为真或为假。在我们的分析中，只要阐述类言外行为的命题内容"被用以证明所称事项的真实性"时，它就会被视作传闻。[2] 不论这个陈述是完整的显性言外行为，还是被简化的隐性言外行为，又抑或是有关思想状态的表述，都不影响该陈述构成传闻。不管何种形式，命题内容都是保持不变的，只要被用来证明所称内容的真实性，那它就是传闻。

让我们考虑一下北卡罗来纳州诉哈格雷夫一案。[3] 一名年轻小伙正在寻找

---

① *FRE* 801 (a), (c).

② *FRE* 801 (c).

③ *State* v. *Hargrave*, Supreme Court of North Carolina, 1887. 97 NC 457, 1 SE 774.

其父亲被窃的马。当看到那匹马被别人占有时，他大声喊道："那是我爸爸的马！"初审法院采纳了该陈述，并用其证明马的归属。上诉审中，上诉人认为这一陈述是不可被采纳的传闻，于是初审法院的判决被推翻。我们分析一下为什么从言语行为的角度来说男孩的陈述会构成传闻。他的陈述可被视为隐性阐述类言外行为。然而，他也可以显性阐述类的形式说出这句话："我坚持认为那是我爸爸的马。"或者他也可以选择说出他自己的想法："我确信那是我爸爸的马。"这三种不同的表述并不会对结果产生影响！它们都包含了相同的命题内容——那是我爸爸的马，而该命题被用来证明儿子辨认出的这匹马属于他爸爸。因此，不管儿子的陈述是以明确的或含蓄的方式表达，还是作为思想状态的表达存在，其都是典型的传闻，由此在证明马的归属问题上也将被排除。

并非所有的阐述类言外行为都是传闻，只有那些命题内容被用以证明其本身的真实性的阐述类言外行为才被视作传闻。当阐述类言外行为被用以证明言后行为效果、言内行为特征、其相伴随的思想状态或者言外行为的自身价值时，它将不构成传闻。我们稍后将探讨这几类阐述类言外行为的不同特性，现在让我们先分析一下其他言外行为类型。

口头行为：允诺类，指令类和宣告类言外行为

法律规定，可产生法律效果的陈述（以下简称"口头行为"）不构成传闻。"口头行为"并不等同于"言语行为"。后者涉及的内容更多，其包含了所有种类的言外行为以及它们相应的言内行为，言后行为和思想状态。然而，法律上的口头行为大致只与以下几种言外行为相符合：允诺类、指令类和宣告类言外行为。据此，有关这几类言外行为的言语行为不被视为传闻，只要该言语行为是用来证明其言外行为价值而非单独某项命题的内容。奥斯汀对该言外行为的这一特性作了如下评论：

> 值得注意的是……在美国证据法中，当一个人所说的话是对施事行为（即言外行为）的表述时，对该话语的转述才会被采纳为证据。因为这一转述并未侧重于别人所说的内容（如此，该转述将被视作传闻并不能被采纳为证据），而是更多地强调别人所做之事，亦即其行为。（着重号为原著者所加）①

假设在北卡罗来纳州诉哈格雷夫的一案中，其中一个争议点是男孩的父亲是否将马卖给了那个据称偷马的人，并且儿子曾听到父亲对那个人

---

① Austin, 13.

说："我以 1 000 美元的价格将马卖给你。"只要这一法庭外陈述仅仅被用来证明其言外行为价值，即证明父亲实施了要约这一言语行为，它就不会被视作传闻。

在一起涉及保险纠纷的案件中，一名雇员给自己购买了一份人寿保险。[①]交了几个月保费后，他决定放弃投保。他告诉公司经理："我打算终止我的集体人寿保险。"公司经理通知了保险公司，保单被解除。不久之后，这名雇员在一起交通事故中丧生，于是他保单的受益人便向保险公司请求赔偿。因保险公司拒绝赔付，该受益人诉至法院。保险公司援引了该雇员对公司经理所说的话："我打算终止我的集体人寿保险。"这是一项关于思想状态的陈述，与其相对应的显性言外行为诸如"我要求你终止我的集体人寿保险"。该雇员的陈述可以被保险公司援引以证明其作为指令类言外行为的价值。从这一角度而言，它不是传闻，进而可以被采纳为证据。

在西夫韦商场股份有限公司（以下简称"西夫韦公司"）诉库姆斯一案中，一个顾客在购物时因踩到从破瓶子中流出并洒在地上的番茄酱而滑倒。[②]她起诉西夫韦公司要求支付人身损害赔偿。西夫韦公司坚持认为由于顾客未顾及商场经理的提示，因此本案存在共同过失。事故发生时，商场经理的妻子恰好也在商场购物。她声称听到丈夫朝那个顾客大喊："女士，小心不要踩到番茄酱。"这名经理的陈述具有祈使句的语法结构，即"不要踩到"属于隐性指令类言外行为。因此，在经理是否提醒过该顾客这一问题上，该陈述不是传闻。提醒行为本身就是一个指令类的言外行为。

在汉森诉约翰逊一案中，汉森将自己拥有的农田出租给一个承租人。作为对价，承租人将其 2/5 的玉米交予汉森。[③]承租人将其拥有的农作物用于抵押。承租人由于到期未偿还贷款，作为抵押权人的银行便将其拥有的全部农作物进行拍卖。原告汉森为了证明其中一部分农作物归属于他，作证称，他的承租人剥完玉米后便指着几个玉米堆说："汉森先生，这是你今年应得的玉米，这个双槽和那个单槽内的玉米是你今年的份额。汉森先生，这些都属于你了。"银行以其所说为传闻提出抗辩，但法院却认为承租人的陈述并不是传闻。从言语行为理论的角度分析，该陈述属于宣告类言外行为。通过在指向特定的玉米槽的同时宣布"这些都是你的玉米"，那几个特定槽内的玉米便成为原告的财产。换句话说，该陈述导致了玉米所有权的转移。这是一个口头行为

---

① *Freeman v. Metropolitan Life Insurance. Co.* 468 F. Supp. 1269, 1271 （WD Va. 1970）.

② *Safeway Stores, Inc.* v. *Combs*, US Court of Appeals, Fifth Circuit, 1960. 273 F. 2d 295.

③ *Hanson v. Johnson et al.*, Supreme Court of Minnesota, 1924. 161 Minn. 229, 201 NW 322.

（宣告类言外行为）伴随肢体行为（指向特定的玉米堆）同时发生的例子。在法律上，阐明肢体举动的话语通常被称为"一个行为的口头部分"。

请注意，在汉森诉约翰逊和北卡罗来纳州诉哈格雷夫这两个案件中，陈述"这是你的玉米"和"那是我爸爸的马"有着相似的语法结构。尽管二者都是隐性言外行为，但前者属宣告类的，后者则属阐述类的。承租人指向玉米槽同时作出陈述，进而创设了汉森对那些玉米的（合法）所有权。儿子在指向那匹马的同时所作出的陈述，并未创设出其父亲对马的所有权而只是声称这匹马属于其父。分别就谁拥有那些玉米和谁拥有那匹马的问题而言，前一陈述不是传闻，而后一陈述则是传闻。

要谨记的是：为了揭示特定的言外行为的类型，言外行为动词必须以现在时的形式出现。过去时态的动词只能在阐述类言外行为中出现，且该阐述类所描述的是一个曾经发生的言外行为。因此，现在时态的句子"我允诺将欠款还你"是一个善意的允诺。然而，这句话的过去时形式"我允诺过将欠款还你"并不构成一个现时的允诺行为，而只是对过去作出允诺这一事实的隐性阐述类的言外行为。与之相对应的显性形式是："我坚称我允诺过将欠款还你。"

我们很容易发现时态的区别是如何运用到本章提及的几个例子当中。如果有人听见西夫韦公司的经理说："女士，我告诉过你不要踩到番茄酱。"那么在判断经理是否对顾客予以提醒的问题上，这句话就会被视作传闻。这个假设的庭外陈述不再是指令类的言外行为——一个正在作出的提醒——而是关于过去发生的提醒行为的阐述类言外行为。在分配玉米的例子中，如果承租人说："汉森先生，我昨天给你指过的那些玉米都属于你。"那么在认定哪些玉米属于汉森的问题上，这句话就确实构成了传闻。

表达类的言外行为

对于表达类的言外行为，说话者诉说了其对某个被推定为真的命题的情绪或感受。例如："我很高兴哈利获得晋升"；"我很抱歉自己引起了这场可怕的事故"。这类言外行为表达了说话者的特定思想状态。还记得，其他类型的言外行为也与一定的思想状态相关联，如阐述类中的"确信"，允诺类中的"意图"，指令类中的"希望"。有关表达类言外行为与传闻关系的讨论现在暂且搁置，之后我会在讨论其他思想状态时再一并分析。

不作为传闻的阐述类言外行为

我们注意到，只要阐述类言外行为的命题内容被用来证明其真实性，那么传闻就会产生。然而，当阐述类言外行为仅被用以证明其言外行为价值（即单纯地就陈述本身而言，不考虑其真伪与否）时，它就不是传闻。但通常情况下，这种言外行为会被用来证明与其相关的某个要素：言后行为、言内行为或者思想状态。

言后行为

某一陈述可能会对听者产生不同的影响。这些影响就是说话者言外行为所产生的言后行为。例如，说话者的陈述可能会使听者变得焦虑、害怕，感觉受到威胁或挑衅。上述反应与听者的思想状态有关，而且从法律的角度说，引起这类反应的陈述并不构成传闻。言语行为理论认为：用以证明其言后行为效果的陈述不可能是传闻。考虑一个在宾馆大厅滑倒而受重伤，且肺部受损的女人所经受的情绪波动。[①] 在请求精神损害赔偿的诉讼中，这名女子在法庭上作证称："医生告诉我须放松点，而且不要使自己过分劳累。"这位医生的庭外阐述类陈述不是传闻，因为它是用来证明其对病人的言后行为效果的，即听到医生的阐述类陈述后，该名女子产生了焦虑和恐惧的情绪。

在哈佛传闻测试中，以下陈述不构成传闻：在判断 X 袭击 Y 的挑起原因这一问题上，D 对她的丈夫 X 说："Y 强奸了我。"D 的话引起了 X 的反社会的肢体反应，即言后行为。或者考虑一下人们冲出剧院，互相踩踏的情景下，不同的人称他们听到剧院里有人大喊："台上着火了。"这一隐性阐述类言外行为并不是用来证明其命题内容，即证明台上确实着火了，而是用来证明其引发恐慌言后行为效果。诽谤性陈述通常为阐述类言外行为，如"琼斯是个会欺骗他人的声名狼藉的商人"，这种陈述并不是用来证明其命题内容的真实性，实际上命题内容的真实存在可成为诽谤指控的抗辩事由。然而，这样的陈述通常被用来证明其言后行为，即部分听者相信了他们所听到的话，并且作出有损原告名誉、福利及商业利益的举动。[②]

当说话者向听者陈述某件事时，听者就知晓了其所传达的信息。这意味着获取信息是阐述类陈述的一个重要的言后行为效果。

相应地，只要某个陈述是被用以证明这一目的，它就不是传闻。哈佛传闻测试就出现了此类题目：在判断 X 是否意识到自己即将死去时，D 对 X 陈述："你只能活几分钟了。"假设 X 当时有意识并且理解了 D 的话，那么在判断 X

---

① 194*th St. Hotel Corp.* v. *Hopf*, 383 So. 2d 739（Fla. App. 1980）.

② See Peter Tiersma. 'The Language of defamation', 66: 2 *Texa Law Review*, 1987. Tiersma presents a speech – act analysis of defamation, where he defines defamation as the assertive illocutionary act of accusing.

是否有意识的问题上，D 的陈述就不是传闻。再设想，一个司机将自己的车送去检修时被机修工告知："刹车装置坏了。"司机决定再过一周才去修理刹车装置。就在那天下午他遭遇了一起严重的事故。为了证明司机了解车辆的刹车状况后仍继续开车的这一过失，保险公司援引了机修工对司机作出的庭外陈述"刹车装置坏了"。虽然这一陈述属阐述类言外行为，但倘若它不是用来证明其命题内容的真实性（即刹车装置坏了），而是用来证明其言后行为效果（即司机已经对被告知的内容有所了解），那么它就不会构成传闻。如果刹车装置确实坏了，那么这一事实则需通过其他方式来认定。

言内行为

言外行为是通过语言来呈现的。因此，每一个言外行为都包含一定的语言特征或语法特征。当一个陈述被用来证明其言内行为时，它就不是传闻。在弹劾（impeachment）问题上，争议点在于判断总统是否在说谎。在参议院道德委员会的审问中，总统承认："我曾经与 M. L. 发生过性关系。"为了证实弹劾成立，检方提供了总统之前的庭外陈述："我从来没有与那个叫 M. L. 的女人发生过性关系。"证人的可信性受到质疑。[①] 为了证实弹劾成立，检方提供了总统（更早以前作出）的庭外陈述之前的庭外陈述——即证明证人作出了互相矛盾的陈述。将这两句话进行对比可发现，尽管它们的命题内容相似，但其中一句话的命题内容与外部事件（和 M. L. 发生过性关系）相符合，而另外一句属性就在于——这两句话的语法和逻辑的不一致性，恰恰体现了言内行为的价值。

诽谤性陈述可能不只用于证明其对听者产生的言后行为效果，还可能被用以证明作为语言表征的言内行为特性。再看一下阐述类言外行为，"琼斯是个会欺骗他人的声名狼藉的商人"。"声名狼藉的"和"欺骗"这两个有着高度指责意味的词语在法律上被认为是具有诽谤可能性的。这种语言往往是诽谤性的阐述类言外行为的标志。事实上，普通法中有这么一项推定：某些特定类型的陈述本身即具有诽谤性——比如指责某个女人不洁身自好，指称某人患有恶疾，指控某人实施了犯罪。需要我们留意的是这些独断性语内表现行为中使用

① For a linguistic analysis of the Clinton impeachment trial, see Lawrence M. Solan and Peter M. Tiersma, *Speaking of Crime: the Language of Criminal Justice*, Chicago, IL: University of Chicago Press, 2005: 221－33.

的特殊词汇。① 哈佛传闻测试中有两个关于证明其言内行为的阐述类陈述的例子：（1）在判断 D 是否心智健全时，D 的公开陈述："我是教皇"。宣称某人是教皇、拿破仑、耶稣、其他任何名人或历史人物的陈述通常归因于个人的妄想倾向。（2）在判断 D 被袭击后是否还有意识时，D 陈述："X 向我开了枪……" D 的陈述具有英语的语言特征。这一言内行为特征被用来证明 D 尚有意识。D 所说的任何话语——不管是用英语还是其他语言说出——都能够在证明这一言内行为属性上发挥作用。

总结：言外行为、言后行为、言内行为与命题内容

我们来总结一下目前对传闻作出的分析。如果某一陈述被用于证明其言外行为价值——说话者阐述某事，允诺去做某事，指令听者去做某事，或者宣告某事的存在，那么不管该陈述是作为显性言外行为、隐性言外行为抑或是对思想状态的表达，它都不是传闻。但是，当此陈述仅被用以证明其命题内容——即证明言外行为中的"某事"部分是真实的，那它就会构成传闻。以下几个假定的情境可以证明上述观点。

一个街头小贩因为以真正的古琦牌手包的价格出售仿造品而遭到控告。几名路人在法庭上作证称，当他们经过小贩的载货车时，他指着好几个手包说："这些是古琦牌的手包。"（这个隐性阐述类言外行为显然等同于另一显性阐述类言外行为，如"我坚持认为这些都是古琦牌的手包"。）路人对小贩所说一字不差的转述，如果不被用来证明手包确为古琦牌的事实，而只是用来证明小贩对公众作出了这样的声明，那么就不构成传闻。这个例子很有意思，因为"这些都是古琦牌的手包"这一陈述仅仅被用来证明其作为阐述类言外行为的言外行为价值，却没有用来证明其言后行为效果或者是言内行为特征。

现在假定一些路人确实买了手包，并且确信它们都是真正的古琦牌手包。此时，小贩作出的同一陈述仍然不会被视为传闻，因为此陈述只是被用以证明其对听者的言后行为效果，即证明他们相信了小贩所说的话。假设在其后的抗辩中，小贩称他属于某一宗教派别，而说谎被该宗教派别认为是道德重罪。由于他声称自己只说实话，因而他将自己庭外的阐述类言外行为"这些包都是古琦牌的"当作证明这些手包是正品的证据向法庭提交。此时，这一陈述只用来证明其命题内容——他所说的话是真实的。它显然就是

---

① Franklyn S. Haiman, *Speech and Law in a Free Society*, Chicago: University of Chicago Press, 1970: Ch. 3.

传闻！

　　这种将阐述类言外行为的命题内容作为判断传闻的基础同样适用于其他种类的言外行为。假设一名女子对其股票经纪人作出一个指令类陈述，"我要求你将我所持英克隆公司的所有股份卖掉"，或者与之等同的隐性指令类言外行为"将我所持英克隆公司的所有股份卖掉"。在判断这名女子是否作出了指示，是否指示其股票经纪人出售股票，或者是否想要（思想状态）抛出这些股票的问题上，这个言外行为均不构成传闻。我们之前提到指令类言外行为没有真伪之分，因而不存在构成传闻与否的问题。然而，当涉及判断股票经纪人事实上是否卖出股票的问题时，又如何？在这种情况下，我认为"我要求你将我所持英克隆公司的所有股份卖掉"这句话可能会被视为传闻。因为此时这个问题仅涉及言外行为的命题内容，而完全没有考虑其指令功能或与之相关的思想状态。换句话说，该命题内容被用以证明其本身的真实性，正如阐述类言外行为中的命题内容一样。

　　允诺类言外行为也与之相类似。假定显性允诺类言外行为"我允诺将欠款还清"或者相应的隐性言外行为"我会将欠款还清"。在判断允诺是否作出，说话者是否允诺偿还欠款，或者说话者是否打算（思想状态）偿还欠款的问题上，这类言外行为均不构成传闻。然而，在判断说话者实际上是否偿还欠款的问题上——其只关注命题内容，正如阐述类言外行为一样——这种陈述就是传闻。但我们很快会讨论到，意图型陈述这一特殊类型的陈述已成为传闻规则的例外。

　　允诺类与指令类言外行为很少引发传闻判断的问题，因为这些特定的言语行为并无真伪之分。只有当命题内容从言外行为中抽离，才可能产生传闻判断的问题。但是这种关于命题内容与传闻的关系原理并不适用于宣告类言外行为。例如：裁判向一名球员宣布："出局。"这一宣告的显性表达形式是："我宣布你出局了。"正是宣告的行为本质导致命题内容所宣布的事实状态的产生。也就是说，宣告这一举动与命题内容的实现是同时发生的。因此，宣告类言外行为的命题内容是该言外行为不可分割的一部分，且不能从逻辑上将两者相分离。由于这个原因，当宣告类言外行为的命题内容被用来证明其"所称（宣告）事项的真实性"时，它也不是传闻。在汉森一案中，争点在于判断玉米槽中的玉米是否属于原告。他的承租人宣告："汉森先生，这些是属于你的玉米。"请注意这一宣告的命题内容显然直接指出谁是这些玉米的所有人，尽管它显然不是传闻。

思想状态

在言语行为理论中，"思想状态"仅指向说话者，是和语内表现行为相关的思想状态。而听者的思想状态则通常为言后行为的结果。我们可以明确得出：倘若一个陈述强调的是与听者思想状态相关的问题，那么恰恰由于该陈述是被用以证明言后行为效果，因而它就不是传闻。然而，针对说话者的思想状态，我们就不能再得出一个类似的毫无争议的结论。部分关于说话者思想状态的陈述不是传闻，但是其他的范例则存在争议。法学学者在此问题上观点有所分歧。一些学者认为这些有争议的陈述是传闻，但可以作为被允许的例外情况为法院所采纳。另外一些学者则认为这些陈述根本就不是传闻。言语行为理论对此提供了解决之道。

说话者的思想状态可以直接或间接地表达。间接表达方式是指在陈述某件事情的同时暗示说话者的思想状态，如"我是教皇"。直接表达方式包括两种类型：（a）说话者直接道明其对某些外部事件的思想状态，如"我确信这些都是古琦牌的手包"。（b）说话者正好说出其当时的思想状态、情绪或者内心感受，如"我很失落"。我们先从最初提到的间接表达方式开始进行分析。

思想状态的间接表达

阐述类言外行为所伴随的思想状态是"信念"。除了故意说谎的情形，一个人阐述某件事就意味着他相信这件事的存在。这种信念中暗含了一些其他的思想状态，如恐惧、焦虑或妄想。哈佛传闻测试为思想状态的间接表达提供了范例："在判断D是否心智健全时，D的公开陈述：'我是教皇'"。此处，D声称她是教皇，因此，她相信自己就是教皇。由于其确信的事实与主流文化不相符合，因而她的陈述可能会被视为精神错乱的反映。当一阐述类言外行为被用作证明说话者特定思想状态的间接证据时，它就不是传闻。之前我们提到"我是教皇"这句话的言内行为特征，这种语言表达行使通常与妄想的精神状态相关联。因此，对某一陈述的分析方法可能是多样的，但得出的结论却是一致的。利用任意一种方式，我们都可以从陈述中推断出说话者的思想状态。

下面是一个关于思想状态间接表达的著名案例。[①] 一位育有两个孩子的离婚妇女与一个叫卡佩罗的男子同居。该男子被怀疑杀了这个女人的儿子。这个

---

① *Betts v. Betts*, 473 P. 2d 403（Wash. Ct. App. 1970）.

女人的另一个孩子，她的女儿，由寄养家庭照顾。与此同时，这个女人与女儿的生父在监护权问题上发生争执。寄养义务人告诉这个孩子她在报纸上看到她的生母已经嫁给了一个叫卡佩罗的男人。听到这个消息后，孩子大喊："他杀了我的兄弟，他也会杀了我妈妈的。"从这句阐述类陈述中我们可以断定这个年轻女孩确信正是卡佩罗杀害了她的兄弟，而且他也会对她的母亲下此毒手。这一确信作为证明与该案有关的思想状态（即这个女孩害怕卡佩罗）的间接证据被采纳，因此将监护权交予她的母亲并不是明智之举。

现在我们来看言语行为理论应用于传闻判断的最有趣的部分：说话者直接表达其思想状态的陈述。到底这样的陈述从一开始就不是传闻呢，还是严格来说它们构成传闻但是作为禁止传闻规则所允许的例外可以被法院采纳呢？这种争辩是没有实际意义的，因为任何案件中基本都存在思想状态作为例外的情况。但是这种区分对于进一步解释禁止传闻规则具有一定的理论意义。为了解决这个问题，我们需要考虑两种类型的陈述：一种是说话者陈述其对某一外部事件的思想状态；另一种是说话者直接表达某种纯粹的思想状态。

对某一外部事件的思想状态

我们回忆一下描述某一事件的命题内容的三种表达方式：显性言外行为、隐性言外行为或者对思想状态的陈述。例如：

> 显性言外行为："我坚持认为这些手包是古琦牌的。"
> 隐性言外行为："这些手包是古琦牌的。"
> 对思想状态的陈述："我确信这些手包是古琦牌的。"

我之前已经强调过不管这些陈述以何种形式出现，其是否构成传闻的问题就任一特定争议而言都应当得到一致的回答。我们此前曾在北卡罗来纳州诉哈格雷夫一案中讨论过这一点。该案的争议焦点在于儿子指认那匹马属于他的父亲。儿子的这一陈述构成传闻，不论该陈述是以显性言外行为、隐性言语行为，还是思想状态陈述的形式出现（如"我坚持认为那是我父亲的马"；"那是我父亲的马"或者"我确信那是我父亲的马"）。

当争议本身涉及思想状态时，这一推理同样适用。为了更好地阐释这一论点，我们再回到先前假定的古琦手包事件中去。① 那个出售据称为仿冒的古琦手包的小贩正在接受审讯。检方决定进行一项调查。六名时尚女性首次见到小

---

① The Gucci hypothetical is based on *Zippo Manufacturing Co. v. Rogers Imports Inc.* 216 F. Supp（SDNY 1963）. Purchasers of cigarette lighters thought they were buying authentic Zippo.

贩出售的手包，并被要求辨认其品牌。仔细查看以后，其中三名女性说："这些是古琦牌的手包。"两名女性说："我确信这是古琦牌的手包。"还有一名女性则大胆断言："我肯定这是古琦牌的手包。"检方想要证明这些穿着考究的女人都是上当受骗者，她们都误认为这些手包是正品。

按照《美国联邦证据规则》对传闻的定义，在传统观点下，"我确信这些是古琦牌的手包"这一陈述在判断是否确信手包为正品的问题上产生了有趣的悖论。一方面，该陈述恰好被用来"证明所称事项的真实性"——也就是说，说话者确信这些手包是古琦牌的。因此，根据《美国联邦证据规则》的定义，这一陈述是传闻。然而，与之相对应的显性言外行为及隐性言外行为，"我坚持认为这些手包是古琦牌的"或者简单的"这些手包是古琦牌的"，当仅被用以证明说话者的确信心态时，就不会被视为传闻。相反，倘若是要证明手包的正伪与否，那么这三种形式的言外行为都会构成传闻。这种解释的不同与说话者选择何种形式陈述自己的确信心态（即陈述的命题内容前是否有"我确信"的措辞）无关。

然而在言语行为理论中，这种由解释分歧所引发的难题却不会出现，因为一个陈述可以用三种不同的形式表达，而这三种表述在某一特定问题上所起的作用是相同的。毫无疑问，对于每一个表达自己思想状态的女人来说（不论她们恰好以何种形式表述），其目的在于表达自己对手包为正品的确信心态。法律也没有完全忽略关于思想状态的这种理解角度。罗森斯坦等人通过《美国联邦证据规则》的传闻定义对不同形式的陈述进行分析，也得出了这样的结论：形式的变化不影响对陈述的解释。① 穆勒和柯克帕特里克得出了类似的结论。他们将某女子作出的两个假定的陈述加以比较："他绊倒了"和"我认为他绊倒了。"他们进而强调："显然这两句话大致相同，因而在证明她的想法或者发生何事的问题上，它们应当被同等看待。"②

之前的例子都是关于说话者的"确信"心态。现在我们看看其他种类的思想状况。其中，有关表达类言外行为对传闻的影响，我们还未作讨论，如"我很高兴哈利获得了晋升。""我很抱歉造成这场可怕的事故"。表达类言外行为有三个特征：（1）没有与之对应的隐性言外行为形式；（2）显性言外行为形式下，它反映了说话者对命题内容所提事态的态度、情绪或感受；（3）它的命题的内容被推定为真。也就是说，在上面引用的两句话中，我

---

① Paul F. Rothstein, Myrna S. Raeder and David Crump, *Evidence in a Nutshell: State and Federal Rules*, 3rd edn, St Paul, MN: West Publishing Co. 1997: 439 – 43.

② Christopher B. Mueller and Laird C. Kirkpatrick, *Federal Evidence*, 2nd edn, vol. 4. Rochester, NY: Lawyer's Cooperative Pub., 1994: 74, note 6.

们已经假定哈利获得了晋升以及说话者的确造成了事故。很容易看出，用过去时形式表达的命题内容指向被推定为已经发生的事件。那么，用将来时形式表达出的命题内容又如何？如"我很高兴哈利下个月将得到晋升"，晋升的事实尚未发生与表达类言外行为的性质无关。此处依然存在哈利最终会得到晋升的假定，说话者对这一将来事件的情绪才是问题的关键。因为表达类言外行为的命题内容被推定为真，所以其所描述的事件不大可能引发争议。相反，争点可能会涉及说话者对这个事件的态度。让我们更详细地阐释一下这种情况。设想一被告因超速驾驶引发交通事故，并导致一孩子死亡而被认定为有罪。在这个刑事案件的量刑阶段，争议在于被告是否表示悔过。证人称他听到被告在发生交通事故不久后说："我很抱歉造成了这场可怕的事故。"这一陈述仅用以证明其言外行为价值（表达了懊悔之情），正因如此它不构成传闻。

正是命题内容的推定真实性将表达类言外行为与阐述类言外行为相关的思想状态陈述相区别。比较如下两个极为相似的句子："我很高兴哈利获得了晋升"以及"我相信哈利获得了晋升"。只有前面的表达类言外行为推定"哈利获得了晋升"这一事实为真；而后面这个与阐述类言外行为相关的思想状态陈述则并没有这一假定前提。

还有一种陈述方式从语法的角度看与表达类言外行为极为相似，但是它的命题内容并不能推定为真实的。比如，"我害怕我丈夫将会杀了我"。① 分句说明了害怕的原因，即我丈夫将会杀了我，此分句并未推定为真。而且，其所阐明的思想状态与随后事件之间的关系也不同于表达类言外行为中二者的关系。在表达类言外行为中，"我很高兴哈利将得到晋升"，说话者表达了他或她对命题内容的感受。对于"我很害怕我丈夫将会杀了我"这一陈述，说话者说明了自己害怕的原因，即她丈夫想要杀她。事实上，这两种陈述还有其他的语言差异。对于"我很高兴哈利将得到晋升"这句话，"将"暗示着一个将来假定会发生的事件。而在"我很害怕我丈夫将会杀了我"这句话中，"将会"则暗含实施某一将来行为的意图。这句话可等同于"我害怕我丈夫想要杀我"。另外，否定前一分句不意味着同时否定假定事实的真实性。"我很不高兴哈利将得到晋升"，哈利将得到晋升的事实仍假定存在。然而，"我不害怕我丈夫将会杀了我"，说话者已经不再相信她丈夫打算把她杀害的事实。这些区别虽

---

① Fenner, *Hearsay Rule* 175 - 6 discusss the utterance，'I am afraid that my husband will kill me'，along with two related sentenses：'I am afraid because my husband has threatened to kill me'，and 'I am afraid of my husband because he has threatened to kill me'.

然细微，却非常重要。

从法律的角度看，关键在于某一陈述在何种情况下可作为《美国联邦证据规则》第 803 条第 3 款所规定的证明思想状态的证据而被采纳。费纳注意到，根据对传闻的传统分析，陈述的第一部分（即"我害怕"）可能会被采纳，但是第二部分（即"我丈夫将会杀了我"）则不然。关于解释恐惧缘由的部分陈述被排除的理由，他提到了两点。第一，它违反了"禁止详细解释规则"，这一规则允许"关于思想状态的庭外陈述"被采纳，但排除"解释此思想状态的产生原因"的陈述。① 第二，这是一个关于他人将来打算做某事的陈述，而关于他人意图的陈述不能作为传闻规则的例外被法院采纳。② 我们可以部分赞同费纳的观点。言语行为理论的解释方式关注的是命题内容如何被运用。一方面，如果陈述被用来证明命题内容的真实性，即丈夫确实想要杀害他的妻子，那么那部分陈述将被视为不可采纳的传闻。另一方面，如果应判断的问题在于她是否害怕，那么我们可以认为"我害怕我丈夫将会杀了我"这整个句子作为关于思想状态的陈述是可被采纳的。事实上费纳承认了后面这一观点，"描述的那部分内容很可能也会被采纳。根据实际情况，这些原本不是传闻的详尽描述在例外情况下可视为传闻，在这一方面可能存在分歧。"③

思想状态自身

如果问题仅仅涉及陈述者的精神状况本身，并且陈述者的庭外陈述正是对此精神状况的直接描述，那么又会发生什么呢？例如，假设在判断 X 是否很失落这个问题时，X 的庭外陈述直接就是"我很失落"。由于这一陈述直接指向争议问题，因而根据传统定义，这应该是传闻。尽管根据《美国联邦证据规则》第 803 条第 3 款的规定，此陈述属于传闻规则的例外可以被法院采纳，但是我们此处的重点在于确定这样的陈述在言语行为理论分析下是否构成传闻。

从言语行为理论的角度分析，对目前的思想状态，感受或者情绪的直接陈述，如"我很失落"，"我感觉生病了"，"我恨我的丈夫"都起到阐述类言外行为的作用。作为阐述类言外行为，它们反映了对相应思想状态的"确

---

① Fenner 175.
② Fenner 176.
③ Fenner 176.

信"，这些陈述可以相应地改写为"我确信［我很失落，我感觉生病了，我恨我丈夫］"。以下的几个陈述，反映的是对其他思想状态、感受或情绪的确信。

关于思想状态本身的确信型陈述，与思想状态的间接表达以及对外部事件的思想状态陈述之间有着显著区别。不同之处在于命题内容的性质。让我们再来分析一下这三类陈述：

1. 思想状态的间接表达："我确信［我是教皇］"。
2. 关于外部事件的思想状态陈述："我确信［这些手包是古琦牌的］"。
3. 关于思想状态本身的陈述："我确信［我很失落］"。

在判断陈述者是否心智健全以及陈述者是否确信手包是古琦牌的问题上，陈述 1 和陈述 2 都不构成传闻。它们只是被用来证明确信心理，而不是用来证明命题内容的真实性。然而，对于陈述 3，其命题的内容直接指向争议问题，而在言语行为理论分析框架内，正是这一点引发了传闻的问题。但陈述 3 的命题内容是被镶嵌于一个关于"确信"的大陈述当中的。由于关于"确信"的陈述（如陈述 1、陈述 2）不构成传闻，那么这种对"确信"的理解能否延及陈述 3，进而使其脱离传闻之列呢？

为了解决这个问题，在此提供三种可能的分析思路：思路一，将陈述 3 与陈述 1 加以比照，将前者视为与思想状态的间接表达相类似。思路二，陈述 3 的命题内容与陈述 2 的命题内容在本质上完全不同，因此前者通常被排除在传闻之外。思路三，陈述 3 与其对应的"确信"心理大致等同，因此其不会构成传闻。

间接表达思想状态的陈述

对思想状态本身的陈述与间接表达思想状态的陈述相似。"我是教皇"这一陈述被用作证明陈述者精神状况的间接证据。与之相类似地，陈述"我很失落"也可以被用作证明陈述者情绪低落的间接证据。正如确信某人是教皇的事实与精神状况的问题相关联，确信某人心情失落的事实也与某人是否情绪低落的问题相关联。在这种分析下，我们并不关注陈述所称内容的真实性——即根据医学和心理学的观点，陈述者是否真的情绪低落。相反，我们只关注陈述者对自己所表达的思想状态是否确信。

李利建议将思想状态本身用作间接证据是具有可能性的：

这些〔类型的〕陈述看上去完全满足传闻的条件……但有争议的是，这些陈述即使是虚假的，也具有一定的间接证明力……这种证明力与陈述本身的真实性无关。尽管陈述的内容本身不一定真实，但是从说话者的措辞中可推断出陈述所隐含的思想状态。①

正是由于这种分析的微妙之处，李利并未完全认同这一观点，而是将这类陈述归为传闻，并视其为《美国联邦证据规则》第803条第3款规定的例外而承认其可采性。

作为内心活动的思想状态

我们有必要将关于思想状态本身的命题内容与关于外部事件的命题内容从本质上区别开来。前者，如"我很失落"，指向主观的内心世界，即个人的想法、信念、情绪或感受。而后者，如"那些是古琦牌的手包"则指向客观的外部世界，即人、事、事件。这一区别可能在很大程度上影响了对《美国联邦证据规则》的传闻定义（"作为证据证明所声称事项的真实性"的陈述）中"事项"的解释。修订后的定义可能会将"事项"限定于外部世界的实体和事件。

罗森斯坦等人写到："不同的法院对《美国联邦证据规则》中'事项'的定义是不尽相同的。"这些作者们认为："将'事项'解释为'外部事件'或者'外部事实'是有原因的，因为此时所涵盖的情形才最像证人在法庭上作证的那样……"② 这种限缩解释将任何关于内部心理状态的陈述排除在外，这类陈述也由此不再落入传闻的范畴。实际上，就有关思想状态陈述的传统观点而言，这种分析也不牵强。法律早已确认个体与其内部心理活动之间存在某种特殊联系，而且关于现时思想状态的陈述一般被认为具有相当充分的可信度。也许正是由于这个原因，在有关传闻的传统观点中，思想状态的陈述通常被广泛认可为"禁止传闻规则"的例外情形。

与内在思想状态和信念相等同的陈述

有关思想状态的直接阐述类陈述等同于确信此思想状态存在的陈述。再来

---

① Graham C. Lily, *An Introduction to the Law of Evidence*, 2nd edn, St Paul, MN: West Publishing Co., 1987: 192.

② Rothstein *et al.*, 432.

看这句话，"我很失落"。我们认为说话者是出于某种内心世界的骚动（与失落情绪有关）才作出的这个阐述类陈述。同该隐性阐述类陈述"我很失落"相对应的思想状态陈述是"我确信我很失落"。然而，若一个人确信自己情绪低落，那么它就必然会感觉到失落。也就是说，如果一个人并没有经历任何失落心理的煎熬却确信自己情绪低落，那显然是矛盾的。因此，不管是确信失落感存在的陈述还是直接表达失落感的阐述类陈述，都是为了表述同一种内部心理状态——失落。但是，尽管存在此等同性，但"我很失落"这一阐述类陈述在言语行为理论下仍然会产生有趣的悖论。由于命题内容直接指向待证明的问题，因而它就应当属于传闻。但是，如果一个表达思想状态的阐述类陈述与确信此思想状态存在的陈述是相等同的，那么就不存在传闻。为了使直接表明思想状态的阐述类陈述能作为非传闻证据被直接采纳，后一种对悖论的解释最终占据了上风，其作为直接说明思想状态的陈述而非传闻被直接接受。

可能产生悖论的陈述不仅仅包含关于思想状态本身的陈述。例如，在判断X是否懂英语的问题时，X的陈述："我懂一点英语"，当其被用来证明命题内容的真实性时，它是传闻；然而，当其仅被用以证明其言内行为特征，即该陈述是由英文单词构成的，它就不是传闻。如果采纳这句话为证据，那么支持者们就会在言内行为功能方面争论得不可开交。

仅仅与思想状态有关的：意图

与允诺类言外行为相联系的思想状态是"意图"。因此，哈佛传闻测试中的允诺类言外行为"我允诺我六月一日与你结婚"。其对应的思想状态陈述为"我打算在六月一日与你结婚"。然而并非每个包含"意图"心理的陈述都有与之相对应的允诺类言外行为。如陈述"我打算下周去罗马"不像陈述"我打算在六月一日与你结婚"那样隐含着对听者的允诺。

一个法学院学生所熟知的案例为"独立思想状态型"打算的法律后果提供了绝妙的阐释。① 这个案例发生在1879年的堪萨斯，其中牵涉三个人：海尔蒙、沃尔特和布朗。两人骑马奔向西边。其中一个是布朗，但没人知道另一个人是谁。经过几天的骑行后，他们到达了位于科罗拉多的克罗克小镇。那个不

---

① *Mutual Life Insurance Co.* v. *Hillmon*, 145 US 285 (1892). For an in-depth discussion of the Hillmon and Shepard cases, see Irving Younger, *Hearsay: a Practical Guide through the Thicket*, Clifton, New Jersey: Prentice-Hall, 1988: 174-83.

是布朗的人死于枪杀并被布朗埋葬起来。这个故事最有趣的转折点是海尔蒙和沃尔特都失踪了。后来，海尔蒙的妻子出现，声称那个死于枪杀的人是她的丈夫，而她是其丈夫的保单受益人。保险公司拒绝偿付，并主张那名死者不是她的丈夫海尔蒙，而是另一名失踪者沃尔特。在审判中，为了证明被布朗埋葬的尸体是沃尔特，保险公司提交了一封由沃尔特写给自己未婚妻的信。在信中他写到："我打算跟海尔蒙去克罗克小镇。"保险公司又继而作出如下论证：沃尔特告诉他的未婚妻自己打算去克罗克小镇。如果他将这件事告诉了他的未婚妻，那么就意味着他确实打算去那里。如果他确实打算去那里，那么他就很可能真的去了那里。并且，如果他在那里，那么他就是那个被枪杀并且被布朗所埋葬的人。因此，死者是沃尔特，不是海尔蒙。

沃尔特写给自己未婚妻的信（书面陈述）表现了他的思想状态，即他打算去克罗克小镇。此陈述要么被视为传闻证据规则的例外（根据《美国联邦证据规则》第 803 条第 3 款的规定），要么被视为非传闻（根据言语行为理论的分析），最终均可被法院采纳为证据。尽管其具有相关性，但沃尔特的思想状态并不是双方当事人争议的焦点。争议的焦点在于他当时是否确实出现在克罗克小镇上。我们能否通过一个意图做某事的陈述推断出这件事的确发生过呢？例如，从之前的陈述"我打算在六月一日与你结婚"中，我们能否推断出结婚的事实在六月一日发生了呢？我们一定会说不能。无论某人打算做某事的意图多么真诚，都可能因为发生某些不可预期的事由而导致表达的初衷和计划的履行不一致。

从言语行为理论的角度看，关于某意图的陈述若被用以证明该意图实施的行为是否发生时，则显然是不可被采纳的传闻。沃尔特的陈述由两部分构成：一个直接说明思想状态的分句和一个表达其意图内容的不定式结构——"［我打算］［跟海尔蒙去克罗克小镇］"。那么，在判断沃尔特是否打算去克罗克小镇的问题上，这一陈述不是传闻，因为关于思想状态的陈述不构成传闻。然而，在判断沃尔特是否真的去了克罗克小镇这个问题上，这一陈述就构成传闻，因为该意图型陈述的命题内容被用来证明其所称事项的真实性。这样的陈述只有在成为某种例外的情况下才可以被法院采纳为证据，而此恰恰是美国联邦最高法院在海尔蒙一案中所采取的做法。法院认为虽然这种陈述被认定为传闻，但可以将其采纳为证据。通过采纳这项证据，法院实际上为传闻证据规则创造出了一种新的例外情形——仅与思想状态相关的陈述。①

---

① The expression, ' state of mind merely relevant' is due to Younger, 177.

　　陈述者所作出的打算与另一个人共同参与某事的陈述能否作为证明另一个人也实际参与该行为的证据？法官们在这一问题上存在意见分歧。在"仅与思想状态有关的陈述"这一例外规则下，沃尔特的陈述"我打算跟海尔蒙去克罗克小镇"能否成为海尔蒙也去了克罗克小镇的间接证据？一般情况下，法院作出决定前，还需要有关另一个人也参与了该事件的独立补强证据。

　　"仅与思想状态有关的陈述"这一例外规定包含于《美国联邦证据规则》第 803 条第 3 款当中。其规定以下情况不能为传闻规则所排除："关于陈述者当时存在的思想状态、情绪、感觉或者身体状态（如意图、打算、动机、谋划、内心情感、痛苦和健康状况）的陈述，但是不包括利用有关记忆和信念的陈述来证明被记忆或被确信的事实的确存在的情况。"换言之，此种例外允许利用有关"前瞻型"思想状态的陈述来证明意图发生的行为，但不允许利用有关"回顾型"陈述来证明被确信的事实。

　　解释这一区别的典型案例涉及一名医生被指控毒死自己的妻子。① 在谋杀罪的庭审中，其妻子的护士作证称，谢泼德夫人喝了一些威士忌酒后说，"这味道有点奇怪"，之后又说，"谢泼德医生给我下毒了"。后一个陈述明显是传闻。美国联邦最高法院在案件评论中对两类陈述作了区分，即指向未来事实的陈述可被采纳（如海尔蒙案中出现的），而与指向过去事实的陈述则不可被采纳（如谢泼德案中的）。卡多佐大法官写到："如果这种区分被忽略，那么'禁止传闻规则'将可能走到或几乎走到尽头。"②

言语行为与传闻的关系

　　"传闻问题"关注的是庭外陈述与其所指称事件的一致性：它对陈述者所作的不受庭审即时交叉询问拘束的陈述的准确性提出质疑。当然，并非所有的陈述都涉及传闻问题，只有那些主张其所述事项为真实的陈述才涉及。因此，对于法律实务工作者而言——无论是出庭律师还是法官——在快速询问证人时能立即辨别哪些陈述可以作为证据，哪些应被排除，这是非常必要的。另外，他还要了解种种禁止传闻证据的例外，即那些从严格意义上符合传闻的定义却

---

① *Shepard* v. *US.*，290 US 96（1933）.

② 290 US at 105 - 6.

被视为可采纳的证据的陈述。大量关于传闻的判决被提起上诉足以证明法律实务工作者在传闻判断上所面临的困境。为了便于评估证人的陈述，许多学者为解决传闻问题提供了新颖的方法。

哈佛大学法学教授劳伦斯·特赖布提出，为解决传闻问题，可以将传闻视为以陈述者庭外陈述为开端的"推论链条"。链条的第一环是从陈述到其所隐含的确信心理；第二环则是从说话者的确信到该确信系由外部事件引起的这一结论。特赖布将该链条描述为一三角结构，正如图3.2中所示。

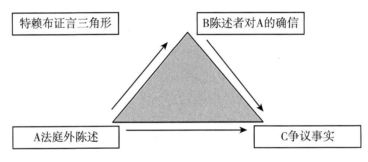

图 3.2　传闻三角形

三角形的每条边上的路径表示事实认定者在判断是否存在传闻问题时所必须作出的推论。从三角形左下方的顶点 A 开始分析，其代表陈述者的法庭外陈述。然后延至三角形上方的顶点 B，其代表陈述者隐藏于陈述之中的确信心理。该路径继续通往右下方的顶点 C，其代表引起陈述者确信心理的外部事项。当 A 被用于证明 C（通过 A→B→C 这一路径）时，传统的传闻问题就产生了。以下两种路径都不会产生传闻问题：从 A 到 B（无须继续通至 C）或者从 A 直接到 C（无须经过 B）。

按照这些不同路径的分析方式，我们来考虑一下哈佛传闻测试中"我是教皇"这句话。证言三角形以位于 A 点的陈述作为起点。到达 B 点时，我们试图进入陈述者（说"我是教皇"的那名女子）的精神世界。她之所以说出这句话显然是因为她相信自己就是教皇。这种确信应当是由某个外部事项（位于 C 点）引起的。如果此外部事项就是待证明的对象（即她是教皇吗？），我们就碰到了真正的传闻问题。但是在哈佛传闻测试中，那显然不是待证明的对象。此处的问题在于判断这个女人是否精神错乱（即她是否认为自己是教皇？）。在这种情况下，我们只需要到达 B 点，而无须继续通至 C 点，因为我们不是要试图在她的确信心理与成为教皇这一外部事项之间建立联系。现在，假设我们要判断的问题变成这个女人在头部被撞击后是否还有意识。此时，我们就可以从 A 点出发——她说过的话（尽管有点含糊），直接通向 C 点（她是否尚有意识的问题），因为 B 点所代表的她的错误认识与判断其是否有意识的问题无关。

仅从 A 至 B（不通向 C）的路径正好符合思想状态的间接表达这一非传闻的特征，如宣称自己是教皇的阐述类陈述。另一条非传闻路径——从 A 直接到 C（不经过 B）——须包含剩下的所有非传闻种类：口头行为、听者的思想状态、听者的反应以及特殊的陈述，如诽谤性陈述或者用于证明弹劾成立的陈述。这些不同的陈述有何共同之处呢？最重要的一点是，不论这些陈述准确与否，其用语措辞都与争议问题具有相关性。

通过言语行为理论分析传闻的同时，我们也对不同的非传闻陈述进行了更为详尽的阐释。图 3.3 展现了对传闻的言语行为理论分析。

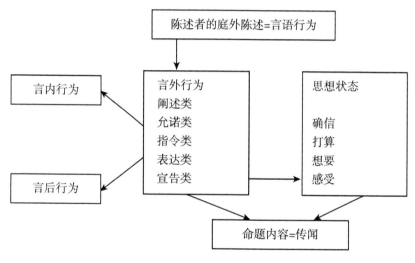

图 3.3 传闻四边形

言语行为理论下的传闻

图 3.3 包含了三个层次。最上层的方框表示陈述者的庭外陈述。由于该陈述是一个言语行为，因而它包含了五种可能的言外行为（显示在中层方框中）。每一种言外行为都有其相应的言内行为和言后行为（箭头指向左边的中层方框），而对于其中的四种言外行为，还有相应的思想状态（箭头指向右边的中层方框）。当庭外陈述被用于证明任何中层方框中的内容时，就不会产生传闻的问题。然而，如果一个陈述，不管是以显性言外行为，隐性言外行为还

是思想状态陈述的形式出现,仅仅被用以证明其命题内容,那么传闻的问题就自然出现了。(正如箭头指向的最底层方框中所示)。

将图3.3与图3.2作比较,我们可以发现前者的中间部分更具体地展现了非传闻的陈述种类。图3.2将言语行为中被加以细分的陈述种类混作一体进行讨论。特别地,允诺类的、指令类的、宣告类的言外行为,言内行为和言后行为与图3.2中A→C的路径是相对应的。虽然两个图都反映了说话者的思想状态,但是两种体系中的思想状态陈述的范围有很大的区别。正如特赖布传闻三角形展现的,传统观点认可"思想状态的间接表达"。如"我是教皇"这样的陈述可用作证明说话者思想状态的间接证据。存在争议的是那些公开表达某种思想状态的陈述,如"我确信这些手包是古琦牌的"或者"我很失落"。因为这些陈述直接指明了待证事项。在言语行为理论分析中,所有关于思想状态的陈述,不管是关于外部事件的间接表述,还是关于思想状态本身的表述,都不构成传闻。这一分析思路很好地解决了一个我们不愿看到的难题,即目的相同的不同陈述却被区别对待。比如,在判断某人是否确信那些手包是古琦牌的正品时,"这些手包是古琦牌的"这一陈述在传统分析中通常不会被视作传闻。然而,与之相对应的直接陈述"我确信这些手包是古琦牌的"则会被视作严格意义上的传闻。此陈述也可能被采纳,但只是因为思想状态陈述是禁止传闻规则的例外之一。

我们已经从两种不同的视角对传闻进行了分析:传统的法律视角和言语行为视角。表3.2对两者进行了比较。该表将传统法律上认为不是传闻的四种陈述与其在言语行为分析中的对应物分别配对展示。

对传闻的法律分析方式与言语行为分析方式在分析事实时是否可以相互替代?言语行为分析是否只是一个有趣的智力活动?分析材料的方式有两种。一种是分析各类陈述,归纳其相同点和不同点,然后对所观察到的特点进行任意分类。法律将可视作传闻的陈述归为四种基本类型的传统做法就体现了这一方式。另一种分析方法是借助一种独立的理论。该理论原本是用来分析某种特定现象,但后来被用于处理其他领域的新事实。对传闻的言语行为分析则是这一方式的体现。在该理论的产生过程中,传闻没有起到任何作用。但是,言语行为理论本身就是分析传闻问题的一种很有价值的工具。正如我们将在下一章所分析的,它还可以适用于法律的其他领域。

表 3.2　非传闻陈述及其对应的言语行为

非传闻陈述的种类	对应的言语行为
1. 口头行为（具有法律效果的陈述）	允诺类言外行为 指令类言外行为 宣告类言外行为
2. 对听者的影响（包括思想状态）	言后行为
3. 说话者的思想状况（间接的）	思想状态的间接表达 言内行为
4. 陈述本身	阐述类言外行为 言内行为

第四章　允诺与合同订立

合同是一个或一组允诺，且当它被违背时法律会给予补救。换言之，在某种程度上履行允诺被认定为法律上的义务。

——《合同法重述》

"允诺"这一概念深深吸引着法学家和哲学家。律师的兴趣源于合同法的传统理念，这一理念认为允诺是合同订立和执行的基础。相比较而言，语言哲学家的兴趣主要在于言语行为理论，它关注的是说话人如何使用语言。虽然一般而言法学家与哲学家的世界观差异甚大，但是他们在对允诺本质的认识上却有着惊人的相似之处。因为合同法中允诺的概念引发了语言学上许多有关意义的相同问题。

为什么允诺在合同法中占据如此举足轻重的地位呢？该问题被继续坚信"契约即允诺"这一理念的人们和宣称"契约之死"（古典契约理论的不足）的人们旷日持久地讨论着。我们首先对这些相左的观点进行总结。然后查看合同的三个基本特征：要约，承诺和对价。对价原则要求，允诺人从受允诺人处获得某一有价值的物，以作为他或她履行允诺的交换条件。这一要求，不同于很多普通的日常允诺，将是本章的重要主题。在分析合同的各种要件时，我们将再次转向言语行为理论，特别是其中的"允诺类"言语行为，即说话人作出允诺并在未来履行的言语行为。然后，我们将讨论"不恰当"对话的问题，即当言语行为未达成效果时会发生什么呢？换言之，当一个言语行为是由错误的人作出或者该言语行为存在缺陷时，结果如何？我们将讨论一个允诺类言语行为有效或"恰如其分"应具备的必要条件。我们将发现，这些限制条件对于确定法律上的充分对价也同样适用。

合法允诺与合同订立

我们的生命被赋予了许多的责任、目标和愿望。然而，我们发现，我们无法总是凭借自己的汗水和努力实现我们所有的预期目标。因体力有限，我们可能无法实际执行所需的工作，或者更可能的是，我们从来就没有获得必要的专业知识。假设我需要修整房子的屋顶，虽然我是一个优秀的粉刷匠，但我却不知道如何去做。你需要把你的房子粉刷一下，虽然你擅长修整屋顶，但却没有时间应付这个枯燥的工作。虽然这只是恰巧罢了。因此我们可能聚到一块商量，我粉刷你的房子，如果你修整我的屋顶（当然，你也可能会接受一笔商定的价款以作为修理我的屋顶的交换条件）。我们握手，订一个"君子协定"，或者我们也可以制订一个书面合同。通过任何一个途径，我们都已经达到了意思一致。本质而言，我们每人作出了一个允诺：我保证粉刷房子和你答应修理屋顶。因为我们有交换的允诺，所以我们每个人都可以信任对方会履行他或她的诺言。

"合同即允诺"抑或"合同之死"？

亚瑟·科宾在他的合同法巨著开端指出："在法律体系中有一个被称为合同法的部门，其为之努力的，乃是实现由允诺之作成而产生的合理预期。"为什么允诺处于合同法的核心呢？查尔斯·弗里德是一位主张"合同即允诺"论断的学者。他认为道德和伦理最终决定了允诺的特殊地位。一个人在请求别人帮助以完成自己的目标或协助他人完成项目时，可以自由地选择将来是否要完成某项约定的行为。这种由允诺而生的责任不是来源于外部，相反地，它是一个自我强加的义务。

意思自治是允诺所必不可少的。然而，一个允诺不仅仅是一项实施未来行为的义务，因为它同时也激发了另一人对允诺的完全信任。这是允诺的本质，即一个自我强加的并且合意的义务。这在允诺之前并不存在，它要求允诺人按照允诺内容作出行动。合同义务直接遵从道德戒律，即我们应该履行我们的合同。换言之，"君子一言，驷马难追"，因为没有达成对方的期望，任何损害这份信任的人在法律上有义务作出赔偿。

弗里德辩称违反允诺是和说谎一样应受谴责的行为，也许更甚。说谎者和违反允诺的人均亵渎了信任的纽带。谎言是说话行为的现时产物，而违背允诺却一直延伸到未来，超越允诺作出的时刻。为了不说谎，说话人必须在说话的那一刻相信自己的断言，同时不能有欺骗其他人的意图。为了不违背允诺，说话人必须在作出允诺的那一刻，打算在未来某个时间履行允诺，同时无权随后改变自己的意图。

允诺在合同法中的核心地位并非未经受过挑战。大多数重持合同传统观点的一般原则在 18 世纪和 19 世纪经历了演变。反对者认为"合同即允诺"这个观点的消亡归因于 20 世纪经济状况和社会政策的彻底改变。这其中，三个因素促成了人们抛弃这个传统观点。首先是标准格式合同的广泛使用，从而使消费者实际上无法介入合同中的文字内容。保单、支配商业旅行的规则、使用电脑软件的许可合同——如上都是立即浮现于脑海的这类合同的典型示例。第二个因素，多少有些涉及第一个因素，是以选择自由和意思自治作为法定义务之基础的重要性不断下降。单务合同削弱了合同产生于双方的合意这一经典原则。第三个因素，也许是其他两个因素的结果，是消费者保护的出现。它成为矫正大机构和普通公民之间地位不平等的方式。其中一个例子是，法律在解决保险合同的规定存在歧义的问题时，采用有利于被保险人的解释。其他类型的消费者保护包括规范产品责任的法律法规，诚实公正的广告实践和"房东房客"关系法。这些法律规定的要求取代任何强势一方希望写进合同的"反条文"。

"合同之死"的支持者认为合同履行是义务的强加，没有过多地关涉个体自身，而更多的是来自外部，如以立法，司法公正的形式，或者是出于公共政策的利益考量。从这个角度看，经济上的考虑就决定了任何人只要因他人的允诺得不到实现而遭受损害就可获得补偿，换言之，在不是以赠送为目的的情况下，任何人获得了利益就应该赔偿给予其利益的人。"允诺禁止反言"原则已经越来越多地被法院用于强制执行缺乏对价的合同，特别是在受允诺人因允诺而遭受不利的情况下。然而，这些观点并不一定意味着作出允诺不再是订立合同的必要条件。相反，允诺的有无本身不是履行合同与否的充分理由。

通过对支持"合同即允诺"这一更为传统的观点和宣称"契约之死"的两派学者之间的争论进行简要概述，表明在当代法律讨论中，允诺的作用和价值都是引人关注的焦点。而且，传统合同法，一直是律师的教育和培训中的重要组成部分。抛开实践，至少在理论上允诺作为合同制度的基石依然牢不可破。能明显反映允诺与合同相关性的地方便是《合同法重述》中对允诺的定义和讨论。美国的这一法律原则汇编是从英美普通法中关于合同订立与执行的规定演变而来的，它体现了很多古典契约理论。《合同法重述》中关于合同的定义在本章的开头已被引用，其包含的"一个允诺或一组允诺"的概念值得法律上的认可，而且允诺这一观点在合同的其他定义中也意义重大。因此，我们采用合同的这一经典观点进行分析。

要约和承诺

合同是一种法律上能够强制执行的协议。人们通常假设各方只会自愿地订立合同，不存在胁迫、欺诈或非法目的。同时，他们有能力理解自己订立的合同条款和一旦违约的后果。因此，法律将未成年人或智力有障碍的人排除于谈判桌外。法律进一步假设合同订立时双方意思表示一致。大多数情况下，这种合意将通过"要约"和"承诺"来表现。

一个"有效的"要约必须至少包含一个允诺。假设我（允诺人）对你说："我允诺下周粉刷你的房子，如果你今天修葺我的屋顶"。这种明确在未来采取某种行动的允诺正是构成善意要约的基本要素之一。然而，我的允诺只满足了一半的要求。我还必须说出我希望你（受允诺人）给予我回报。在这个特殊的例子中，我以作出允诺来换取你的服务。法律规定，只有一个允诺的要约为"单务合同"。当然，没有什么能阻止我提议我们双方都作出允诺，这被称为"双务合同"。"我允诺下周某个时间粉刷你的房子，如果你也允诺下周某个时间修葺我的屋顶"。这两项工作在相同或不同的日子进行不产生任何影响；如果是在不同的日子，哪项工作首先进行也没有关系。这就是交换允诺的力量、灵活和作用。事实上，大多数合同往往是双务的。在本章的结尾部分，我们将对单务合同和双务合同的比较作更多的探讨。

一个要约总是需要得到受允诺人的某种回应。假设我们现在面对面，而我作出如下要约："我会以 2 500 美元的价格把我的车卖给你。"你可能会作出以下四种回应：（1）你可以接受该要约，通过说"我接受"或"好吧"，或者甚至将手伸至自己的口袋里并当场将全款交给我；（2）你可以拒绝该要约，通过说"不，谢谢"或"我不感兴趣"；（3）你可以提出一个反要约，通过说"我出 2 350 美元买这辆车"；（4）你可以保持中立，通过说"我不知道"或"我会考虑的"，或者甚至一言不发。

如果你接受了我的要约，那么我们之间就存在一个有效协议：我必须让与你汽车的所有权，而你必须给予我 2 500 美元。如果你拒绝该要约，则交易取消。即使你以后回来并表达购买汽车的兴趣，我也没有义务以 2 500 美元的价格将车卖给你。如果你提出反要约，谈判桌上的位置将会突然发生逆转。你的反要约有效拒绝了我原来的要约，但在同一时间一个新的不同的要约被提出，且此时的要约是你而不是我提出的。我们可以继续来回还价——你，2 350 美元；我，2 450 美元；你，2 400 美元；每个反要约都是对前一要约的拒绝，反过来，其本身又成为一个新要约。最终，其他三种回应之一会发生：我们中的一个对最后的反要约予以接受，直接拒绝，或希望仔细考虑。最后如果发生保持中立的情况会怎么样呢？允诺人可以采取的做法有两种：他或她可以使要约继续保持效力，认为对方很有可能会回来并接受最初的要约；或者，允诺人可以自由地在任何时间撤回要约。毕竟，谁也不能保证对方会真的回来，而且另一个潜在的买主可能正伺机而动呢！

值得注意的是，要约人在作出允诺后便成为允诺人。正是由于这个原因，一旦要约被接受，他或她就有责任履行允诺。当然，还有很多关于要约和承诺的细节及要点，这些都是法学院合同法课程的专题内容。我们不会深入探讨这些复杂的内容。我们此处的目的是要将这些法律概念与允诺的概念相联系。

对价

除了要约和承诺，一项有效的协议，还需要第三个要件：对价。简言之，对价就是受允诺人为获得允诺而必须付出的有价值的东西。例如，你用修葺我的屋顶来换取我粉刷你的房子的允诺，或者你给我 2 500 美元以换取我把我的车过户给你的允诺。《合同法重述》认为："要构成对价，相对之履行或允诺必须经过商议之过程获得（由允诺人）"。（约因的构成要求履行行为或相应允诺必须经过交易磋商之过程。）这句话的意思是，当允诺人明确地向受允诺人作出允诺以换取后者的某些有价值的东西时，允诺将成为"交易"的一部分。换句话说，对价是一种交换物。

为什么对价是必要的？对价的存在表明双方确实打算订立一个具有法律约束力的合同。进一步说，对价将可强制执行的允诺和不可强制执行的允诺区分开来。法律上并没有规定每一种允诺均可被强制执行。例如，赠与型允诺通常被认为是"无偿的"（即没有法律意义）。有关这一问题，有一个经典的美国案例。原告是育有几个孩子的寡妇，被告是她亡夫的兄弟。他写信给她："如果你肯来见我，我会为你提供抚养孩子的地方。"她接受了这一要约，去到那里。两年后，他让她离开。法院认为，她没有对他的允诺支付对价，因而缺乏交易要件。他邀请兄弟的妻子到来不是因为想见她。相反，从他的角度看，他只是一个试图帮助兄弟遗孀的好人。这好比你对一个熟人说，"如果你来看我，可以在我的公寓里小住"。在我们的日常生活工作中，我们会对家人、邻居和朋友作出这类允诺。并且很可能的，如果我们希望与亲戚和熟人保持良好的关系，我们确实会在道德和伦理的驱使下去履行允诺。但是在法律上，这样的允诺仍然是"无偿的"，因此，它们是不可强制执行的。不幸的是，这个寡妇已经因为迁居允诺而有所破费。通常情况下，法律会认为这些支出是她为了接受丈夫兄弟的"礼物"（即居住的地方）所必须满足的条件。现在，我们把案件事实稍微改一下。例如，如果她丈夫的兄弟以提供住处来交换她给自己做家务，那么法院很可能将他的允诺解释为合法交易的一部分。

那么，当一个不幸的受允诺人由于合理信赖无偿允诺而遭受重大损害时，他是否有救济的方法呢？教科书中典型的无偿允诺情形是关于租约续期的允诺或有关地产/物业的允诺。受允诺人基于对允诺之信赖，对不动产进行显著的修缮。另一个明确的领域涉及慈善捐赠的允诺。当捐款以用于教育、宗教或其他慈善用途的允诺作出后，慈善组织就会相信资金即将到账，继而进行项目建设。法院往往会强制执行这样的允诺，特别是在允诺人应当预见受允诺人因允诺而采取后续行动的情况下。毫无疑问，在这种情况下受允诺人遭受了损害。而一些评论者认为，不履行允诺造成的不利构成主张无偿合同中存在对价的一个充分理由。另一些人则对这种将"信赖允诺"纳入对价的做法提出质疑。由于允诺人从未要求受允诺人作出某一行为，因而实际上法院在执行这类允诺时，往往依据的是对价之外的其他原则，如"不当得利"原则。事实上，法院判给那个探亲的寡妇 200 美元的赔偿金，但必须谨慎地指出，此补偿并非基于任何违约行为，因为合同自始至终不曾存在。

通常情况下，我们认为对价是有价值的东西：金钱、不动产、有形资产或提供服务。然而，一个人以某种方式放弃从事某事或不采取行动，同样可以构成有价值的对价，正如著名的哈默诉希德韦（Hamer v. Sidway）一案所描述的那样。叔叔对侄子允诺，如果后者能"在 21 岁前不饮酒、抽烟、说脏话、赌牌或赌台球，自己就付给他 5 000 美元"。这位侄子同意了这些条件，并如我们所知的，放弃参与任何这些活动。在他 21 岁生日时，他给叔叔写了一封信，表明自己"已完全履行上述合同"。叔叔回复他的侄子说，这笔钱肯定是属于他的，但叔叔接着表示愿意继续替他管理这笔钱，使之投资升值，直到侄子准备做一些有意义的事情时再给他。这个年轻人认可了这个新提议。两年后，叔叔去世。死者的遗产执行人拒绝履行该合同，认为它因缺乏对价而无效。继承人认为，侄子并没有因克制饮酒、赌博和其他寻欢作乐而遭受任何损害，但这又是对价所必需的。相反，他甚至从这种自我禁制中获益，无论是肉体上还是精神上的。法庭并没有认可这个说法。侄子是否受惠于改变自己的生活方式是无关紧要的。法庭接着阐释道："受允诺人曾吸烟并偶尔喝酒，但他有这样做的合法权利。他之所以放弃该权利若干年，正是由于遗嘱人允诺若他能自我克制便给予他 5 000 美元。基于对叔叔所立协议的信赖，他在约定的范围内，限制了自己行动的合法自由。"法院正是就对价的传统规则作出回应：从受允诺人对允诺人作出的对价，应当是有损于前者和有利于后者的。因为侄子已经放弃了并非违法的行为，所以他的自我克制足以构成法律上的损害。作为回报，叔叔从中受益，因为在看到侄子不再参与那些被他视为不健康的活动时，他获得了极大的欣慰。

缺乏对价

现在让我们来看看以下情况，当中尽管看起来应该是存在对价的，但法律并未予以承认。在允诺作出前即已经提供的服务或给付的有价值的东西，不能构成有效的对价。一个结局令人惊讶的案例就说明了这一点。"一个 25 岁的年轻人在旅行时得了重病。被一个像好撒玛利亚人一样的一位陌生人基于善心，给他提供住宿并予以照顾，直到他去世。"当年轻男子的父亲了解到陌生人的善举后，就写信给该陌生人允诺支付所有已产生的费用。随后，这位父亲食言，拒绝支付任何费用。陌生人起诉，但父亲胜诉了。因为陌生人的善行在前，父亲允诺在后，陌生人并没有以善行换取允诺。因此，不存在对价。法庭指出，尽管父亲的行为不道德，但是法庭无法为陌生人提供救济："法律规定仅有口头允诺，没有任何对价，不能依诉讼强制执行该允诺。这一规则的使用具有普遍性，不存在个案例外，即使拒绝履行该允诺可能是可耻的。"法律通常将受允诺人在得到允诺前所实施的行为称作"过去对价"，但法律也承认这句格言"过去对价就不是对价"。

另一种类型的非对价是当一个人允诺做某事时，他本已有法律义务去做该事。这一行为不能构成对价中所谓的那种损害。法律专业的学生经常能发现这一限制，即"预先存在的义务"。这个原则源自一个著名的英国案例，史蒂克诉迈里克辛（Stilk v. Mayrick）。一艘船从伦敦驶往波罗的海后返航。在航行的过程中，一些海员弃船而逃，船长无法找到替代人手。他向剩下的船员许诺，将把付给"逃兵"的那部分工资分给他们。当船返回伦敦后，船长食言。一方面，法庭支持船长，认为他的允诺因为缺乏对价而无效：

对留在船上的水手发更多工资的允诺是缺乏对价的。从伦敦出航前他们已允诺对航程中发生的所有突发事件都要尽其所能……但是一部分船员弃船而逃被认为是和他们在航海过程中死亡差不多的紧急情况，而那些仍然留在船上的船员仍受原来的合同条款所约束，有义务尽自己的最大努力使船舶安全抵达目的港。

另一方面，如果船长曾经答应，可以基于船员执行一些超出其原本允诺范围的额外工作（如给船上漆）而给予其额外的工资，那么，这个"新"的对价，当附加到预先存在的责任上时，就足以支持要求增加工资的诉求。然而，人们可能会质疑，留下的船员因执行本应由弃船者完成的事务而增加的工作量，能否构成许诺报酬的充分对价。

一些其他类型的允诺也存在对价不足的问题。其中之一是"伪"对价或名义上的对价，即一个人以换取一笔微薄的款项或者一些不值钱的物件为条件作出允诺。以下是《合同法重述》中的一个例子。

A 允诺给他的儿子 B 1 000 美元，并希望该允诺具有约束力。当被告知无偿允诺不具约束力，A 提出以 1 000 美元向 B 购买一本实际价值不到 1 美元的书。B 在明知道购书只是幌子的情况下仍接受该要约。则 A 支付 1 000 美元的允诺没有对价。

请注意，双方都明知这个声称的对价是虚假的。

另一种无效对价指受允诺人不用做任何事情即可换取允诺，虽然乍一看之下，它给人一种有对价的感觉，但是实际上却是另外一回事。考虑下面这一假设的例子。

A 已申请就读包括哈佛大学和耶鲁大学在内的几所法学院。她的命运现在已完全掌握在招生委员会手里。在这种前途未卜的状态下，她的叔叔 B，一位哈佛大学的校友，对她说："如果你考上哈佛法学院，我就给你 1 000 美元。" A 随后被哈佛大学录取的事实不能构成 B 的允诺的对价。

A 申请哈佛大学的行为在她的叔叔许下诺言之前。因此，申请入读的行为（即过去对价）不可能构成该允诺的有效对价。在叔叔作出允诺之后，A 没有进行任何促成她进入哈佛大学的行为。这一结果完全取决于招生委员会。从本质上讲，她的录取是一个偶然事件，一个恰好发生在她身上的事件。倘若结果只是偶然，则不存在对价。现在将这个假设的情况与下列情形相比较。

A 打算报考法学院。她的叔叔 B 说："如果你申请并被哈佛大学录取，我就给你 1 000 美元。" A 决定申请，花一周的时间写了一篇关于她为什么应被哈佛大学录取的精彩短文，并连同她的申请发送给招生委员会。委员会对她留下深刻印象并录取了她。A 被哈佛大学录取是 B 的允诺的对价。

这个时候 A 的申请哈佛大学的行为发生在叔叔许下诺言之后。撰写论文并提交给招生委员会的行为不仅有助于她的录取，还回应了叔叔的允诺。

最后，如果受允诺人被要求做一些并不是允诺人所切实指望的事情时，该允诺也没有对价。我们已经接触过符合这一规定的例子。前述的那位寡妇丈夫的兄弟大致是这么说的："如果你来见我，我就让你留在这儿。"他作出允诺的动机并不是深切渴望嫂子的探访。而她的到来只是她接受他的慷慨的必要条件而已，即法律所称的"先决条件"。

测试一下，请问以下 5 个假想的提议中，哪些要约能构成有对价支持的允诺？

1. 雇员已达到退休年龄。她的雇主说："鉴于你 30 多年来一直忠实服务于我们公司，我将给你 8 000 美元的退休金奖励。"

2. 一位父亲对女儿选择的配偶不满，于是说："我要送你到欧洲旅行，如果你和菲利普解除婚约。"

3. 玛丽将要临产，检查显示这是个男孩。约翰答应玛丽，如果她将婴儿取名"约翰"，就给她 5 000 美元。

4. 伯莎想要在她的物理课期末考试的早上赖床。她的父亲对她说："如果你去参加你的物理考试，我就给你买一辆敞篷跑车。"

5. 埃莉诺对她的邻居西奥多说："如果你不舒服的话，我明天早上帮你洗盘子。"

下面是这些假设情景的答案。

1. 没有对价。该雇员在雇主作出允诺前已完成所有的工作。这是"过去对价"，因而不是对价。

2. 有对价。女儿有选择与菲利普保持婚约或解除婚约的权利。后一选择构成一个有效的损害，类似于那个放弃了吸烟、饮酒和赌博的侄子的例子。

3. 有对价。玛丽有给自己孩子命名的自由。同意叫他"约翰"，就意味着她为换取 5 000 美元而放弃了这种自由。这是可以支持的因接受允诺而造成的损害。

4. 没有对价。参加物理课程的要求之一就是参加考试。因此，女儿有"预先存在的义务"，即必须参加她的期末考试。

5. 没有对价。埃莉诺并不是希望西奥多得病。可能患病的情况只是作为无偿允诺的"先决条件"。

接下来，我们即将探究允诺的各种语言学特征，以及这些特征是如何与合同的具体法律要件相关联的。

做出允诺的言语行为

事先廓清一些术语是有帮助的。在整个讨论过程中，我们将用到"发话人"和"受话人"与"允诺人"和"受允诺人"两组词汇。在语言哲学中，"发话人"和"受话人"是对言语行为参与者的习惯称谓。虽然这些词语可能暗含适用于口语之义，但它们的用途绝不限于口头允诺，还包括书面允诺。在法律的讨论中，"允诺人"扮演发话人，而"受允诺人"扮演受话人。我们将交替使用这两组术语。

在言语行为理论中，发话人对受话人作出允诺实质是在从事一种允诺类的言外行为。这类行为包括允诺、要约、誓言、许诺和保证。允诺或许是允诺类言语行为中最具言外之力的，即允诺是说话人可用的最有力的约定工具。尽管在本章中我们应当集中讨论"允诺"的性质，但这类言外行为仍符合第3章介绍的有关言语行为的所有属性。下面是对言语行为主要特征的总结（同时参见第三章第112页图3.1）。

1. 每个陈述都包含一个言外行为：阐述类、允诺类、指令类、表达类或宣告类。

2. 一个显性言外行为包含两部分：（a）一种言外之力（某一类型的言外行为），如"允诺""要约""誓言""许诺""保证"等允诺类言外行为，以及（b）一个命题内容（言外行为的客体）。如我允诺［言外之力］明天开车送你到机场［命题内容］。

3. 一个显性言外行为具备以下的语言学结构——第一人称的行为人（发话人）＋一般现在时态动词＋第二人称受话人［明示的或可知晓（推知?）的］，例如，我允诺（你），我会在午夜前回家。（注：如果存在非第一人称主语或一个过去时态动词，那么这只是涉及一个过去发生的言外行为的阐述类陈述。）

4. 大多数言外行为可以被隐含地表达（一般通过单独使用命题内容的方式），如"抢劫案发生时被告在银行"（阐述类）；"我明天会开车送你到机场"（允诺类）；"中午前准时到这里"（指令类）；"有罪!"（宣告类）。

5. 每个言外行为（除宣告类）都与特定心理状态相关联——阐述类的确信、允诺类的意图、指令类的希望、表达类的情绪。

6. 对于每一个言外行为（显性或隐性），我们都可以得出一个描述其对应心理状态的陈述，例如，"我确信，抢劫案发生时被告在银行"（阐述类）；"明天我打算开车送你到机场"（允诺类）；"我要你在中午前准时到这里"（指令类），"我为我的邻居在办离婚手续而感到难过"（表达类）。

塞尔的适切条件

每一项允诺都涉及两个行为：一个现时的允诺言外行为，以及一个在未来作出的实施或克制行为。如果允诺是适切的，那么无论现时行为还是未来行为，都必须满足一定的约束条件。塞尔提出了四个充分必要条件以确定有效的允诺，分别是命题内容条件、基本条件、真诚条件和先决条件。它们可以用来评估所有类型的言外行为，但我们主要的关注点是如何把这些条件应用到允诺上。让我们来看看每一个条件。

命题内容条件

这一条件主要考察特定的允诺行为。考虑下面这句话：
我向你允诺我明天会开车送你去机场。

在这里按顺序包含了两个条件。首先，发话人必须是行为的实施者（或克制者）。换句话说，我不能为别人的行为作保证。请注意以下语句的离奇之处（句子前如有问号表明其在某些方面存在异常）。

？ 我向你允诺，乔治明天会开车送你到机场。

但是，如果这句话被解释为"我答应你，我跟乔治说，让乔治明天一定会开车送你到机场，它就可以被接受。"也就是说，我允诺做的是发挥我对乔治的影响力。这一解释便符合命题内容条件。关于这种类型的允诺，《合同法重述》中也有相应阐述："某些话语经常被用来表示允诺由第三人来作出或不作出某一行为，抑或允诺一个只能通过第三人的作为或不作为获得的结果。如果允诺人足以使有关作为、不作为或结果发生，则这样的话语通常被理解为允诺行为……"

除了发话人必须是行为的实施者或克制者，命题内容条件的另一半要求行为的实施或克制均发生在将来。我们将把命题内容条件的这一方面称为未来条件。这一要求意味着，我不能为一个过去的行为作允诺。考虑下面这一奇怪的陈述。

？ 我向你允诺，我昨天开车送你去机场。

动词"允诺"可用以表示允诺类之外其他类别的言语行为。上述引用的这句话可能被解释成一个强烈的肯定句，一个阐述类言外行为，相当于："我向你发誓，我昨天开车送你去了机场。"在这里，我保证实施了某一过去的行为。如果受话人对该行为并不知情，那么使用"允诺"这个词的效果最好，以下这句话正好可以说明。

我向你允诺，我已经把足够的资金存入该账户。

尽管有"允诺"这个词，但是这显然不是允诺类言语行为的例子。请注意，命题内容条件只是以另一种方式说明什么是允诺类言语行为的：说话人将在未来实施某一行为。

基本条件

这一条件涉及有关完成该提议行为的前提条件。这个规则包括两个方面。首先，受话人必须愿意实施该行为。我们把基本条件的这一方面称作受益条件。其次，无论我允诺做（或不做）什么都必须在某种程度上对你有益而不违背你的利益。基于这一原因，以下的语句是一个有缺陷的允诺。

? 我向你允诺，我要揍你。

这句话通常会被理解为一种威胁，这是动词"允诺"的另一种附属用法。但是，如果受话人是一个受虐狂，并享受挨打的过程，那么这句话的确可能成为一个善意的允诺。塞尔指出，一个人允诺为某人做某事（即利益），但一个人威胁对某人做某事（即损害）。

基本条件的第二个方面规定，发话人通常不会实施一些惯常行为中作出允诺的事。我们称此为非预期条件。因此，如果我已经答应做某事，或者说我习惯做某事，又或者在正常情况下我会做某事，而我却允诺我将来要做这些同样的事情，那么显然会有点古怪。塞尔恰当地指出，一个快乐的已婚男人向他的妻子允诺，他在接下来的一周都不会离开她时，妻子很可能更多地感到担心而非欣慰。

真诚条件

这个条件包含两个要求。其中之一是，发话人必须具备必要的身体或精神条件来实施该行为。如果我允诺帮助你备考微积分，那么我必须知道如何做微积分。如果我缺乏相应的技能，那么我就不大可能有效地履行我的诺言。我们将真诚条件的这一方面称作能力条件。第二个要求是，说话人必须有实施该行为的打算。很明显，如果我不打算继续履行允诺或如果我在开玩笑时做了一个允诺，那么我在作出允诺时是不真诚的。我们将真诚条件的这一方面称作心理状态条件。回忆一下上一章的内容，"意图"正是与允诺类言外行为相关联的心理状态。

先决条件

这一条件确立了言语行为的目的。当我说"我向你允诺……"时，表示什么意思？在说出这句话时，我不仅许诺未来实施某一行为，同时，我还向你表达了我履行该项义务的意图。不为受允诺人所知晓的允诺是奇怪的允诺。出于这个原因，允诺只有发话人和受话人知悉（永远不存在第三人）。因此，下面的话语是有缺陷的，因为它不是说给受话人的。

？我答应你的妹妹，我明天会开车送她去机场。

在由你担任妹妹代理人的情况下，这句话是可以接受的。但即便如此，这还是我向你作出的允诺。你成为传递允诺的信使，将其带给你的妹妹。虽然允诺是对受话人作出的，但往往第三人才是真正的受益者，如以下语句所示。

我答应你，我明天会开车送你姐姐去机场。

当第三方为受益者时，该第三人不一定希望该行为实施。举例来说，如果我允诺带你的孩子去看医生，你的孩子很可能不希望我这么做。尽管如此，受话人希望我实施该行为的这一要求仍然是需要满足的。

总结：命题内容条件和基本条件关涉未来的行动，前者关注允诺人实施未来某一行为，而后者规定了一定的前提条件，使得允诺可以顺利完成，如受允诺人希望该行为被实施以及允诺人本来没有义务去做该行为。真诚条件和先决条件涉及当下（现时）的允诺行为：前者确立了允诺人的善意和履行允诺的能力，而后者则规定允诺应当向受允诺人明确表示。

在这四项条件中，先决条件和命题内容条件是首要的，因为它们明确了各自的行为：前者规定，现时的言语行为被视作一个允诺，而后者确切指定了允诺的内容，即未来的行为。一方面，正是这两个条件的内容在句中的直接表达揭示了显性言外行为的语法结构。如"我允诺明天我会开车送你到机场"，其中主句的动词"允诺"指出话语的言外之力；而命题从句，"明天我会开车送你到机场"，表示未来行为的实质。另一方面，真诚条件和准备条件缺乏明确的句法，所以这些条件扮演着次要的角色。每当这些条件要求被违反时，主要条件和次要条件之间的区别就有着重要的意义。一方面，违反上述主要条件会使得允诺行为无效，而违反次要的原则时，允诺仍然存在，却会在某些方面留有瑕疵。例如，如果一个人忽视先决条件而没有把允诺告诉受话人，或者，无视命题内容条件而未提出未来实施的行为，那么我们认为这些情况下此人根本没有作出允诺。另一方面，如果一个人滥用真诚条件而不打算去履行允诺，或者对准备条件的某一方面作出了错误判断，如认为受话人希望该行为完成而现实却与之相反，那么虽然此人已经成功地作出允诺，但其允诺却言不由衷，或者误解受话人接受允诺的愿望。

适切条件及其对应的法律概念

鉴于一项有效的法律合同至少需要一个允诺，探究合同法上是否存在相关原则，与言语行为中允诺的适切条件相类似，也是饶有趣味的。事实上，这种相似性是固有的。命题内容条件的未来条件规定，允诺人要实施未来的某一行为。该条件对应于法律上有关合同必须是"待履行的"规定。也就是说，一方或双方当事人必须同意实施或克制某一行为，而该作为或不作为必须是发生在未来的事。一方面，假设我将自己车的所有权转让给你，同时从你那里获得2 500美元。在这笔交易中，没有一方允诺未来实施某行为。这笔交易将被完全"执行"，因此也就不存在合同。另一方面，假如我答应把所有权转让给你，你要么支付2 500美元，要么允诺支付该转让费，这样就会存在一个合同，因为至少有一个行为是发生在未来的。

准备条件包含两个要求：受益条件规定受允诺人必须赞成允诺人完成其允诺的行为，而非预期条件要求允诺人不大可能就平常实施的行为作出允诺。这两个条件在法律上都有类似物。让我们再谈谈对价的概念，我们应看到其要求之一即受允诺人应从中受益。非预期条件则类似于"预先存在的义务"这个法律要求。也就是说，某人不能许诺做其本来就有法律义务去完成的事情，例如，我不能与学生就为其授课并收取报酬而私下签订合同，因为授课是我和大学签订的合同中我被负担的义务。

真诚条件要求允诺人打算做其允诺的事情并有履行允诺的能力。法律合同的必要条件之一是，各方意欲签订合同。意图一直是一个法律难题。法官不是"读心"者，其不能直接确定他人的"主观"心理状态。因此，法庭试图依靠一些"客观"的标准，如"理性人"的概念，来确定意图。有人问，对方当事人为理性人时会如何解读其对手所表现的意图。换言之，人们必须从语言、行为和动作中推断意图。法律还希望人们在交往中"诚实信用"。如果在签订合同时，我就知道将来我不能按要求履行合同，那么显然我就未达到诚实信用这一必须标准。

先决条件决定了允诺存在与否。该规则在法律上的对等物是法律要求受允诺人知悉允诺人的订立合同的意图。再次重申，各方不需要在主观上达成一致，也就是说，在心中达成合意。受允诺人只需要合理地相信允诺人的行为能表示其有意订立合同即可。但是，如果受允诺人不知道这项允诺，也就不可能产生法律上的允诺。例如，如果约翰允诺奖励寻回其遗失物品的人；如果玛丽在不知道该奖励存在的情况下将该遗失物还给约翰，那么他就不必遵守奖励的允诺。玛丽对奖励不知情意味着她没有被适当告知约翰作出的允诺。不过，某些法域的确允许不知情的遗失物拾得人领取奖金，尤其是在政府机构发出"正式悬赏公告"的情况下。

表4.1总结了适切条件及其对应的法律规定。

表 4.1　适切条件与相关法律要素（及其对应法律规定）对照表

适切条件	相关法律要素
1. 命题内容条件 未来条件： 允诺人必须实施（或避免）未来的某一行为	合同要求至少有一个关于未来行为（或克制）的允诺
2. 准备条件 受益条件： 受允诺人希望该行为的发生 非预期的条件： 允诺人允诺之事不是其在日常生活中明显会做的	受允诺人必须从允诺中受益 允诺人不可能允诺去做其在法律上负有义务之事
3. 真诚条件 能力条件： 允诺人能够做到所允诺的行为 心理状态条件： 允诺人打算实施所允诺的行为	允诺人行为出于善意，且他或她将能够履行合同 允诺人有意进行他或她的诺言
4. 先决条件 受允诺人知悉允诺人已经作出允诺	要构成合同，受允诺人必须知道允诺人的允诺

对价的语言学分析

　　哲学家和语言学家在将允诺视为言语行为进行研究时，多将其研究领域局限于无条件允诺。此类允诺对允诺的履行没有任何限制，也不要求受允诺人给予任何报偿。塞尔的适切规则（条件?）适用于判断完备的允诺，其初衷也只是处理无条件允诺。然而，法律上的允诺更为复杂，所以我们面临的挑战是将适切规则（条件?）进行改造，从而适用于附加不同条件的允诺。为实现该目标，我们先从分析无条件允诺开始，再到简单条件式的允诺，然后到提出交易式的允诺，后者是一种有对价支持的允诺。

　　无条件允诺

　　我们应该非常熟悉以下的语句，这是一个无条件允诺的例子，即不附带任何条件：

"我向你允诺，我明天会开车送你去机场。"（I promise you that I will drive you to the airport tomorrow. ）

这一类别的语句（显性言外行为），不是作出允诺的唯一方式，也不一定是作出允诺最常见的形式。下面这两句话代表两种可能的替代版本：第一个用不定式来表达命题内容；而第二个则类似于独立的命题从句。

"我允诺明天开车送你去机场。" （I promise to drive you to the ariport tomorrow. ）

"我明天会开车送你去机场。"（I will drive you to the airport tomorrow. ）

这些替代版本缺少了显性言外行为所具备的一些基本要素。第一个版本的言外行为主句缺乏充当宾语的代词"你"（you），并且其命题从句中的缺少代词"我"（I）和辅助词"会"（will）。然而，因为这句话仍包含言外行为动词"允诺"（promise），其言语行为类型仍然是显而易见的。因此，缺少的词汇可以很容易地被推断出来。第二句是一个隐性言外行为。形式上，它非常类似于一个单独出现的命题从句。正是辅助词"会"（will）的存在，有助于我们判定发话人是在作出允诺。当然，这三个句子在含义上是等价的，只是在表达言外行为不同要素的明显程度上有所不同而已。由于它们的语义等价，它们可以被简化为如下单一的逻辑形式：

我在此向你允诺［我会做 X］。（I hereby promise you［I will do X］）

这个公式是为了明确表明发话人／允诺人（"我"，I）正在进行一个现时的言语行为（"在此"，hereby），而且这一言语行为是对受话人／受允诺人（"你"，you）发出的特定类型的允诺（"允诺"，promise）。该义务的性质显示在句子的方括号中：发话人允诺人（"我"，I）在未来某个时间（"会"，will）实行某一行为（"做"，do），该行为内容由变量 X 表示。

附条件允诺

无条件允诺对允诺的履行没有任何限制，也不需要从受允诺人处获得任何回报。但是日常生活中的许多允诺并非都如此慷慨。允诺往往是有条件的：一些其他的事件必须（或不能）发生之后，允诺人方才需要履行允诺，如"今天下午我会带你去逛街，如果它停止下雨；……如果我决定不上班；……如果你来牛津大街找我；……如果你整理一下我的办公室"。语言学上，附条件允诺通常包含"如果"一词引导的条件从句，引导词也可以是与"如果"等效的连接词，诸如"假设""假如""万一""除非""以防"之类的。如果有金钱或商品交换，介词"以（for）"经常会起到类似于"如果"的功能："我会以 2 500 美元的价格把我的车卖给你"。(I will sell you my car for ＄2 500）这种类型的句子总是可以借助于一个"如果"从句（if – clause）进行改述："我会把我的车卖给你，如果你付我 2 500 美元。"（I will sell my car, if you pay me ＄2 500.）

为了考察条件从句如何限制允诺这一行为，我们比较下面两个句子。第一个句子包含一个非条件从句，第二个句子则包含一个条件从句。

　　当它停止下雨，我会带你购物。

　　如果停止下雨的话，我会带你购物。

第一句中有一个前提，就是之后会停止下雨。这个"当"从句的目的在于确定未来行为发生的预期时间。毫无疑问，该发话人不仅打算对受话人作出允诺，而且确定要实行这个未来行为。因此，这句话尽管在语法上是复杂句，但仍然只能算作一个无条件允诺。在第二句中，并没有即将停止下雨的预设。"如果"从句的目的是以这一外部事件的发生与否来限制未来的行动。进一步说，该指定的条件并没有与任何设定的实行行为的时间发生必然联系。举例来说，如果发话人在早上说出那句话，过了几分钟雨停了，他或她将有义务在随后的任何时间带受话人去购物。只有当雨永下不停，发话人才得以免除其带受话人去购物的义务。

条件可能是偶然的外部事件（《合同法重述》中称为"射幸"），如"……如果雨停"；也可能是在不同程度上受到人为控制，如"……如果我决定不上班；……如果你去牛津大街找我；……如果你整理一下我的办公室"。然而，如果这些条件本身是有问题的，则条件允诺将是"虚幻"的，因此是不适切的。以下为三种虚幻的条件类型。

1. 允诺人可以完全自由选择作为和不作为的条件是有问题的，如"……如果我想做的话"。这类条件允许允诺人，只要心血来潮便可随时撤销允诺。因此，这样的附条件允诺就等同于没有允诺。

2. 一个不可能成就的条件会导致虚幻的允诺，如"……如果我活到 200 岁的话"。如果不是奇迹，这样的允诺永远没有机会被实现。

3. 条件成就的结果已经被知晓，这是不可接受的。请看下面取自《合同法重述》的例子：

A 向 B 允诺支付他 5 000 美元，如果 B 现在在海上的船舶已经发生意外沉没。A 明知道船没有沉没，所以他的允诺是虚幻的。

虽然一个良好条件必须至少是有可能的，但是也不需要达到"很有可能"的程度。例如，"如果我赢了彩票，我会给你 3 000 美元。"在这种情况下，尽管它的统计学可能性很小，其仍然是中规中矩的良好条件。下面一个取自《合同法重述》的例子也构成合理的条件。

A 对 B 说："如果我去创业，我会以 5 000 美元的年薪聘请你"。这是一个允诺，即便它完全取决于 A 是否下海经商。

A 下海经商的决定可能取决于各种外界事件或经济状况，而对这些因素，他几乎没有或根本没有控制权。

请注意，即使是无条件允诺也绝不能完全免疫于外部偶然事件的影响。人类不是永生的神仙或无所不知的上帝。因此，他们的生活会受不可预见的情况所影响，而这些意外情形可能会阻碍允诺的实现：人们会死亡，生病或无力偿还债务；出现家庭危机；战争爆发；地震发生。所以，在作出允诺与履行允诺的时间间隔内，发生灾难性事件或紧急情况时，允诺人往往可以被免于履行其允诺的义务。法律也承认了由于不可预见的情况而导致的"履行不能"与"合同目的落空"，在这种情况下，当事人可能被免除履行合同的义务。

附条件允诺和无条件允诺在允诺和行为的关系上是不同的。正如传统解释的那样，允诺作为一个言语行为，需要一个现时的承诺，且承诺的内容是一个在未来原则上会发生的行为。只有无条件允诺可以满足这一要求。另一方面，附条件允诺，虽然构成了一个要在未来实施某行动的现时承诺，但是此行动的完成依赖于其他的一些事件。只有在约定的事件发生时，允诺才得以"成熟"。我们为无条件允诺假定如下逻辑形式：

我在此向你们允诺［我会做 X］。（I hereby promise you［I will do X］）

条件允诺的结构必须指出，允诺的未来行为能否实施取决于某些先前事件是否发生。

我在此向你们允诺［Y 会发生 > 我会做 X］。（I hereby promise you［Y will occur > I will do X］）

回想一下方括号中表示义务性质的内容。对于一个无条件的允诺，义务是一个未来的行动。对于有条件的允诺，义务完全变成了未来事件与未来行为之间所隐含的牵连关系（公式中则表示为两个命题之间用逻辑运算符 > 连接）。此外，这三个命题的顺序反映它们的时间顺序，即允诺这一言语行为在所允诺的义务之前，而在后者，条件事件发生在允诺约定的行为实施之前。该公式可以被适当改写为："我向你允诺，如果有 Y 的出现，接着我就会做 X"（I promise you that where there will be an occurrence of Y it will be followed by my doing X）。

这个逻辑公式符合形式逻辑的"真值条件"。当允诺的内容真值为"假"时，允诺被打破。对于一个无条件允诺，当命题［我会做 X］为假时，允诺被打破。但是对于附条件允诺，［Y 会发生＞我会做 X］整个蕴含必须为假，才能使得允诺被打破。在形式逻辑中，要使得某一蕴含为假，则只有当条件（Y 命题）为真，且结果（X 命题）为假时方能成就。但是，每当条件为假时（不论结果的真值如何），蕴含永远是真的。这就意味着，我违背诺言的情形仅仅存在于 Y 发生了而我没有做 X 的条件下。但是，如果没有发生 Y，那么我可以自由地选择做或不做 X。

提出交换行为的附条件允诺

只是因为有人做了一个允诺，这并不意味着受允诺人在允诺人违反允诺时就可以诉诸法律并获得救济。无条件允诺和附条件允诺之间的区别在法律上尤为显著，因为一般来说法律不承认无条件允诺。虽然在与家人，邻居和朋友的日常交往中，我们可能会觉得因受道义和伦理约束而必须履行无条件的允诺。但是从法律的角度看，这种允诺是"无偿的"。然而，这并不意味着所有使用条件从句的允诺都具有法律效力。还有另外一个重要条件——对价：只有他或她能得到某些回报，允诺人才愿意作出允诺，无论这种回报是来自于受允诺人抑或其他人。这里有三个附条件允诺。第一个是无偿的，另外两个不是。

> 如果停止下雨，我会带你去逛街。
> 如果你整理一下我的办公室，我会带你去逛街。
> 如果你妹妹整理一下我的办公室，我会带你去逛街。

后两个例子构成了"单务"合同：允诺人提出用自己的诺言交换他人实施某一行为。在对价来自第三方的情况下，似乎受允诺人必须与第三人进行某种沟通，因为在接受允诺人的要约时，受允诺人也暗示了自己同意安排其他人来实行该行为。尽管一般而言，受允诺人将提供允诺的对价。

一个允诺可能包含多个条件：

> 如果停止下雨，并且如果你整理一下我的办公室，我会带你去逛街。

当然，只有当两个条件都满足时，我才有义务去履行约定。不过，如果你要在下雨时收拾办公室，但雨一直不停，那么又会发生什么呢？你是不幸的，因为我没有带你去购物的义务。而我是幸运的，因为我最终享受到了办公室的整洁环境。这个结果似乎不公平，但实际上并无不妥。这只是履行合同的风险罢了。这不正与购买彩票事件相似？国家允诺给你一笔巨款，前提是你先给它相当小的金额，并且你选的号码正好被抽中（这是关键）。购买寿险保单的情况也是类似的。作为对你每年支付保费的报偿，保险公司会给你的受益人一笔可观的资金，但前提是你先死亡。

提出交换条件的允诺是一种特殊的附条件允诺。我们为附条件允诺假定如下逻辑形式：

我在此向你允诺［Y 会发生 > 我会做 X］。（I hereby promise you［Y will occur > I will do X］）

为了保证他人实施某一未来的行为，我们必须规定"Y 会发生"这一条件表现为以下这种形式："有人，但不是允诺人（即你或第三人）会做 Y"。下面是提出以行动作交换的允诺的完整的逻辑结构：

我在此向你允诺［有人会做 Y > 我会做 X］。（I hereby promise you［S will do Y > I will do X］）

提出交换允诺的附条件允诺

提议以特定行为作交换并不是满足对价条件的唯一途径。除此之外，允诺人还可以选择换取他人的诺言作为自己作出允诺的对价，这被称为"双务"合同。

> 如果你答应收拾我的办公室，我会带你去逛街。
> 如果你答应让你的妹妹收拾我的办公室，我会带你去逛街。

毫无疑问，允诺人希望得到对方的允诺作为回报的做法是具有实用意义的。考虑以下情况，我提议带你去逛街以换取你整理我的办公室。如果要我一直等着看你是否开始整理，那么这显然是不切实际的。又或者，我没有什么特别的理由非要等到办公室整理干净后才外出购物，所以只要我的办公室最后能收拾干净就可以了。因此，我有充分的理由，希望用你的允诺来交换我的允诺。这种回报以允诺的灵活性、便利性和实用性，极大地增强了合同的效用，进而大多数法律合同均属此类型也就不足为奇了。

附条件允诺所要求的行为应具备以下逻辑形式：

我在此向你允诺［某人会做 Y > 我会做 X］。（I hereby promise you［S will do Y > I will do X］）

如果是以允诺作交换，那么条件"某人会做 Y"就必须是受允诺人所做允诺的一部分（即内嵌于该允诺之中）。下面是交换允诺的附条件允诺的逻辑结构：

我在此向你允诺［你会答应我（某人会做 Y）> 我会做 X］。（I hereby promise you［you will promise me（S will do Y）> I will do X］）

此处有几个依赖序列：发话人的言语行为在时间上先于作为条件的义务

（即方括号里包含的一切内容）；在该义务中，受话人未来许诺要做 Y 或让他人去做 Y（也就是从方括号的左边到 > 之间的所有内容），必须先于发话人未来做 X 的这一行为；受话人的允诺行为必须先于其被要求实施的行为（即括号中的内容）。然而，这一逻辑形式，并没有规定发话人/允诺人和受话人/受允诺人分别实施的这两个未来行动之间的依赖序列关系。

适切条件与对价

塞尔的原版适切条件主要关注无条件允诺。我们需要对他的规则加以调整，以适用于有对价支持的附条件允诺。我们现在用允诺人和受允诺人的说法重复规则中的各项条件。

1. 命题内容条件：

未来条件：允诺人必须实施（或克制）某个未来的行为。

2. 准备条件：

受益条件：受允诺人希望所允诺的行为完成。

非预期条件：正常情况下允诺人不大可能会去做这一行为。

3. 真诚条件：

能力条件：允诺人必须能够做到所允诺的行为。

心理状态条件：允诺人意图实施所允诺的行为。

4. 先决条件：

本质条件：一个允诺必须在允诺人和受允诺人之间作出。

对于单务合同，即那些换取另一方行为的附条件允诺，适切条件的四大规则仍适用于允诺人及其行为，但对于允诺的条件部分，即合同另一方行为的适当性，适切条件则无从评价。为了使交换有效，一些额外的标准也是必要的。单务合同的对价"充分"的条件是受允诺人被要求实行的行为要满足以下四个条件。

有效交换的标准

1. 未来性：某人（允诺人除外）必须实施（或避免）未来的某个行为。

2. 受益性：允诺人希望该行为被完成。

3. 非预期性：正常情况下另一方不大可能会去做这一行为。

4. 能力性：另一方必须能够完成该行为。

这些标准，适用于受允诺人或由其他人进行的合同行为，也类似于规范允诺人行为的六大条件中的四个。请注意，此处没有与本质条件和心理状态条件相对应的限制性规定。对于单务合同，允诺人是唯一作出允诺的人，所以这两个附加条件也必须适用于他的言语行为。但是它们对于其他人的行为则是不相关的，因为他或她并没有作出允诺，而只是要实施（或克制）某一行为。

该有效交换的标准也适用于以允诺作交换的双务合同。对价的概念，需要允诺人以外的其他人实施（或避免）未来的某个行为。言语行为理论的中心思想之一是，虽然言语行为是口头上的，但它仍然可以像任何其他的行为一样产生影响。因此，允诺人在要求以某一行为换取自己的诺言时，可通过受允诺人的言语行为来满足这一要求："我会带你出去吃晚饭，如果你提名我为我们俱乐部的会长；……如果你邀请我参加名媛社交舞会；……如果你让查理借我 10 美元；……如果你告诉我的老板我今天不舒服。"允诺人可以请求受允诺人作出某一言外行为，他或她自然也可以争取对方的一个允诺，这是不言自明的。如：

> 如果你答应收拾我的办公室，我会带你去逛街。

请注意，作为交换的允诺须满足有效交换的四个标准：（1）有人（允诺人除外，如受允诺人）必须作出允诺这一未来行为；（2）允诺人希望该允诺被作出；（3）正常情况下，受允诺人不大会作出此允诺；（4）受允诺人能够作出这一允诺。

然而，并非任何允诺都可以构成对价。允诺人要求的作为回报的允诺不只是一句停留于口头的空话。他或她最终关注的是另一方实施某一特定的行为，而且正是该行为的性质决定了用作回报的允诺能否构成有效的对价。下面是《合同法重述》中对于这种允诺的说明："一个经过磋商（获得的）的允诺，如果，并且在只有（只有，并当且只有）在被允诺的行为履行属于约因（可构成对价？）的情况下，才属于允诺的对价"。引言强调，如果允诺人所追求的不是某一未来行为的实施，而是对方就实施某一未来行为所作出的允诺，则该允诺的行为仍须构成一个有效交换。

对于一个双务合同，允诺人请求得到受允诺人的允诺。但是，具体实行作出允诺的言外行为时，受允诺人必然也已经成为一个允诺人。因此，整套适切条件对此应该是完全有效的。作为回报允诺的言外行为部分还将必须符合真诚条件下的心理状态条件和先决条件的要求，而所允诺的行为仍必须继续满足剩下的规则。因为我们正在处理的是一个作为回报的允诺，所以现在适切条件当然适用于初始允诺人以外的某人。

总结一下关于对价的言语行为要求：对于单务合同，允诺人的允诺必须满足所有的适切条件，并且受允诺人的行为必须符合有效交换的标准（实际上，几乎等同于六大适切条件中的四个）。对于一个双务合同，双方的允诺都必须满足所有的适切条件。下面我们将进入下一个话题：这两套语言学的规则是如何与对价的法律原则相关联的？

对价的性质

几个世纪以来，人们一直习惯性地认为，缺乏对价的非正式允诺是不能被强制执行的。仅凭允诺性的话语是不足以强制执行该允诺的，此原则的使用不仅限于英美普通法。在罗马法系，似乎也是如此。例如，无偿合同（nudum pactum）——无偿允诺（a bare promise）——是不能够被强制执行的。必须要有某种仪式或者其他伴随因素，才能将其转换为有效合同（pactum vestitum），一个具备可执行性所要求的适当形式的合同。

虽然合同法中没有关于对价的简单定义，但是多年来积累的特定原则已经可以用于评估对价是否充分。这些原则包括：（1）约定交换或讨价还价；（2）对允诺人有利；（3）对受允诺人不利；以及（4）补偿物或与之等价的行为。这些不同的要求之间是相互关联的。（1）允诺人作出允诺，以换取受允诺人实施某一行为或者许诺实施某一行为；（2）为使该交易有效，允诺人应当受益于另一方的行为；（3）相反，受允诺人在花费精力和资金实施所要求的行为时，也遭受了损失；（4）然而，收益和损害形成了互反关系。受允诺人，即允诺的接受者，也将从对方所允诺的行为中获得一些好处；而允诺人，因作出允诺的行为将承担允诺的不利影响。因此，应存在一定的补偿，使得给予和索取之间保持基本平衡。举例来说，如果我提出以 2 500 美元把我的车卖给你，而你接受我的要约，那么我将由此获利，即有额外的 2 500 美元存入我的银行账户，但我也会因无法继续拥有一辆车而遭受损害。相反，你将因得到一辆车而获利，但却要承担账户损失 2 500 美元的不利后果。

对价的各种要求中最重要的是"交换"或"讨价还价"的概念。实际上，《合同法重述》采用了"履行行为或相应允诺必须经过交易磋商"这一观点。根据《合同法重述》，这个要求是唯一与对价相关的。而里面用长达 100 页的章节来讨论对价也不过是对这个观点的阐述和补正。允诺人渴望某一个作为或不作为，而为了促成该行为的发生，他或她许诺做受允诺人希望发生的某事。讨价还价的观点在此讨论框架内也是重中之重。我们将有对价作支持的允诺描述为提出交换要求的附条件允诺。确实交换的要素在这种类型的允诺语言形式中得到了直接的表达：附条件允诺的主句规定了允诺人所允诺的行为，如"我会带去你逛街"，而"如果"从句则指定了合同相对人应作出的用以交换允诺的行为，即"如果你整理一下我的办公室"。

对价的要求

有意思的是，有效交换的四个标准，与上一节中提到的有关对价的法律原则之间存在一定的对应关系。为方便起见，我们将先重复那些标准，然后看看他们是如何与法律原则相关联的。

有效交换的标准

1. 某人（允诺人除外）必须实施（或避免）未来的某个行为。
2. 允诺人希望该行为被完成。
3. 正常情况下对方不大可能会去做此行为。
4. 另一方必须能够做到该行为。

标准 1 排除了对方在允诺作出时已经完成的任何行为。（我们稍后会提到"过去对价"的概念。）标准 2 扮演着两个角色：它同时包含了"利益"和"讨价还价"的要素。允诺人希望从另一个人身上获取某些东西。这一欲望的满足，即允诺人所要求的行为得以完成，将为他或她增加利益。这个标准也适用于"讨价还价"的方面。正是允诺人对该行为被实施的渴望，最终促使他在交易中作出允诺。标准 3 是关于"损害"的。另一方需要实施一个他或她本不必去做的行为。在如下两种情况中，一个人需承担法律意义上的损失：进行一个对其不负法律义务的行为，以及克制一个对其有合法权利的行为。标准 4 要求另一方能够通过完成允诺人所要求的事情来履行该合同。这意味着那个人必须对所要求的行为有一定的意志控制能力。

回想一下那些用以限制允诺人行为的类似原则，正如良好诺言必须符合的适切条件。允诺人将在未来采取行动；受允诺人将从允诺中获利；允诺人将完成允诺所约定的事项；并且允诺人必须能胜任所允诺的工作。总之，允诺的适切原则和有效交换的标准都包含了补偿的概念。这个概念所包含的不仅仅是以物易物的观点。相反，它还要求这两个行为的充分性应当是对等的。即使各个行为的内容有所不同，以及在某些情况下，有可能是货币价值极其不对等，但是，决定其内容合法性的要求却是相同的。其中存在完全的相互性：每一方都要在将来做某事；每一方都希望从另一方处获取某些东西；在日常生活中，另一方通常不会实施该行为；而且每一方都有理由相信对方有能力履行合同约定的义务。

如果必须只能由允诺人获得利益而由受允诺人承担损害，那么"利益"和"损害"的概念可能会让人感到困惑。当第三人加入时，问题就会出现。考虑下面两个例子：

> 如果你给我哥哥洗车，我就答应今天下午带你去逛街。
>
> 如果你姐姐给我洗车，我就答应今天下午带你去逛街。

对于第一个例子，我将如何受益于你的行动呢？根据标准 2，允诺人希望其他人实施某一行为，但是并没有要求允诺人必须是直接受益者。当然，得到自己想要的东西可以被理解为获益，正如我们在哈默诉希德韦案（Harmer v. Sidway）中所看到的，叔叔希望看到他侄子的行为发生变化。对于第二个例子，你将遭受什么样的损失呢？根据标准 3，有人要进行一个非常态的行为，但此人不一定是受允诺人。换句话说，损害可以发生在其他人身上。在那些对价确实来自第三方的情况下，受允诺人和该第三方之间肯定有某些意思交流。因为在接允诺人的要约时，受允诺人隐含地同意去安排其他人来实行那个行为。受允诺人的这一保证和允诺人允诺由第三人来实施某行为没有什么差别。因此，"利益"和"损害"的概念必须采取以下形式：允诺人将受益，只要对方完成了他或她希望发生的行为，但该利益不一定是由该行为导致的自己利益的增加；当需要采取某一平常不被要求的行为时，对他人的损害就会发生，不管他是不是受允诺人。这是合同法上关于利益和损害的理解，这与《合同法重述》所采取的立场也是一致的，即履行行为或相应允诺可以由受允诺人或其他人向允诺人或其他人作出。

对价的充分性

考查一年级法科学生合同法的最佳方法是让他们做假设性的讨价还价展示。考生必须判断允诺是否有充分的对价。关于有效交换的言语行为标准对于分析不同的情况非常有用。我们将考察合同法传统上所讨论的不同类型的例子——过去对价、预先存在的义务、虚假对价、赠与的附加条件和偶发事件。

过去对价

允诺人作出允诺以换取已被实施的行为。

考虑以下取自《合同法重述》的例子：

（A）A 收到 B 赠予的一本价值 10 美元的书。随后 A 允诺向 B 支付这本书的价款，A 的允诺没有对价。即使 B 在赠予书本时偷偷希望 A 会支付这笔款项，结果也是如此。

（B）当 B 的成年儿子生病时，他既没有钱又离家很远。A 便给他作了紧急护理。B 随后允诺为 A 报销一切费用。那么，该允诺不具约束力。

让我们来看看有效交换的标准是如何（见第 158 页）适用于这些情况的。标准 1 指出另一方的行为必须发生在未来，也就是说，在允诺人作出允诺的言语行为之后发生。例（A）和例（B）忽略了这一标准。在普通的货物销售过程中，A 允诺支付商品价款，如果 B 把所有权转移给他。在例（A）中，情况正好相反。B 转移所有权的行为发生在 A 允诺支付价款之前。所以这一所有权转移只能算作赠与，也就不可能有任何购买的允诺。例（B）是一个涉及患病儿子被陌生人照料的著名案例。B 允诺向 A 付款，是为了换取 A 已经完成的行为。当然，如果 A 在儿子病倒的当时就与 B 进行了沟通，并且 B 当时也允诺支付费用，那么 A 后续照顾 B 儿子的行为则可以构成 B 允诺的有效对价。

在语言学上，一个有"过去对价"的允诺是很容易识别的。其从句通常有一个过去时态动词，而且一般不是条件句，如"我会付给你 500 元，因为你照看了我生病的儿子"或"我会付给你 500 元，为你已经照顾我生病的儿子一事"。这里从句的目的在于说明发话人允诺赠予 500 美元的理由。而且过去的条件从句也是无效的："今天下午我会带你去逛街，如果你已经整理完我的办公室"。如果该条件不是虚幻的，那么这句话也只能是一个附带先决条件的无偿允诺。换句话说，在发话人提出允诺时，他必须尚不知道条件是否已经成就。为了使允诺有对价，条件从句的语言结构必须包含非过去时态的动词："我会付给你 500 美元，如果你（会）照顾我生病的儿子"。

预先存在的义务

允诺人为了换取对方已经完成的一个行动而作出允诺。这里有两个例子：

例（C）A 悬赏奖励能够提供使杀死 B 的凶手被逮捕和定罪的证据的人，C 作为一名警察在其职务范围内提供了这样的证据。C 的行为并不构成 A 允诺的对价。

例（D）A 是一名建筑师。他与 B 就督查建设项目并收取固定费用达成一致意见。在项目过程中，A 无端取消了项目计划，并拒绝继续履行诺言。如果 A 复工，B 许诺给予他额外的酬劳。A 的复工不是 B 允诺给予额外费用的对价。

有效交换的标准 3 要求另一方实施被请求的行为在平日的生活中是不具可期待性的（另一方实施被请求的行为在平日生活中是不被期待的）。如果那个人有这样做的法律义务，则允诺违反本标准。在例（C）中，C 有逮捕罪犯的义务，因为这是其作为一名警察履职的一部分。在例（D）中，A 曾与 B 就完成特定工作签订了一个合同。因此，A 不能与 B 再签订同样内容新的有效合同，如在新的合同中，他必须做的正是他前一合同中被期望做的。然而，如果另一方能够实施超出其当前合同义务范围的行为或其实际所做的事情较其当前有义务完成的要多，那么对价将变得有效。请注意下面两个例子：

（E）在例（C）中，C 作为一名警务人员的职责只限定于调查在特定某一州的罪行，并且他是在度假的时候，收集到在其他地方发生的犯罪的证据。则 C 的行为是允诺的对价。

（F）A 欠 B 5 美元。B 允诺把一本书给 A，条件是 A 支付先前所欠的 5 美元和额外的 1 美元。A 支付了 6 美元。B 的允诺是有约束力，尽管 A 单付其所欠的 5 美元本身不能构成对价。

让我们转而讨论"预先存在的义务"的语言特征。这种类型的无效对价实际上违反了"如果"从句的假定前提。一个"如果"从句，就其本质而言包含了一前提，即将要发生的（所讨论的？）事件并不是习惯上被期待的。例如，我们假设每个星期六早晨，你都会给我洗车。在这种情况下，我说"我会带你出去吃午饭，如果你在星期六早上给我洗车"将是不适合的。这个条件从句是不适当的，因为它假定你通常不会在周六给我洗车。这显然与事实不符。类似地，如果你之前已经答应要给我洗车，而我又说："如果你答应给我洗车，我会带你出去吃午饭"，这也是同样奇怪的。不过，如果你只是曾经表示过洗车的意图，那么我说出上述语句就不一定不合适了。这些都是标准 4 在不具法律效力情形之下的影响，这与其在法律情形下的效果是完全相同的。为了更清楚地说明这一点，我们重新把例（C）和例（D）改写为允诺。

（C′）"我们将向你支付报酬，如果你［一名警察］能够提供促使杀死 B 的凶手被逮捕和定罪的相关信息。"

（D′）"我会多付你 X 元，如果你［一名建筑师］允诺完成你之前答应做的工作。"

在（C′）中，这一如果从句假定的前提是，警察无须提供有关罪犯的信息。这一前提无疑是与其雇用条款不相符的。在（D′）中，条件从句不适切性显得再清楚不过了：一个人允诺去做自己原本已经答应完成的工作，这显然是不适当的。

虚假对价

允诺人作出允诺，仅为换取一件小事或一笔数额少得可笑的金钱。考虑下面的例子：

（G）为了得到一美分，A 允诺在三年内以分期付款的方式付款，每年 200 美元，共计 600 美元。这 1 美分仅仅是名义上的，不能构成 A 允诺的对价。

一般情况下，法律不考虑对价的经济价值。即使当事人交换不具有相当货币价值的物品，合同也是明显存在的。例如，人们可能会提出以大幅低于市场价的价格出售一个商品。如果金钱价值不是问题，那么为什么胡椒籽或 1 美分不能构成适当的对价呢？有效交换的标准 2 规定允诺人希望对方完成其行为。如果允诺人不是真正希望获得受允诺人的行为，那么这将违反本标准。在例（G）中，A 渴望支付 B 600 美元的原因是 A 确实希望 B 给他 1 美分，这是极不可能的。当然，如果 A 在他的硬币收藏品中就缺一个 1 美分，那么他的确可能希望 B 给他那个特定的 1 美分，以换取支付 600 美元的允诺。此时，毫无疑问 B 的对价是充分的。但这里的情况并不如此。那么我们可以说，虚假对价的特性是允诺人并非真的想要其他人作出某行动。"不想要"的表达并不意味着"缺乏热情"。例如，A 可能不是真的想把他的房子卖给 B，但离婚迫使他这样做。尽管如此，他还是"想要"B 向自己支付房款的。后一个"想要"才是标准 2 所要求的。即使因情势所迫 A 要以大幅低于市场价值的价格出售自己的房子，却依然存在这样的前提——他希望以他的出价售房。而这一假定在虚假对价中是不存在的。

附条件的礼物（赠与的附随条件）

真诚要求本身并不是有效交换的标准 2 的全部特征。同时，讨价还价的要素也必须考虑。允诺人可能确实是真心实意地希望受允诺人做某些事情，但如果该行为被视为仅仅是受允诺人接受允诺人赠与的必要条件，而非作为交换允诺的东西，那就没有对价。请看下面的例子：

> 如果你去牛津街找我，我今天下午就给你买一件大衣。

在正常情况下，这种话语将是一个无偿允诺。为了去逛街，我们必须到镇上有商店的地方。我让你去牛津街找我的要求并非不寻常之事。我推测以你的体力足以到达那里，而且距离对你而言也是合理的。我不是要求你去那里找我以换取我的诺言，而只是以此作为你享受我的慷慨赠与的条件。

现在，让我们构造一个不同的情景。假设你碰巧是一个患有广场恐惧症的隐居者，我要你去牛津街找我的真正动机是想让你走出房门，面对人群。在这种情况下，你去牛津街找我的条件便可令人信服地构成我的允诺的有效对价。

那么如何用有效交换的标准来处理这两种情况呢？在这两个例子中，制约另一方的三个标准都是满足的：你会去牛津街找我，你能够做到这一点，你除了约定的情况下一般不会去那里。这两个情景的区别完全取决于标准 2，即我"想"你去牛津街找我的动机。如果是这种愿望引起了我的诺言，则有对价，否则，没有对价。在隐居者情景中，我想你去牛津街找我成为我主要的考虑因素。我有兴趣让你到那里，且这一兴趣与给你买大衣的允诺是相分离的。在其他情况下，允诺变成主要因素，而且它的动机完全是出于我想给你买东西的友好愿望。除此之外，我对你我之间的会面并无兴趣。

偶发事件

《合同法重述》中没有明确定义与违反标准 4（即要求对方有能力执行被要求的行为）的情形相对应的类别。很容易杜撰出一些荒谬的例子。例如，"如果你游到法国，我会带你出去吃晚饭"。任何形式的不可能的条件都会导致虚幻的允诺。然而，标准 4 有一个更为有趣的地方。另一方必须花费一些精力去实施被要求的行为或者能够对结果施加一定的控制。如果结果完全是偶然的，那么就不存在对价。允诺人也必须对他或她许诺实施的行为有控制力。请注意以下这句奇怪的话语："我保证能赢下周六的彩票"。如果这是一个适切的允诺，则意味着允诺人有办法预测结果或影响彩票号码的抽取。对比以下两个假设的例子。

（I）A 已申请入读耶鲁法学院，而他符合所有的申请要求。他的姑姑 B 是耶鲁大学的校友，便对他说："如果你考上耶鲁大学，我就给你 5 000 美元。"随后，A 被录取。A 被耶鲁大学录取的事实不构成 B 允诺的对价。

（J）A 已申请入读几个法学院。哈佛大学和耶鲁大学都录取了他。现在他需要决定选择哪一个法学院。他的姑姑 B 说："如果你去耶鲁大学，我就给你 5 000 美元。"A 其后选择耶鲁大学而放弃哈佛大学的行为构成 B 允诺的对价。

在例（I）中，A 在他的姑姑作出允诺前就已经申请了耶鲁大学。之后，他没有为促使自己顺利进入耶鲁大学而作出任何行为。而录取决定是完全不受他控制的。从本质上讲，这是一个偶发事件。在例（J）中，A 也是在他的姑姑作出诺言之前就已经申请了耶鲁大学，但他同时还申请了哈佛大学。当姑姑发现她的侄子已经被这两所大学的法学院录取时，她提出以 5 000 美元换取他选择耶鲁大学而放弃哈佛大学。因为 A 有权选择自己最终入读的法学院，所以他选择耶鲁大学的行为能构成 B 的允诺的对价。

总结

言语行为的适切条件可以用于区别适切的或良好的允诺和那些在某种程度上存在缺陷的允诺。对于提出交换条件的允诺，我们确立了类似的条件要求以限制受允诺人的行为。而对这些允诺人和受允诺人共同适用的规则可直接被用于决定合同法上的对价是否充分。一方面对未来条件或准备条件的违反将导致以下对价不足的情况——过去对价，虚假对价或预先存在的义务。另一方面，违反真诚条件或先决条件将导致合同可撤销，存在欺诈或甚至根本不存在。表4.2 总结了言语行为的适切条件和相应法律后果之间的关系。

对价的言语行为理论分析

表4.2 适切条件与对价

适切条件	法律关联
违背适切条件 1. 未来条件 每一方都必须执行（或避免）未来的某个行为 2. 准备条件 受益条件： 每一方都希望另一方的行为得以实施 非预期条件： 在日常生活中，当事人会做约定的行为的意图是不明显的 3. 真诚条件 能力条件： 允诺人能够（包括物理上和/或精神上）执行所允诺的行为 心理状态条件： 允诺人打算去做所允诺的行为 4. 先决条件 允诺存在于允诺人和受允诺人之间（换句话说，受允诺人知道允诺人在作出允诺）	导致以下法律后果 过去对价 当事人已经完成了被要求的行为 虚假对价 当事人不是在为行为进行"真正的"讨价还价 预先存在的义务： 当事人已经有法律义务去实施约定的行为 可撤销合同 一方当事人被认为不能或不适合实施被要求的行为 欺诈： 一方当事人出于恶意，并企图欺骗 无合同 一个人对允诺人的允诺并不知晓

提出交换的条件起到三个作用：它充当着先决条件，它确定允诺人的允诺所需要的对价，而且它还使允诺变成要约。再考虑这个例子，"我允诺带你去购物，如果你整理一下我的办公室"。这里有一个先决条件，即我未来带你逛街的行为发生与否依赖于在此之前你整理或允诺整理我的办公室的行为。此外，由于这个条件约定了你必须做什么才能完成这个交易，所以它也就充当了我的允诺的对价。最后，因为这种条件不是偶然的，而是在你的操控下的，你可以自由地接受或拒绝其条款。正如我将要论证的，这种允诺就相当于一个要约。

要约抑或允诺?

在传统合同法上,要约只有被接受后才变成具有约束力的合同。如果受要约人未立即接受,或者未在要约人规定的期间内接受要约,那么后者可以自由地撤销要约。在双务合同中,撤回要约通常不会造成什么特别大的问题,因为要约人要求对方回报以允诺。如果没有一个人愿意立约而要约被撤销,则受要约人不会遭受任何实质损害。然而,对于一个单务合同,要约人要求以一定的行为作为其回报,其撤销要约的后果可能就不那么好了。考虑下面这个假设的例子,它常常被一些合同法教授用来幽默地说明这一点。

一位教授向学生发出要约,如果学生骑车穿越布鲁克林大桥,就支付他一笔钱。学生接受了这个挑战,并开始骑车过桥。这位教授正在桥的另一边秘密等待,正当学生即将完成穿越桥梁的挑战时,教授跳出并大喊,"我撤销"。

这位教授的要约构成一个单务合同:为了换取他支付一笔钱的诺言,学生必须实施骑车过桥的行为。究竟是什么构成对这种要约的同意呢?根据合同法的经典理论,受要约人可以通过完成被要求的行为表示其接受该要约。这意味着,为了接受教授的要约,求胜心切的学生必须骑车跨越整个布鲁克林大桥。然而,在全面完成任务前的任何时间,狡猾的教授都可以自由地撤销要约,因此将没有义务支付金钱。

传统观点的替代观点

外行人无疑会认为在最后时刻反悔是相当不公平的,许多法律学者也肯定会同意他们的观点。因此,改善传统观点产生的恶劣影响的种种建议被提出。其中一个建议是诉诸"禁止反言"的法律概念。开始行动的受要约人显然会信赖要约人将履行他或她的诺言并使交易完成。基于这种信赖关系,要约人在受要约人开始行动后就被"禁止反言"或不得撤销要约。《合同法重述》也采用这一观点:只要受要约人开始部分实施要约所要求的行为,要约人即受到单务合同的约束。《合同法重述》以新颖的方式实现这一目标:受要约人开始行动即产生了一个"选项"合同,其作用在于使原来的要约直到行为完成前都保持有效。值得注意的是,尽管如此,这两派观点都继续坚守着这样一项原则:单务合同的接受仅发生在要约人完成约定的行为之后。建议中的禁止反言和选项要素仅仅是权宜之计,目的是防止不道德的要约人利用受要约人的无知,即在后者已经开始行动后撤销要约。

其他评论者认为,单务合同的成立应该是在行为开始的时候,而不是在行为完成的时候。根据这一观点，虚构的教授和学生之间的单务合同在学生开始蹬车过桥时即已生效。因此，教授将不再有机会在最后时刻跳出来并撤销该合同。这个不得在受要约人开始行动后撤销要约的观点已经几乎取代了行为完成前均可撤销的传统规则。无论采取何种方案解决不公正撤销要约的问题，这一点都是不容改变的，即要约人只有在受要约人彻底完成约定的行为后才需要履行他或她的诺言以使交易完成。虽然所有的替代方案都有利于在受允诺人开始行动后保护其利益，但它们还是无法解决为行动做准备时花费时间，精力或金钱的相关问题。

单务合同是允诺（作为允诺的单务合同）

彼得·蒂尔斯玛（Peter Tiersma）对单务合同的各类问题进行了深入的调查研究。他认为不公正的撤销问题源于一个错误观点——单务合同是通过要约与承诺这一传统模式形成的。据蒂尔斯玛的观点，这种模式只适用于双务合同。通过说"我接受"，或使用其他表示允诺的类似话语，受要约人就已经同意该要约的条款，且双方随后便有义务实施约定的各方行为。此处主张，承诺在本质上属言语领域而非行为领域的问题。受要约人通过说出适当的话语（或者通过作出等同于此类话语的行为，如握手）表示接受要约。这也正是承诺的语言特征，即作出一个允诺类言外行为，而在双务合同要约人也是这么做的。因为单务合同要求以行为作交换，其并不看重单纯的口头回应，所以它不大适合要约与承诺这种模式。如果单务合同不包含要约，那么应如何确定单务合同的特征呢？

蒂尔斯玛认为一个人提议订立单务合同时不是在作出要约，而是正在作出允诺。更确切地说，是在作出一个有先决条件的允诺。为了展示这一观点的逻辑，让我们比较以下两句话。

> 如果不下雨，我会带你去逛街。
> 如果你整理一下我的办公室，我会带你去逛街。

第一句是无偿允诺，第二个可以被视为一个单务合同。然而，每个句子都包含一个先决条件，因此在这两种情况下，如果条件成就，允诺人就必须履行他或她的诺言。这一附带条件仍然允许单务合同的允诺人只在受允诺人完成约定的行为后才承担他或她所允诺的义务。不过最重要的一点是，作为允诺时，单务合同无须任何形式的承诺。作出允诺时，允诺人即决定履行他或她所允诺的义务。因此，单务合同何时不能被撤销，是在被要求的行为开始实施抑或完成之时，有关这一问题的争议也就不再产生。蒂尔斯玛的建议的另一个优点是，受允诺人为自己的行为作准备时所产生的任何费用都不会白费。这个结果是由允诺的基本属性所决定的。允诺一经作出立即生效，并从那个时候起受允诺人可能信赖允诺人会履行交易中属于他或她的那部分义务。

如果允诺的先决条件无法成就，那允诺人自然没有进一步履行允诺的义务。该允诺已终止或失效，但是它并没有被撤销。这一区别非常重要。一方面，撤销是由允诺人自愿作出的言语行为。通过说出"我撤销要约"，他或她宣称自己无意履行允诺。另一方面，允诺终止不是由于言语行为，而是由于先决条件不能成就且允诺人通常对该结果的发生几乎没有或根本没有控制权，如"如果下雨"。不过，在单务合同中，条件就不再是一个偶然的外部事件，而是一个受允诺人可以控制的事件，因为后者可以自由地执行或不执行。如果选择不执行或受允诺人没有采取任何行动，那么允诺最终必然终止。然而，究竟允诺何时失效却不是那么明显，考虑以下附条件允诺：

> 如果你今天下午给我洗车，我会付给你 25 美元。
>
> 如果你给我洗车，我会付给你 25 美元。

对于第一个例子，当夜幕降临而你没有给我洗车，那显然我无须支付你任何报酬。然而，对于第二个例子，允诺人并没有给出时间限制，又该如何处理？他或她要从受允诺人处得到答复须等待多长时间呢？一天，一周，还是一个月？我们当然不能指望这一条件永远有效。如果允诺人并没有给出时间限制而且不存在违约，那么我们可能认为，法院或立法机关，或者甚至约定的任意期限都可以为先决条件指定一个合理的存续期。关键是，一段时间后，允诺必须终止。

允诺还是要约

我们已经看到，提出了交换的附条件允诺是与对价存在关联的。这种允诺之有趣之处还在于：其在形式上等同于要约。为了说明这个等价关系是如何成立的，我们需要研究对各种类型的允诺可能作出的回应。

让我们回到无条件允诺。假如我说，"今晚我会带你出去吃晚饭"。你可以用以下三种方式之一回应。首先，你可能会积极回应，如呼喊道："太好了！"或者作出一些诸如欢快蹦跳的非口头行为。其次，你可以作出消极回应，如反驳道"我不想这样做"，或者扮鬼脸露出厌恶的表情。最后，你可能会保持中立，什么也不说，什么也不做。在第一种情况下，你非常热心，那么毫无疑问我的允诺是有约束力的。第二种情况则完全不同。你否定的答复有效地解除了我进行我的未来计划的任何义务。回想准备条件中的受益条件，不仅我必须相信你是乐意让我带你出去吃晚饭的，而且你也确实希望我这样做。如果我误解了你的意愿，就会违反这一重要前提。在这种情况下，我当初的允诺就变得不适切了。之后，如果你改变主意，觉得毕竟和我一起吃晚饭可能也不是那么的糟糕，可是如果我不再想和你吃饭，你也不能指责我违背诺言。在第三种情况下，虽然你什么都没做，但我仍然会遵守允诺。如果我误解了你的意愿，除非你的意见以某种方式传达给我，否则我也不会知道这一事实。因此，沉默必须被解释为你对希望所允诺的行为发生的默认。这个结果遵从了无条件允诺的言语行为属性。除非其他事情介入导致允诺不适切，允诺自发话人口头作出时即有效。

请注意，在第一种情况下，你的肯定回答并不是承诺。正如我们在讨论蒂尔斯玛的提议时所指出的，人们不能接受一个允诺。你作出的积极回应无非是公开确认了我认为你乐意让我带你去吃饭的这一想法。查尔斯·弗里德对此采取相反的立场。他恰当地指出，一个人不可以把自己的允诺硬塞给一个不情愿的受允诺人。他的观察结论是，为了使得一个允诺有效，受允诺人必须"接受"它。从言语行为的角度看，企图把允诺强加给一个冷淡的受允诺人违反了受益条件，即受话人希望所允诺的行为发生。我们的结论是这样的，允诺是异常的，因为它是不适切的，而不是因为它没有被接受。

当我们转向附条件允诺，该条件是一个先决条件还是一个提出与允诺作交换的条件是有重大区别的。例如，如果我说，"如果不下雨，我会带你出去吃晚饭"，只有当它不下雨时，我才需要履行允诺，而再一次强调你的回应不是使得我允诺生效的必要条件。但是对于提出交换条件的允诺，情况就截然不同了。在说出"如果你给我洗车，我会付给你25美元"的时候，我的确声明了只要被要求的行为完成后我就会实施某一未来行为。所以从这一角度而言，该允诺包含了一个先决条件。但因为对该行为的控制权完全掌握在你的手上——不像偶然条件，如是否会下雨——你可以自由地选择做或不做我所要求的事情。因此，你的积极回应或消极回应将表示你愿意或不愿意实施所要求的行为。如果你跑到外面并开始给我洗车，或者你答应这样做，就意味着你已经默许了我的允诺条件，同时心照不宣地确认了你希望获得25美元。因此，我的允诺生效了。另一方面，如果你没有意愿给我洗车或赚取25美元，并且相应地告诉我，那么你就已经拒绝了我的提议，而我也就没有采取任何进一步行动的义务。

迈克尔·汉切尔（Michael Hancher）把言语行为分成两类，一类是"自动生效"的，即一被说出立刻生效，和"合作生效"的，即完全生效前首先需要从受话人处获得肯定回答。自动生效的言语行为的例子包括请求、命令、开除（某人）、提名（某人）和无条件允诺。合作生效的言语行为的例子包括打赌、挑战、要约与提出交换的允诺。因此，如果作为雇主的我对你说，"我要解雇你"，那么我已经独断地解雇你了。类似地，如果我让你离开这个房间且我有这样的权力，那么即使你拒绝，我也已经成功地发出了命令。另一方面，如果我和你就下周日足球比赛的结果打赌 100 美元，那么你必须接受我的建议——通过握手或者说"好的！"之类的话语——这个赌局才能生效。没有你的认可，即使我的球队输了我也没有义务支付你 100 美元，当然我也没有权利在球队赢球时获得 100 美元。

自动生效与合作生效的言语行为之间的区别正好反映了无条件允诺与要约之间的差异。一方面如果在一次聚会上，我允诺聚会结束之后开车送你回家，那么我便立刻受送你回家的义务所约束。当然，除非你明确地解除我的义务。另一方面，如果我提出要约要开车送你回家，那么只有在你已经接受了我的要约之后，我才不得不这样做。如果你既没有接受也没有拒绝——比如你告诉我你要考虑一下待会再让我知道，那么只要你还没有作出回应，我就可以随时改变想法并撤销要约。因此，要约人可以撤销未被立即接受的要约，正如投注者可以在赌局尚未开始时取回赌注。然而，允诺是不能反悔的。

无条件允诺与要约最大的差别，在于受话人希望发话人完成所提出的行为这一预设的确定性程度。对于允诺，该预设是准备条件中受益条件的关键因素。当预设错误时，受话人有责任告知发话人这一事实。在这种情况下，允诺将变得不适切。对于要约，该预设要显得更弱。要约的前提是，受话人可能会合理地倾向于发话人完成约定的行为。由于要约的这一"固有的不确定性"，要约人只能表达其愿意在确认受话人希望自己实施该行为后才去履行约定的义务。一个要做 X 的要约可能被转述为："我会做 X，如果你希望我做 X"。这个结构类似于先决条件。也就是说，允诺人对未来行为作出允诺，但只有在条件成就——受允诺人以某种方式表示其对所允诺的行为持积极态度时——才有履行允诺的义务。

对于提出交换的附条件允诺，不确定因素不仅在于受话人是否愿意发话人为特定行为，还在于受话人是否愿意自己为允诺所要求其实施的行为。但正因为允诺人是否履行其允诺依赖于受允诺人执行被要求行为的意愿，所以规则要求受允诺人必须把他或她的意愿表达出来，无论是以口头允诺还是以非口头的实行行为。受允诺人对提出交换的附条件允诺作出肯定或否定回应的后果与前述回应要约的后果极其相似。因此，如果没有收到一个肯定或否定的答复（相当于对要约的承诺或拒绝），允诺人随后可能选择撤回他的提议。只有提出交换的附条件允诺才具备使允诺转变成要约这一合作生效的言语行为的必要条件。其他种类的条件只能单纯地起到先决条件的作用，不能等同于要约。

　　现在，受要约人可以通过实施某一行为——口头行为或肢体行为——来接受要约。对于双务合同，承诺（接受要约）通过受允诺人作出回报性允诺这一言语行为来实现。对于单务合同，承诺（接受要约）则是通过受允诺人实施允诺人所要求的行为来实现的。对于后一种情况下，受允诺人通过开始行为来表示承诺（接受要约），这个观点符合此现代原则——允诺人不得在受允诺人已经开始实行约定行为后撤销要约。举例来说，如果我答应付给你25美元，条件是你给我洗车。你开始洗车表示你接受我的要约，所以从那个时刻起，我不能自由地撤销要约，这似乎是合乎逻辑的。但是，如果你开始执行后又中途停止而且不再继续完成任务，那么我该怎么办呢？答案是我不需要继续履行我的允诺以使交易完成。但是，这一结果与其他做法的效果相类似，如在单务合同中，在受要约人完成要求的行为前，要约人没有行为的义务。

　　最后，如果受允诺人在准备行为时花费了时间或金钱，结果又会如何？蒂尔斯玛的提议根据允诺的定义对撤销一说从不认可，进而保障了这种情形下受允诺人的信赖利益。在我的分析中，是否允许允诺人在受允诺人开始行为前撤销要约？为了更具体地说明我是如何看待这个问题的，请再考虑前面提到的两个附条件允诺。

　　"如果你给我洗车，我会付给你25美元。"

　　"如果你今天下午给我洗车，我会付给你25美元。"

　　在第一个例子中，没有规定任何的履行期限。因为我可以在受允诺人开始行为前自由地撤销要约，所以如果你在没有通知我的情况下决定进行前期准备工作，那么你无法保证这个要约将必然持续有效。在这种情况下，对允诺负有信赖利益的受允诺人应当获得标准的法律救济，即信赖损失或禁止反言。从积极的一面看，撤销权允许允诺人在受允诺人一直没有作出任何回应时撤销要约。蒂尔斯玛关于附条件允诺的提议是，允诺需一直保持有效，直到其因某一任意的却被认为是合理的期限届满而最终失效。

　　第二个例子则完全不同。时间限制主要有两个目的：它不仅决定了受允诺人行为的时间跨度，还代表着允诺人在该约定期限内必须保持允诺有效。在第二个例子中，我不仅告诉你，如果你今天下午前不给我洗车，要约将会失效，同时我也允诺在此之前不会撤销要约。因此，你在开始实施约定行为前也可以免于承担要约被撤销的风险，你可以放心地进行任何必要的准备工作。允诺人应当保证要约持续有效的这一建议不一定符合一个较为保守的观点——即便允诺人可能已允诺在指定期间内保持要约有效，他或她总是被允许撤销一个尚未被接受的要约。对于此违反直觉的结果，其原理基于这样的假设：双方从未达成"合意"。在笔者看来，允诺人这种公然无视允诺的行为破坏了允诺的意义，也是完全有悖于受允诺人对于时间限制的理解的。

笔者对单务合同的分析利用了允诺人的允诺的双重属性。毫无疑问，此允诺是附条件允诺。但此条件的特别之处在于其请求的是一个对允诺之允诺或受允诺人为一定的行为。正是受允诺人与其对条件结果的控制力之间的独特关系，使得这些类型的允诺等价于要约。这使得原来的允诺转变成一个相互配合事项，即只有从受允诺人处得到答复，允诺人的允诺方能生效。这些同步功能——作为要约并作为先决条件——解释了为什么对于单务合同而言，受允诺人开始施行行为就足以被视作承诺（接受要约），而允诺人只有在所要求的行为完成后才需要履行允诺。因为受要约人可以自由选择是否进行被请求的行为，所以积极的行动将构成承诺（接受要约），但由于该行为是先决条件的一部分，因而只有在该行为完成后，后者（先决条件）才会成就。那么单务合同也确实适用要约与承诺的范式。"要约"与提出交换的"允诺"之间的等价性在法律中早已牢固确立，而法律将这类允诺称为要约也不是巧合。

不确定的承诺：报以允诺还是付诸行动？

另一个把单务合同视为要约（而非简单地视为附条件允诺）的原因是，受要约人可能并不确定对方提出要订立的是单务合同还是双务合同。假如我对你说，"如果你今天下午给我洗车，我会付给你 25 美元"，并且你回答道："我会做的"。假设我在期待一个以行为表示承诺的答复。但相反地，你给了我一个口头答复。这是什么样的"承诺"呢？这是你意欲完成约定行为的一种确认？抑或是等同于一个不折不扣的允诺？这一特定回答可以属于其中任意一类，因为其语言是模糊的。回想一下在缺乏明确的言外行为动词时，助动词"会"起到的不同作用。其中两个功能是意图和允诺。因此，"我会做的"这一答复可能是对"我打算去做"或"我允诺去做"的省略式表达。

如果你的回答仅表示意图，那么我们就订立了一个单务合同，当你开始实施约定行为时合同生效。但是如果它构成一个合法的允诺，并且我对此没有异议，那么我们就订立了一个双务合同。受允诺人的回应中固有的模糊性可能源于其对拟订的合同类型的不确定。注意《合同法重述》对这种模棱两可的情况的说明。

在存在怀疑的情况下，要约应被解释为邀请受要约人选择通过以下两种方式之一表示接受——或者允诺履行要约所要求的义务，或者直接履行该义务。

为什么当要约人有意获得实行行为时，受要约人能够以允诺作出回应，反之亦然？《合同法重述》表明受要约人只有"在存在怀疑的情况下"才有选择权。"怀疑"的产生可能源于以下一个或多个因素：（1）受要约人误解；（2）要约语言的模糊性；或（3）要约人的有意模糊。

我们主张提出要求的附条件允诺等同于要约，因此，它需要得到受要约人的回应。如果是后者同意这些条款，那么他或她就应当立刻把这种想法传达给要约人。口头答复就是达到此目的的最自然的方式。然而，在口头回应一个单务合同时，受要约人可能（不自觉地）将它转换成一个双务合同。

一位过于热情的受要约人主动作出的口头答复不是引起歧义的唯一原因。不确定性可能源于要约的措辞。条件从句可能是存在歧义的或模糊的，从而使受要约人不能确定应通过允诺还是实行行为表示接受。当然，也存在没有歧义的情况。允诺人说："如果你答应给我洗车，我会付给你 25 美元"。此时，允诺人明确要求以允诺作交换，允诺以外的行为则无法满足这一要求。另一方面，某人说，"如果能寻回我丢失的狗，缇普西（Tipsy），我将悬赏他 200 美元"。他想要的是一个行为，而不是任何人帮他寻狗的允诺。当存在误解时，再一次，这可能是由助动词"会"引起的，但这一次是由于它在条件从句中的存在与否。比较下面两个句子。

> 如果你给我洗车，我会付给你 25 美元。
> 如果你会给我洗车，我会付给你 25 美元。

奥托·叶斯柏森（Otto Jespersen），本书第一章中提到的那位阐释内涵和外延概念的语法学家，声称这些类型的句子提出了不同的要求。因为被要求的行为必须发生在未来，在如果从句中一般现在时本身就足以表示未来，因此，一个明显的未来标记就变得多余了。每当助动词出现在条件从句中时，其功能是确定受话人是否"愿意"承担约定的义务。因此，第二句就等同于："如果你愿意给我洗车，我会付给你 25 美元"。叶斯柏森的论点是条件从句用现在时表示将来行为，而用将来时表示意愿。这种微妙的语言差异，尽管有趣，甚至从法律的角度来看也甚是必要，但它也是值得商榷的。我怀疑说英语的人是否会以这种方式区分条件句。未来性和意愿的概念往往无法清晰界分，因为它们在相当程度上是互相重叠的：意愿往往会导致未来的行动。另外，即使人们能够区分未来性和意愿，也会产生另一个问题，即决定该意愿所表示的只是单纯的意向还是强有力的允诺。这种对未来性和意愿的相互重叠，甚至混乱，使得这两个句子的差别，充其量只能说是细微的，而在最坏的情况下甚至就不存在了。我认为发话人把这两句话看作为可互换的变形。那么，也难怪受要约人在面对这样的从句时可能会不确定自己答复的性质。

对叶斯柏森的理论的反驳可以从以下选自《合同法重述》的例子中得到支持。这些例子说明发话人可能会对同一条件从句采用任意一种解释。

A 写信给 B："如果你会在下周给我修剪草坪，我会付给你 10 美元。"B 若要接受 A 的要约，要么迅速允诺修剪草坪，要么直接按要求修剪草坪。

（《合同法重述》第 32 节，1，90）

A 对 B 说："如果你今天内完成你正在制造的这张桌子并将其送到我的房子，我会付给你 100 美元。"B 回答，"我会做到的。"他们之间存在合同关系。B 也可以通过按要求交付该桌子的方式接受允诺。

（《合同法重述》第 32 节，2，90）

例一的条件从句中包含助动词"会"，而例二中则没有。据叶斯柏森的说法，前者要求允诺，而后者只要求行为。然而，对于这两种情况，《合同法重述》认为任何一种回答都是可以接受的。

如果这些情况下语言上是不精确的，那么为什么要约人不以更精确的方式来提出要约呢？这里存在产生误解的第三个原因。要约人可能不在乎其收到的是何种类型的答复。比如，在洗车情节中，我想在下午前把车洗了，而且我可能愿意等到那个时候才去看你是否把车洗了。相反，如果你选择作出允诺，我也不会有任何异议。在这种情况下，语言的不确定性和语境的不确定性往往起到互相强化的作用：语法上的不精确性正好印证了情境的模糊性。

在本章中，我们试图回答有关合同成立的各种问题：（1）某一陈述是允诺还是一些其他类型的言语行为？（2）何种接受模式可以构成允诺，而何种接受模式仅被视作实施某一行为的意图？（3）一项要求能构成对价抑或单纯的先决条件？（4）是否存在一个有效交换可以使得附条件允诺与要约等价？（5）一项提议到底是单务合同还是双务合同？虽然言语行为理论包含了大量的相关信息，但它本身并不能提供解决问题的所有答案。我们还需要考察模糊性和情境——包括口头上的与语境上的。考虑到我们已经知道这些语言因素和情境因素在语言解释中的重要性，这种依赖于语言和语境的思考模式应该不难理解。

结　语

（语言学）研究必须在法律制度中找到发挥作用的途径。
　　　　　　　　　　　　——劳伦斯·索兰和彼得·蒂尔斯玛①

　　本书的相关章节关注了语言学领域内的四个话题，分别为：歧义、隐喻、言语行为与允诺。笔者选取这些话题并不仅因为其与语言学相关，还因为它们与法律中广泛探讨的一些具体问题如误解、法律拟制、传闻和订立合同相契合。现在我们简单回顾其内容并将不同视域内的问题加以整合。我想着重探讨法律和语言两个学科对彼此的贡献。语言学研究可以从法律材料中汲取什么，以及为何律师和法学学者应当关注用语言学方法分析法律问题？

误解与歧义

　　无疑，相当数量的诉讼关涉语言之争，如合同的含义、保险单中某一术语的定义、遗嘱中反映的立遗嘱人的意图或是成文法的解释等。在理想状态下，文件起草者应尽量使用明确的语言并在最大限度上将其本意表达出来。尽管如此，无论起草者如何小心谨慎，人们在解释词语、短语甚至整句话时仍会产生误解。

　　语言学分析揭示了误解通常不是简单地源自使用不当，因为在语言层面上还存在词汇歧义、指代不明、含混和句法歧义等可能。人们对这种种可能往往视而不见，除非他对细微的差别异常敏感或是接受过识别它们的特殊训练。语言的细微差异对于诉讼当事人、法官或陪审团来说都不是显而易见的，语言学家在与词汇和句法歧义以及与指称和范畴有关的争端中充当专家证人的情形也

---

① Lawrence M. Solan and Peter M. Tiersma, *Speaking of Crime: the Language of Criminal Justice*, Chicago, IL: University of Chicago Press, 2005: 27.

验证了这一点。使用专家证言的主要作用是为了说服法庭相信歧义或含混的存在。这类证言的目的可能是为支持原告对于不太明显的解释提出主张，或争议双方同意引入外部证据以证明他们的意图，或使得原告以其对某一术语的含义的理解取代起草文件者的含义，甚至将存在歧义的刑法条文作出利于被告的分析。我想说的是，国际法律语言学家协会的许多会员均曾参与过以上这些类型案件的法律程序。此外，只要法律语言学家能担任律师的顾问，他们就不仅可以使法律工作者了解语言学分析对法律问题的适切性，还对对深化两大学科的对话贡献良多。

法律拟制与隐喻

我们注意到法律拟制对于保持法律的稳定性与一致性有重要意义。在重视法律的稳定性和一致性的法律体系中，如英国普通法，法律拟制得到广泛使用。英美国家的法院经常采纳拟制（通过接受某些明显为假的事实的方式）以代替创造新法。尽管采用拟制的理由毫无疑问是为了法律适用，而它的精妙之处还在于其涉及隐喻的范畴也恰好是语言学研究的热点问题之一。

"公司法人"这一法律拟制是隐喻的典型代表。在对拟制的讨论中，我们对比哲学家约翰·杜威与法学家阿瑟·梅琴的观点。杜威认为，公司拟制仅仅是法律上的发明而词汇是随机选取的。单词可以包容其使用者选取的任何意思。但是，杜威的观点无法解释法律中"个人"一词的用法。众所周知，公司可以做许多真人才能做的事。最初，法律意图将对后者的规制同样适用于前者。不仅如此，美国联邦最高法院一定也对公司与个人之间的惊人相似性印象深刻，于是在一个接一个的案件中就词语"个人"与"公民"在宪法意义上的解释而绞尽脑汁。由于否认普通意义和法律意义上的"个人"有任何关联，杜威无法解释为何人与机构如此相像，及为何法律一直不断地将称呼人的语言用来称谓公司。

梅琴的观点与杜威截然不同。公司的确表现出与个人的惊人相似性，而将其称为人则将这一相似性显性化。语言学证据站在了梅琴一边。尽管一开始我们可能对于其将公司与欺诈、恶意和精神状态的表述相连的说法感到不可接受，但是如果我们理解了品行特点认定是如何借助语言结构而延伸至企业，就较容易采纳他的说法。我论证了日常语言将机构称为个人是语言学的一般用法，而且该表达方式与法律无关。

　　这一现象可能并非英语所独有。事实上，它被证明是普遍性的。我敢断言任何文化中只要其社会和经济结构中包含机构，那其语言就包含以概念隐喻"公司个人"来表述机构的说法。以隐喻来表述机构的方法对法律而言十分方便，但要强调的是法律自身从未创造这种语言学的形象表达。法律只是尽最大可能利用语言的优势，并将概念化这一植根于语言中的需求最大化。这是一个振聋发聩的例证，它说明了当代语言学研究是如何通过在认知层面探索隐喻的内涵，从而为一个重要的法律概念的解析提供令人吃惊而又不同寻常的视角的。

传闻与言语行为

　　在构成传闻的话语类型方面，法律与言语行为理论完美契合。言语行为理论的本意并非解释法律概念。其主要是关注人类语言——话语是如何建构的，又是如何被说话人使用的。不同的言内行为包含普通人在说话时运用的重要的语义学和语用学原则。该理论不仅探讨说话人的言内行为，还涉及其精神状态、话语对他人的影响及话语表达的结构特征等。此外，尤其值得一提的是，该理论提供了破解有趣的法律问题的一套全新而实用的解释。言语行为的主要组成部分在传闻这一难题中找到了存在的空间，由此，不同类型的法律种类自动地与言语行为的组成部分契合。

　　或许言语行为理论与相关类型的传闻间的惊人巧合尚不足以令人吃惊。因为，传闻毕竟也是有关语言的，而最重要的有关传闻的决定都与普通人话语有关。无论如何，法学专家经年累月都在致力于将传闻规则所隐含的原则加以法典化。他们凭直觉创立了一套连贯的与言语行为分析相吻合的法律类型。更重要的是，言语行为理论为法律界长期以来争论不休的有关精神状态的陈述应属传闻证据的例外还是本不属于传闻提供了解决之道。对于该争论，言语行为提出一致的解决方法，即任何有关精神状态的陈述均不是传闻。

　　精读任何一本美国法学院证据法课上指定的判例汇编教材，我们都会发现其中相当的篇幅与传闻有关。围绕这一让学生感到困惑、彷徨甚至迷惑不解的话题，法学教授会安排几周的授课时间集中讲解。在哈佛大学考试中出现的题目更证明了将传闻法适用到特定问题时，其答案并非总是显而易见。初学法律者不仅要熟知如何在法庭证言中使用传闻规则，还要掌握该规则无数的例外情况。即使出庭律师和主审法官也要穿行于传闻的"丛林"——一堆杂乱无章的规则。① 笔者相信对于传闻证据，言语行为可能成为法学专业学生和其他要走出错综复杂的"丛林"的法律工作者知识储备中一项有用的工具。的确如此，笔者的多名学生在进入法学院后向笔者反馈说，他们在传闻的言语行为分析方面所具有的经验使得他们在证据法课上处理这一问题时游刃有余。

合同订立与允诺

允诺在经典的合同法及语言哲学中都发挥积极的作用。部分法律学者将研究定位于允诺的道德内涵，并主张合同违约构成对允诺的彻底破坏。部分学者则否认允诺与当代合同法的联系，主张公序良俗与经济因素已成为履行合同的决定因素。还有部分学者将允诺视为纯粹的形式要件，强调任何有效的协议均须包含至少一项允诺。

有些学者也研究法律允诺这一类特殊的言语行为，但多数偏重于日常生活中的允诺。标准的言语行为理论可为研究法律允诺提供部分理论支撑，不过它的关注重点是无条件的允诺，几乎从未涉及附条件的允诺，特别与交换行为有关的允诺。因此，为了统摄法律类分析材料，言语行为理论研究必须包含有关"对价"的分析。针对有效的交换行为设定的标准（该标准基于塞尔的适切条件而提出）实现了这一功能，被证明对于"对价"研究具有重要帮助。提出交易的允诺对于真实的交易而言相当于一项允诺，正是这一特殊的附带条件的允诺使得法律上的要约不同于日常生活中的提议。"要约"还有一项优势就是为单务协议、双务协议提供了统一的应对标准。同时要指出的是，有效交易的标准并不是来源于对法律材料的分析，而是以日常允诺的适切条件为出发点，然后证明语言学如何契合合同法的要求。

在本书结论部分之前的两章，我借助言语行为的框架对传闻、要约和对价进行深入的分析。在导言中，作者曾提到许多研究者都曾借助言语行为理论分析法律的相关话题，如语言犯罪、诽谤、伪证及实施法律等。早先的相关运用证明言语行为在处理法律问题中的作用无可辩驳。毫无疑问，法律中还存在相关领域可以让言语行为理论发挥分析工具的作用。

除了语言和法律领域都感兴趣的话题之外，在绝大多数情况下，语言学家和法律学者在从事研究时通常都是各行其是，虽然双方均应借鉴彼此的成果，

---

① Irving Younger, *Hearsay: a Practical Guide through the Thicket*, Clifton, NJ: Prentice - Hall, 1988: 1.

但都无视对方的成果。法律当中有不计其数的问题与词语的含义直接相关，与法律语篇的结构相关，或与法律概念的解释相关，而这本身就是语言问题。将语言学分析和方法论与以上的相关领域结合，将帮助法律工作者获得对于语言相关的法律问题解读的不同视角。与此同时，法律为语言学提供了全新的挑战。法律语言的词汇、句式和用法常构成一种独特的语篇类型，这与语言学研究中所面对的日常生活语言材料截然不同。语言学家应当欢迎法律领域为语言学研究提供丰富的新材料。不仅可以检验理论，还可以在成果方面增加对语言学的了解，扩大对社会的贡献。

附录 法院判决书节选

弗里加蒙特进口公司诉 B. N. S 国际销售公司案
美国纽约洲南部地区地方法院
《联邦判例补编》第 190 卷第 116 页（1960 年）

佛兰德利法官的判决意见：

争论在于，什么是鸡（chicken）？原告称"鸡"意指适合于烤炸的仔鸡。被告称"鸡"应指任何符合合同规定的重量和质量的鸡，包括"炖煮用鸡"和原告所称的"适于烤炸的仔鸡"。辞典包含着这两种含义，当然也包括与此不相关的含义。为了支撑自己的观点，原告进行了大量的辩驳；被告也尝试回击并添加了有利于自己的观点。

根据《纽约个人财产法》、纽约州的统一立法与法律法规第 41 章第 95 款，本次诉讼中涉及的货物违反了应符合描述的担保。在该诉讼中涉及了两份合同。第一份合同，订立于 1957 年 5 月 2 日，其中作为被告的纽约销售公司确认了与作为原告的瑞士公司之间的销售内容，如下：

美国鲜冻鸡，A 级，经政府部门检疫，已清除内脏，2.5—3 磅和 1.5—2 磅两种规格。

所有的鸡都必须用快尔卫分别包裹，并用安全的纤维纸板箱或适于出口的木箱进行打包。

75 000 磅，2.5—3 磅……@ 每百磅 $ 33.00

25 000 磅，1.5—2 磅……@ 每百磅 $ 36.50

计划 1957 年 5 月 10 日纽约船边交货（FAS）……

第二份合同，也是订立于 1957 年 5 月 2 日，销售的产品相同，不过这次需要的是 50 000 磅规格更重的"鸡"，小规格的鸡价格为每百磅 $ 37，预计在 5 月 30 日运输。当最早的货船达到瑞士后，原告在 5 月 28 日发现，2.5—3 磅规格的禽类并不是所谓的适于烤炸的仔鸡而是炖煮用鸡；事实上，许多纸箱和

— 180 —

塑料袋也清楚地注明了。原告（买方）旋即提出抗议。然而，第二份合同规定的货物运输预计在 5 月 29 日装运，2.5—3 磅的禽类依旧是炖煮用鸡。被告停止了在鹿特丹的运输。此次的诉状也随即而来。

孤立地看待"鸡"一词是会引起歧义的，我先着眼于合同之中，看其本身是否能对它的解释提供任何帮助。原告称 1.5—2 磅的鸡必须意为仔鸡，因为成鸡无法符合这个规格，同样地，2.5—3 磅的鸡也必须为仔鸡。这一说法并没有说服力———一份有关两种不同规格苹果的合同可以为不同品种的苹果所满足，即使一个品种也可以有两种不同规格的苹果。被告称这份合同并不简单地需要"鸡"，而且要符合"美国鲜冻鸡，品级 A，政府检疫"。也是说这份合同因此必须参考农业部制定的规章制度，来支持对它的解释。我将在回顾原告的其他论点之后回到这一点。

第一个论点出现在执行正式合同前交换的电报中。原告强调，其与被告的该份以及稍后的电报中，制定了有关在第一份以及第二份合同项下附加质量的条款，并且其主要是以德文为主，他们所使用的英语词汇"鸡"；以此宣称他们已经做到告知义务，因为从中"鸡"（chicken）应理解为仔鸡，对应在德文中的词为"Huhn"，包括适合于烤炸的仔鸡"Brathuhn"和炖煮用鸡"Suppenhuhn"，而被告方的工作人员是非常精通德文的，应当认识到这点。

第二个论点是在明确的贸易用法中，"鸡"意为仔鸡。通过三位证人的证言和其他相关证据，原告竭力去确立这种用法。斯特拉瑟，纽约当地一家大型瑞士连锁公司的一名采购员，作证称"对我而言'鸡'（chicken）指'适于烤炸的仔鸡'"。然而其证言的效力大打折扣，因为在其自身的交易中，这位谨慎的商人为保护其自身利益，分别使用 broiler 指代"适于烤炸的仔鸡"，使用 fowl 指代"炖煮用鸡"。尼基洛夫斯基（Niesielowski），供应被告炖煮用鸡公司的一名员工，作证称"鸡"意为"家禽业中的雄性品种"。可以是适于烤炸的仔鸡、煎炸用鸡或烘烤用鸡，但是并非炖煮用鸡；然而，他也作证证明在收到原告关于"鸡"的询问时，他也问了原告的要求是"适合于烤炸的仔鸡"，还是烘烤用鸡，事实上提供的是适合于烤炸的仔鸡。尽管采取了预防措施询问了被告，但原告在接受了本案中的合同一到两天之后，却把确认订单开始要求被告准备提供的"适于烤炸的仔鸡"改为"炖煮用鸡"。戴斯（Dates），厄纳 - 巴里公司的一名雇员，其公司每天发布市场中有关禽类贸易的行情报告。他所提出的观点，认为"鸡"在贸易的含义是"适合于烤炸的仔鸡"和"煎炸用鸡"。除了这个证言之外，原告所依据的事实是，厄纳 - 巴里公司所提供之服务，《商业杂志》和大型禽类供应商芝加哥温伯格兄弟公司，都会在其公布的报价中想方设法来区分"鸡"，包括"适合于烤炸的仔鸡"、"煎炸用鸡"和其他确切的类别，当然也包括"炖煮用鸡"。如果这份材料并无自相矛盾，将会是令人印象深刻的。然而，接下来我们就会看到确实存在着矛盾。

被告的证人魏宁格，经营着一家位于新泽西的鸡禽屠宰厂，作证称"鸡是除了鹅、鸭和火鸡以外的所有家禽。尽管鸡涵盖的范围很广，但你必须明确你要的或者你说的具体是哪种"。而证人福克斯说道，本行业内"鸡"（chicken）包括各种具体类别的鸡。撒蒂娜，一名提供食品检疫服务的人，作证称只要符合在农业部的规章中的鸡类项下的禽类就都是鸡。在美国政府事务管理局所认可的规格中，"鸡"分类中包括鸡以及适于烤炸的仔鸡和煎炸用鸡。美国家禽行业协会的统计数据在"鸡类总括"的项下使用的短语是"仔鸡"以及"成鸡"。而农业部的价格日报以及价格周报中避免使用任何无规格的有关"鸡"的用词。如上所述，被告主张该合同包含了这些引述的规章。原告回应称，合同规定仅仅与等级评定和政府检疫相关，不包括政府对于"鸡"的定义，而且也不包含规章中的定义。

基于原告报价 33 美分想取得 2.5—3 磅的适合于烤炸的仔鸡的不可能性，被告进行了进一步论证。而以下情况则不存在争议，有关 1957 年 4 月下旬 2.5—3 磅的适合于烤炸仔鸡的价格是在 35 美分到 37 美分之间，当被告执行这份合同时意识到这点并用相当重量的鸡来填补这里。当原告作简要陈述时，此处几乎没有任何回应，以 33 美分来获取 2.5—3 磅的"鸡"是更接近于市面的 35 美分的适合于烤炸的仔鸡而不是被告所提供的 30 美分的鸡。原告一定是预料到被告会获得利润，而肯定没有预料到被告故意引发损失。

最后，被告根据原告在第一次货物收到后所采取的行为进行论断。被告争论称如果原告是真实地想要仔鸡的话，原告肯定不会让第二份合同项下的货船出发的，因为适于烤炸的仔鸡和鸡之间的区别肯定会在被告的电报中清楚列明，体型大的鸡肯定不是适合烤炸的仔鸡。然而，原告回应电报中表明的是其坚持的是仔鸡的运输而被告却自担风险地运输成鸡。被告也指出原告继续在欧洲运输一些体型大的鸡，形容他们是"肉鸡"；而且只有当原告的顾客抱怨这些鸡时，原告才会把鸡的意思理解为"仔鸡"。原告的即时和一贯的抗议在这并没有发生很大作用。在审查所有的证据之后，很清晰地表明，被告认为在合同之中包括了运输 2.5—3 磅大小的"炖煮用鸡"。如果这并不与客观概念中的"鸡"相符合，被告的主观故意就并非明显。而与之相符合的有，一部辞典中的解释，制定合同时所须隐晦参考的农业部规章，还有就是原告发言人的阐述。同样地，原告声称其很清晰地表达了适合烤炸仔鸡的主观想法；而唯一的相关证据只是市场价格而且这也不是充分地清楚。在任何情况中，并不一定查明这个情况。而原告承担义务去表明"鸡"所适用的是广义还是狭义,这却没有得到支持。

这个观点是法律事实和结论法庭的调查结果。判决驳回起诉由原告负担双方诉讼费用。

拉弗尔斯诉威切尔豪斯案
财政法院
2 hurl. &c. 906(1864年)

提告〔即起诉〕

控诉: 原被告双方都认可,双方将在利物浦进行确切货物的买卖,即,125包苏拉特棉花,保证为中等公正的商家供应并由"无敌号"轮船从孟买运输。棉花需从码头取回,而被告会在所指货物抵达英国后,在约定的一定时间内向原告支付一定价格下的对等货款,即每英镑17.25美元。主张:上述货物已经(或已通过)上述轮船从孟买运输到利物浦,而原告随后也准备好并乐意积极发货给被告,等等。

辩解: 被告拒绝接收这批货物或拒绝付款。

答辩: 上述协议中被告提及的所述轮船意指十月从孟买出发的"无敌号"。而原告却并非以上述轮船向被告运输相应的货物,取而代之的是以十二月份另一艘同样名为"无敌号"轮船来运输125包苏拉特棉花。

抗辩(对答辩之反驳),合并审理当中。米尔沃德法官支持抗辩。

合同项下的是特定种类、数量的棉花,并且原告已准备进行交货。以什么轮船来运输棉花是无关紧要的,即便是一艘叫"无敌号"的轮船。"以'无敌号'运输",只是意味着如果轮船在运输途中丢失,合同也即终止。【波洛克法官认为,陪审团对双方所言的是否是同一艘"无敌号"存疑。】但这也只是在买卖"无敌号"轮船时才成立,但这里所言的却只是以"无敌号"轮船来运输相关的棉花。【波洛克法官认为,被告只是购买了棉花并且要以特定的轮船来运输。不妨可以说是,有份合同要购买在仓库A的特定货物,而在仓库B中相同种类的货物也同样满足于此。】在上述举例中,两个仓库的货物是相同的,但在该案中并未出现原告以其他的"无敌号"运输任一货物。【马丁法官认为,这里强加被告一份与原本其订立的不一样的合同。波洛克法官认为,这与购买葡萄酒的合同相似,其购买的是西班牙或者法国某一个特定地点的葡萄酒,然而却存在着两个名称一样的地点。】被告无权以口头证据来辩驳一份适当的书面合同。而他并没将此归咎于表达不当或者欺诈行为,只是说自己以为是另一艘船。这样的意图是无用的，除非在合同中标明了时间。【波洛克法官认为，一艘轮船是十月出发，另一艘则是十二月。】但航行的时间在合同中并无标明。

梅利什法官与科恩法官，支持抗辩。在书面合同中并无出现特定的"无敌号"轮船，但眼下却产生了潜在的歧义——出现了两艘同样名为"无敌号"的从孟买出发的轮船，口头证据只是表明原被告所指的"无敌号"并非同一艘。也就是说这里并非一致，因此并不具有约束性的合同。接着该合同被法院宣告无效。

合议庭一致判决被告人胜诉。

州际商务委员会诉艾伦·E. 克鲁伯林公司案
美国艾奥瓦州北部地区地方法院
《联邦判例补编》第 113 卷第 599 页（1953 年）

判决意见：

该案的焦点在于州际卡车的货运中经煺毛并开膛洗净的鸡是否属于州际商业法中具有豁免的农产品。

在本案中，州际商务委员会宣称被告在不具备公共交通运输业许可证下，在州际贸易中从事运输纽约经煺毛并开膛洗净的鸡。委员会责令要求被告在获得公共交通运输业许可证之前不得再从事同样的运输业务。被告承认其从事了上述业务且并未取得公共交通运输业许可证。但《州际商业法》的第 203 节（b）款（6）项并未要求该证书。被告承认其通过机动车辆来从事州际运输业务，而举证责任在于证明这个活动在豁免的范围之内。

第 203 节（b）款（6）项中表明免于获得公共交通运输业许可证的要求，如下：

用于运载普通牲畜、鱼（包括贝壳）或者农产品（包括园艺品）（不包括由此加工而成的产品）的机动车，如果这些机动车未用于运载其他财产或乘客并索取报偿。

第 203 节（b）款（6）项包括了鱼与园艺品，这些通常都在农业豁免中。

在该起案件中，被告是一家拥有并运营相当数量卡车的公司，从事运输纽约经煺毛并开膛洗净的鸡，从艾奥瓦州运到伊利诺伊州芝加哥市和其他州。经煺毛的鸡被定义为在鸡类运输中那些被去除头部以及羽毛的鸡，在一些例子中还会被去除鸡爪。而开膛洗净的鸡被定义为在鸡类运输中那些拥有头部、爪、羽毛的鸡，其在被除掉肝脏、心脏、鸡胗的宰杀后的畜体。

双方都同意活着的禽类是农产品。但却对纽约经煺毛并开膛洗净的鸡是属于"农产品"还是"加工产品"产生分歧。开膛洗净的鸡在某种程度上来说，是经煺毛的鸡之后的进一步加工。但是律师的观点认为在农业豁免中并无二者的区别。由于双方都认可当活着的鸡离开农田时是一件"农产品"，双方真正的分歧在于何时其变成了"加工产品"。州际商务委员会认为这个时间点应是其在被屠宰和在其被煺毛和开膛洗净后的任何情形。而被告和农业部长认为经煺毛或开膛洗净的鸡未达到被合理合法认定为"加工产品"的程度，还应满足更多或者是其他特定的要求。

被告和农业部长尤其依据的是"加工"一词在另一个涉及美国水果种植者公司诉布洛戴克斯公司（Brogdex Co.）案（1931，283 U. S. 1，51S. Ct. 328，75L. ED. 801）中的解释……（州际商务委员会）认为在水果种植者案中的定义是正确和适当的，可以用以判断在农业豁免中是否为"加工品"。定义如下，美国案例汇编283章第11页，联邦最高法院案例汇编第51章，《世纪词典》第330页也对"加工"定义如下："加工"是指通过人工或机器，对原材料或制备的材料赋予新的形式、质量、特性或进行组合，从而生产用品的过程；简言之，即以原材料或制备的材料生产任何用品的过程。

而被告和农业部长在稍后的定义中认为煺毛的鸡并非加工产品。州际商务委员会也利用了相同的定义论断经煺毛的鸡是加工产品。

双方所依据的定义是宽泛以及笼统的……法庭认为对农业豁免中加工产品的定义是作广义来理解，而从这些定义推导出"加工产品"具体意义的做法只会让人陷入"语义荒野"。双方都同意在农业豁免中使用"农产品"和农业"加工产品"是具有歧义的。其并未在法律中予以规定。因此，最后手段便是诉诸创立农业豁免时的解释和寻找外部支持——农业豁免的行政解释和立法史。

在本案中，唯一相关的行政解释是国会的意图。问题在于代表所做的解释是否能真正地辨明国会的意图。行政解释只是法律解释的外部支持之一。另一个外部支持是立法史。在法规内容出现歧义的地方，立法史往往能揭露立法意图而且这种立法意图的证据会比行政解释更令人满意。本案所争议的是行政解释是否能够符合立法史中所透露的国会立法意图。双方都认为立法史支持了其各自的要求并符合国会的意图。下一点值得考虑的是该法律的立法史先于任何进一步的行政解释。

在本案中，关键在于国会制定第203节（b）款（6）项的意图是什么，以及什么货物应当包含在其范围内？双方都认为第203节（b）款（6）项的意图是为了有利农民……被告和农业部长的律师认为，对于享有许可证豁免的从事农田产品运输的农民来说，最大的利益就是运用该类货运车辆的便利性。鸡类产品是市场变化极快的产品，这很有必要在短时间内去应对市场上的变化，有时甚至货品还在运输过程中……

现实存在着大量不同寻常的有关第 203 节（b）款（6）项的修正案和大量不同寻常的与该项修订相关的立法史材料。该法律以及国会的修正案的意图是表达其在立法时对那一小段豁免范围的打算。

在与第 203 节（b）款（6）项相关的修正案的浩瀚立法史中，有两个特点十分的显眼。一个是在国会所做的每一个修正案中都扩宽和释放了对于支持豁免的法律内容，而另一个特点是尽管经常遭到胡搅蛮缠，国会都一致和稳固地反对或者拒绝那些直接或间接不承认豁免利益的修正案，该利益也包括在该案中与被告相似的卡车司机。因此可以认为，国会对该法律以及与第 203 节（b）款（6）项相关的修正案，主要是表明了其在"加工产品"在那一小段豁免范围所持的态度并非州际商务委员会所认为的限制性含义。

法庭裁决，纽约煺毛并开膛洗净的鸡在第 203 节（b）款（6）项的意图以及含义下并不属于"加工产品"。法庭认为，在现实中对立的裁决包括通过司法解释的尝试来完成，而国会是坚定地拒绝以立法来完成。

审判将会符合该观点。

加利福尼亚州诉布朗案

美国联邦最高法院

美国联邦最高法院案例汇编第 538 章第 479 页

1986 年 12 月 2 日开庭辩论，1987 年 1 月 27 日判决

判决：本判决由首席大法官伦奎斯特作出

回顾本案，所呈现的争议点是在该一级谋杀案的定罪阶段，法官作出的说明（陪审员禁止仅仅因为感情、猜测、同情、激情、偏见、公众舆论和情绪而影响判决）是否违反美国宪法第八和第十四修正案。我们认为该说明不违反宪法。

被上诉人艾伯特·布朗，因暴力强奸和一级谋杀致使 15 岁的苏珊死亡而被陪审团判定有罪。在定罪过程中，州法院提供证据证明，被上诉人在侵犯苏珊的前几年，还强奸了另一名少女。被上诉人提供了几位家庭成员的证言，其家庭成员陈述了被上诉人温和的本性，并对被上诉人是否能作出这样残忍的犯罪表示怀疑。被上诉人还提供了精神病医生的证言，医生声称布朗之所以杀害受害人是因为性功能障碍而感到羞耻和害怕。布朗为自己作证，表示对自己以

前的罪行感到惭愧，并请求陪审团从宽处罚。

加利福尼亚刑法典§190.3（West Supp. 1987）规定，可处死刑的被告在定罪过程中可以引入任何能够减轻其罪行的证据，包括但不限于性格、犯罪当时的情境、背景、历史记录、精神状况和身体状况。初级法院要引导陪审团，考虑可加重和可减轻的情节，通过权衡来确定适当的刑罚。但是，州法院告诫陪审团禁止单单（mere）因为情感、猜测、同情、激情、偏见、公众舆论和情绪而影响判决。最终被上诉人被判处死刑。

在自动上诉审理中，加利福尼亚最高法院推翻了死刑判决。在这一争点上，存在两种不同意见：大多数意见认为该说明违反了联邦宪法"在定刑阶段，拒绝给予可处死刑的被告以陪审团考虑感情因素的权力是联邦宪法禁止的"。我们同意用复审令来解决该说明是否违反美国宪法的问题。

我们认为，加利福尼亚州最高法院单单关注"同情"（sympathy）一词来确定该说明是否影响了陪审团对减轻罪行证据的看法，这是不恰当的。"然而，这个问题并不在于加利福尼亚州最高法院怎样作出的指示，而是在于，对于一个理性的陪审员来说，会怎样理解该指示的含义。（参见弗朗西斯诉富兰克林，美国判例汇编第471章第307页以下，1985年，引文选自第315页至316页，桑德罗姆诉蒙大拿州，美国判例汇编第442章第510页以下，1979年，引文选自第516页至517页）"……

陪审员被告知不要单单因为情感、猜测、同情、激情、偏见、公众舆论和情绪而受到影响。被上诉人没有抗辩，加利福尼亚州最高法院没有认定，在适当的情况下，猜测、激情、偏见、公共舆论和情绪在陪审团做量刑决定时应该扮演何种角色，即使这些因素在被上诉人利益角度考量有举足轻重的作用。当然，在被上诉人看来，这一说明好像只是告诫陪审团不要受到同情的影响。虽然我们同意，一个理性的陪审员，从多种习惯角度可以在语法上理解该说明，但是，我们并不认同被上诉人对该说明的理解以及他得出的该说明违宪的结论。

被上诉人只关注了"同情"一词，而忽视了一个至关重要的事实：那就是陪审团被指示所作出的裁决不能单单建立在同情的基础之上。即使是一直关注该指示中这一短语的陪审员，也很可能将其理解为：不要因为在定罪过程中引入的减轻或加重情节的证据而受到感情影响的警告。虽然从理论上讲有些牵强，但根据当时的情境，被上诉人的理解显然是站不住脚的。该指示是在被上诉人提请了13位有利于他的证人之后才给出的，且是在处罚阶段的后期。然而，被上诉人的阐释使得这两个词将三天的有利证词变成一个真正的字谜。我们认为，一位理性的陪审员会拒绝采纳该理解，而将说明理解为不能仅仅因为同情作为直接忽视这种同情的原因，这种同情完全能够从证据中分离出来，在定罪阶段被引证出来。

我们还认为，任何一位理性的陪审员，只注意"同情"一词，而忽视在说明中和其一同出现的猜测、激情、偏见、公众舆论和情感其他词汇，是不恰当的。我们必须把说明作为一个整体来看待，它只是包含各种因素的总纲，这些因素可能对陪审员决定支持还是反对死刑判决造成不当的影响。

我们认为，在本案中受到质疑的说明并不违反美国宪法第八和第十四修正案的规定。因此，加利福尼亚州最高法院判决被撤销，并重新审理和本意见不一致的部分。

规定如此。

异议：布伦南大法官

我坚持自己的观点：在任何情况下，死刑都是残忍的和不寻常的惩罚而被第八和第十四修正案禁止。我和法庭在这个意义上存在意见分歧，这会导致死刑被强加给被上诉人。（格里格诉佐治亚州 美国判例汇编第 428 章 153 页以下，1976 年，引文选自第 227 页。）然而，虽然我相信在某种情形下，死刑可以按照宪法加以执行，但是我坚持认为加利福尼亚州最高法院是对的，因为该法院合理的解释了陪审团说明，将争议从宪法义务转向为考虑在量刑阶段被告引入的全部减轻罪行的证据。

争论的指示告知法官：禁止单单（mere）因为情感、猜测、同情、激情、偏见、公众舆论和情绪……而受到影响。州政府知道同情被上诉人是可以的，但是反对违反说明中的同情，向陪审团提供的没有任何限制的和犯罪及被上诉人无关的同情。该说明没有任何指示陪审团如何区分受限制和不受限制的同情。尽管如此，法院还是接受了陪审团阐述的应需要这样区分的观点。所有理由都表明接受这种难以置信的解释是难以令人信服的。

首先，法院发现一个很重要的现象，陪审团被告诫不仅排除考虑同情，而且还排除了单单的同情。该法院主张，这个词很可能导致陪审员将说明理解为：不要因为在定罪过程中引入的减轻或加重的证据而受到感情影响的警告。然而，该指示主张陪审团不要单单因为情感、猜测、同情、激情、偏见、公众舆论和情绪而受到影响。在这一说明中，一名陪审员在逻辑上可能认为单单的（mere）只修饰感情，并没有很显然地排除单单依据同情的理解。为了使单单被看作修饰同情，本法院主张，"单单的"必须看作是也修饰了指示中的其他词汇：猜测、激情、偏见、公众舆论和情绪。依据本法院的逻辑，既然"mere"用于区分列举出来的"有限制的"和"无限制的"其他所有情感描述。然而，毫无疑问，没有人会主张与死刑处罚评议中与本案有关的某种

"有限制的"偏见形式会是适宜的。事实上，州法院将指示中与同情并列的词汇描述为：其只是包含各种因素的目录，这些因素对陪审员决定支持还是反对死刑判决的影响是不恰当的。因此，"单单"这个词不能有效地肩负起违反同情的说明的责任。

其次，州法院认为，如果陪审团不考虑这种信息，陪审员必须假定被上诉人不会引入性格特征和个人背景的证据。然而，这就相当于告知陪审员不能依据同情推断出被上诉人自我阐述严重跑题，并且，在其他案件审理背景下，陪审团必须以法官的意见作指导来判断考虑部分证据是否合适。通常而言，指示在案件审理的最后阶段才被提出，用于阐明证据和审理中事件的重要性，因此陪审团无权自由假定出现在审理中的每件事情都自动或等同相关的陪审团裁决。

最后，州法院声称，由于同情和指示中一系列明显不被允许的因素一同出现，当裁决的意见得自于提供的加重情节和减轻情节证据时，陪审员可以很自然地假定指示的本意是限制陪审团裁决。预期陪审员如何完成这一飞跃是未知的。在不允许考虑同情拓展情感的含义时，在逻辑上将导致陪审员得出任何对情感的反应都是不恰当的。一名普通的陪审员很可能这样理解：法律和情感是对立的，大部分情感因素和他或她的裁决是无关的。这种理解也会强化这种观念。显而易见，用不确切的语言从指示中排除一些情感将会直接被理解为这几种形式的情感是允许的，而其他的是不被允许的，这是不切实际的。尽管我们通常假定陪审员是理性的，但是他们和我们无法发生心灵感应。

因此，可以预期绝大多数陪审员能够将"同情仅仅理解为同情"，而不是进行扭曲推理，将其解释为"无限的同情"。事实上，我们更可能质疑从事后者的陪审员的尽职程度。因此，坚持认为指示存在争议可以达到引导陪审团按照合法的指示理解同情的目的是没有事实根据的。

内布拉斯加州苏城宾夕法尼亚铁路公司诉司陶特案
美国联邦最高法院
美国联邦最高法院案例汇编第 84 卷第 657 页（1873 年）

不服内布拉斯加州的第九巡回法院之判决

亨利·司陶特，一位仍与父母住在一起的六岁小男孩，为了从内布拉斯加州苏城宾夕法尼亚铁路公司的铁路转车台上受到的伤害中获得赔偿，他的诉讼代理人在下级法院起诉了该铁路公司。转车台在一个大约一百到一百五十人的小村庄或聚居地内，位于离铁路修车厂（depot）大约八十杆的一个开放空间。……这个并没有拥有像他爸妈一样常识的小孩，和另外两个九岁与十岁的男孩一起不带特定目的地前往那个修理厂。当男孩们到达那里时，有人提议去转车台那里玩耍。这个转车台并未被上述公司的任何员工照料或守卫，也并没有固定或者锁住，并且其轴心很容易就能转动。男孩中的两人试图转动它。在爬到转车台上的过程中，因为转车台在转动，一名男孩的脚（事故发生时，他在铁路轨道上）卡在转车台和主干轨道的两个铁轨末端之间被压碎了。

这个转车台建造在铁路公司自己的土地上，并且证据显示是建造在普通的道路上。这是一个转车台的骨架，也就是说，它在铁轨之间并没有铺上板材，虽然有一两块松动的木板覆盖在连接处。一个铁闩闩住了它开启铰链的部分，并按次序落入轨道上铁质的凹槽内，使得转车台在使用的时候保持在同一位置上。在发生事故的时候，铁闩的挂钩坏了。这个铁闩重八到十磅，很轻易就能与挂钩脱离并掷回转车台，此时转车台就可以移动了。这个锁并没固定住，或者说是在坏之前也没有以任何方式闩紧。与该问题有关的所有证词都显示，对于铁路公司来说，他们并不经常闩住或看守转车台，但为了使用转车台时其固定在指定位置，常见的是在转车台上加个铁闩或者牵引螺栓。

被告的律师拒绝当场通过举证是原告的父母或是孩子自己的疏忽（考虑到原告的年纪）来进行辩护，而是当场通过举证公司并没有疏忽进行辩护，并宣称原告的伤害是件意外或是由原告自己造成……埃塞克·库克先生认为是原告的错误，他坚持道：

1. 受伤的一方自己有过错，他自己的疏忽造成了这个后果，根据已被广为确认之原则，造成该处境的一方无权得到赔偿。

2. 在转车台的管理和转车台环境的问题上，被告并未被证明有任何疏忽。

亨特大法官发表了法院的观点：

1. 一个未成年人的行为不能用管理成年人的规则来判断，这是非常确定的。对于成年人来说这可能是个一般的规则，即为了使自己有权利在他人的疏忽导致的损失中获得赔偿，应该确保自己没有过错。但是这并不是适用于未成年人的规则。对一个孩童的照料和警告应仅仅取决于他的成熟程度和他的能力，在每个案件中，这都是由案件的环境决定的。

但并不必要去寻求该问题。……记录清楚地显示："被告的律师拒绝当场通过举证是原告的父母或是孩子自己的疏忽（考虑到原告的年纪）来进行辩护，而是当场通过举证公司并没有疏忽进行辩护，并宣称原告的伤害是件意外或是由原告自己造成……"

2. 铁路一方在关于它的转车台的管理和环境的问题上究竟有没有疏忽呢？转车台是一个危险的机器，可能会对常去的孩童造成伤害，这很大程度上可以

司的名字来描述到法院的真实的人。

由公民组成的公司会被立法机构视作公民，在特定环境下，就可以从登记行为中强有力地推测出来。从来不能被认定的是，一艘在美国注册的船舶，被由公民组成的保险公司所遗弃时会失去它美国船只的特征。然而，这将是宣布公司成员出于各种意图和目的被排除在视线之外，被并入公司的结果。

如果一个公司能在法庭联盟进行诉讼，法院就认为这个案件的抗辩是有效的。被允许使用公司名字进行诉讼，他们可以进行抗辩，而且一定适用于原告作为个人，因为适用于公司时可能并不真实。

推翻原审判决；终止诉讼的请求被驳回，将案件发回重审。

马歇尔诉巴尔的摩与俄亥俄州铁路公司案

美国联邦最高法院

美国联邦最高法院案例汇编第 57 卷第 14 页（1853 年）

重审该案的复查令由马里兰区的美国巡回法庭签署。

弗吉尼亚州的公民马歇尔，他为索回 5 万美元而控告该铁路公司。据马歇尔称，按照一份特殊合同，他从弗吉尼亚州议会取得一条法令许可，为该公司获得从弗吉尼亚通往俄亥俄河的铁路建筑权，因而该公司应当支付该款项。

法官格瑞尔传达了法庭的意见如下。

错案原告，亦即下述原告，在其陈述中确认为弗吉尼亚州公民，且"根据马里兰州议会一法案，被告巴尔的摩与俄亥俄州铁路公司为法人团体"。由于该陈述不足以体现美国法庭在该诉讼或纠纷上拥有司法管辖权，该诉曾被驳回。

根据宪法，美国法庭的司法管辖权可延伸至但不限于"不同州之公民之纠纷"。《司法法》授予了巡回法庭在"由一州之公民提起、涉及另一州之公民的诉讼"的司法权。

因此，如果这是由宪法保障的一州公民与另一州公民在其纠纷中的权利或特权，那很显然，被告所在州的立法就不可剥夺原告的这种权利。如果 A、B 和 C，以及其他潜在或隐蔽的相关者，有权通过他们的代理人采取行动，以集体或公司的名义诉讼或被诉，能够享受由国家机关授予的特权，那他们就不能剥夺与之签订合同一方的这项重要权利。

一些被认为确凿而重要的理由竟迫使法庭对宪法该条款给予解释，实际上破坏了这个明显由之授予的权利。现在我们对这些理由进行考察。

"公司被认为是法人，是纯粹的法律实体，无形无相。"

在某种意义上这是正确的。同样，由这一条件推断而来的关于这一非自然人实体"不能作为公民"的结论也不可否认。

但签订了合同、与公司发生了冲突的公民也会说，基于同样的事实，他并非与纯粹形而上的抽象物交涉，而是和自然人交涉；其令状并非针对虚构实体，而是针对人及公民；其合同也是与众多不明身份、隐蔽或潜在的相关者的法定代表人签订的。

商业贸易的必要性和便利性要求众多的相关者和股东通过代理行事，并具备订约、诉讼并以设定或集体的名义被诉的能力。但这些为其自身便利而由国家立法赋予的重要能力，不能用于剥夺他人的合法权利。通过三段论法或诡辩法剥夺与其交易的个人的这一重要权利是不合理的。这样做是在玩文字游戏，而无视文字所代表的人和事。

法庭上，有必要让法人组织及法人名称的法案赋予众多社团代理人以诉讼和被诉的能力。拥有这些能力、使用法人名称的个人，应被视为该法人组织所在州的居民，且能被控诉；同时，在衡平法上，他们不得以居住地不同而对抗只能在该地找到他们的人。若非如此，每个公司就能通过选举居住在另一州的唯一董事，来剥夺与之有纠纷的其他州的公民的法定权利，从而获得绝对的优势，并迫使这些公民通过特别法庭来了结这些案子，而这种法定权利在这些案子中是最具价值的。

公司创始地即其所在地的假定相对于使用公司名称及其所赋予职能的人的居住地或公民身份来说是确凿的，关于"根据马里兰州议会的法案，被告是法人团体"的主张，能充分说明被告是该州公民。这种形式的陈述已沿用多年。选择公正的特别法庭是具有实际意义的权利，且该权利的重要性在力量弱小的个人对抗大公司的案件中显得更为突出——几乎在每个州，个人都要面对公司规模之大和财富聚合所带来的势力和影响力。这对公司本身也是重要的，因为得益于此，他们在其他州能够避免当地偏见或妒忌所带来的不利影响。

因此，巡回法庭判决批准原告请求，并支付费用。

北卡罗来纳州诉哈格雷夫案
北卡罗来纳州最高法院
北卡罗来纳州最高法院案例汇编第 97 卷第 457 页（1887 年）

诉讼记录：因盗窃案起诉

被告被控诉盗窃了一匹原本属于 W. P. 布朗个人所有的枣红色马，以下是该上诉案的情况。

有证据表明，盗窃发生之后财产所有人的儿子被他的父亲派去搜寻失窃的马匹。马匹在弗吉尼亚州塔兹韦尔县被发现，被一名叫作布坎南的人所有并声称这是从被告处获得。被告否认他给付给布坎南的马匹是布朗所有而是他出钱向其购买的。北卡罗来纳州坚持认为该马匹属于布朗所有，而且被告是知道此事且在多种场合下承认此点。尽管遭到了被告的反对，北卡罗来纳州仍被允许去证明该马匹属于布朗所有，财产所有人的儿子大声叫喊："这是我父亲的马。"试图以此认定对于该马的所有权。

进行有罪裁定和判决，被告人予以上诉。

裁决： 重审

判决意见： 法官戴维斯，J.（在查明事实之后）

法院承认该叫喊有误，此处所叫喊的人不能置于证人地位，因为他没有宣誓，而且被指控的人没有交叉询问的机会。每一个被指控有罪的人都被赋予面对控告者以及证人的权利，这里并没有对公民进行确信的保护，而这是《权利宣言》所予以保证的。我们没有在"这是我父亲的马"中感知到任何根据可以确认该马匹归属的指控证据。如果没有任何信誉良好且进行宣誓的人见证这匹弗吉尼亚州的马是属于 W. P. 布朗所有，那这并不能作为证据；同理，所有人儿子所做的叫喊并不被承认为证据。此处并不属于通常证据规则中有关传闻的例外种类。

判决有误，被告有权申请再审。

西夫韦商场股份有限公司诉库姆斯案

美国第五巡回上诉法院

273 F. 2d 295（1960 年）

判决意见： 维斯德姆法官

这是一件有关滑倒的案子。

当璐尔拉·库姆斯夫人踩在因瓶子破损洒出来的番茄酱而滑倒时，她正在位于得克萨斯州埃尔帕索西夫韦商场股份有限公司购物。库姆斯夫妇起诉西夫韦商场股份有限公司，提出被告疏忽大意造成如此危险的情况，没有清除洒落的番茄酱，没有在番茄酱四周设置屏障以致造成如此危险的境地，没有提醒库姆斯夫人番茄酱黏液物的存在，而番茄酱黏液物是在夺人眼球的广告显示屏附近从而使得人们注意不到番茄酱黏液物的存在。库姆斯夫人提出，西夫韦商场没有尽到注意义务，没有留心和警告从而造成上述显而易见的危险。

西夫韦商场主张库姆斯夫人并没有及时地注意到警告。为了支持这个主张，西夫韦商场经理肯尼思·滕内尔作证称，当他看到库姆斯夫人走向番茄酱黏液物时向她大声叫唤，"女士，小心，不要踩到番茄酱。"这时他距离她只有十英尺。经理的妻子滕内尔夫人当时也在现场。她作证称，当她看见破损的瓶子时，她停下购物车，告诉她丈夫在冰冻食品区有个破损的番茄酱瓶。滕内尔经理马上放下手头的事，赶忙过去将玻璃碎片拾起，然后到后房去取墩布。当他带着墩布返回时，她听到了他的大声叫喊。她明白他所言何事。当她被问及滕内尔经理说的是什么时，原告律师以此问题涉及传闻而反对。庭审法官支持了此反对并拒绝该问题的回答。她应允许回答——这是有规定的——她应该证明滕内尔经理所言的"女士，小心不要踩到番茄酱"。

传闻规则并不适用于用来被证实法律事实的话语。滕内尔的言语是一个提供证据的口头行为，承担着一个重要的客观事实的存在也就是是否被告有作出警告，承担着原告是否有注意和认识到危险的存在。该证人的证言来源其个体认知。

滕内尔的警告是辩护的一个首要因素（如果他有给予警告的话）。陪审团有权利知道他是否给予了警告，和其他证据一起来进行权衡。不允许滕内尔夫人来证实警告的事实就是剥夺了被告来显示原告是否做到了应有的谨慎。庭审法官对该点进行的裁定足以使法庭撤销判决、推迟审理。

基于上述错误，我们撤销了该判决并重新开庭审理。

约翰·汉森诉约翰逊及第三方案
明尼苏达州高级法院
明尼苏达州高级法院案例汇编第 161 册第 229 页（1924 年）

判决由威尔逊首席大法官作出

此案涉及财产转变中的行为。对于判决，被告选择上诉：案件试图在无陪审团的审理下进行判决，并称法庭在证据的接收方面出了差错。

根据书面契约的订立内容，原告通过租赁获得农场的经营权，租赁条件是收成的五分之二要交给农场主。该名农场主与银行，在他的粮食收成上设定抵押。在其允许下，他的抵押财产以拍卖的形式进行了售卖。成交后，包含着393蒲式耳的粮食就被银行售卖给了被告人约翰逊。所以一旦原告获得粮食就会通过银行转为被告所有。

为了排除疑义，证明粮食为原告所有，并且是他应得的一份，该名原告南非人作证，当农场主在剥玉米壳时，他在农场里指出了玉米的分配问题（当时是两车玉米）："汉森先生，这里是你今年应得的粮食，这两大车和这单独一车的粮食就是你今年所应当得到的收获；它们属于你的了，汉森先生。"一个旁观的证人被叫来作证，证明听到了这些谈话。

争点在于原告是否得到了那些应得的粮食。对于这个问题的回答显然是重中之重。分配决定了他所确定应得的那一部分。这个分配决定的确认是在原告所经营的农场里，当原告在剥玉米壳，并把剥好的玉米放进小车的时候，他告知汉森先生的应得及实际所得。农场主的话语以及原告与农场主之间的口头协定对于证明事实起着举足轻重的作用。语言是口头的行动。这对于双方都有着法律上的重要意义。在确认双方应得时必须要通过谈话或者动作来表达意思。这是展示证据链时的重点，是最有力的证据。它无关谣言和自私自利。作为原、被告双方都能接受的材料，它是最原始的证据。从这个事件看出，判决规律并不会因人而异。

证据支持法庭的裁决结果，记录无误。

维持原判。

哈默诉西德韦案
纽约州上诉法院
纽约州法院案例汇编第 124 册第 538 页（1891 年）

判决由帕克法官作出

在这个地区，引起了法律顾问最热烈讨论的问题，就是以原告的主张追偿权为基础的问题，如订立的遗嘱合同是否有效，威廉·斯托里立下遗嘱在侄子威廉·斯托里二世的 21 岁生日赠送 5 000 美元的有效性。审判法庭调查发现，在 1869 年 3 月 20 日，威廉·斯托里和威廉·斯托里二世达成一致意见：在威廉二世年满 21 周岁之前，应当克制自己，不得酗酒、抽烟、骂脏话、打牌赌博、打台球，这样的话，威廉·斯托里在威廉二世满 21 周岁那天送给他 5 000 美元。威廉二世表示自己会按照合同所要求的那样去做。

被告声称这份合同因欠缺执行力而订立，因而是无效合同。他坚持自己作为受约人，被要求远离烈酒、烟草不仅对自己无害反而因此受益，所以他所认为的最好的做法也就是他叔叔所要求的，随之立约人是否从中受益的问题出现，合同失去意义。争辩一旦发起，无论受约人按约定去做或者不做，都难免让很多案件的争点留下一个更为开放的空间。事实上，在立约人的约定中，受益尽管存在，但缺少支持执行的措施。这样的规定不能被容许，也没有法律基础。1875 年，财政署内室法庭列出了使合同有效的条件如下：有意义的合同应当存在由他人引起而归于一方的权利、利益、收益或救济，或是制约、伤害、损失或法定责任，法庭不询问使约定生效的条件更有利于保护受约人以及第三方和对于任何一个人的重要价值。对于一方立下承诺，而导致某件事情被承诺、完成、约束或者受损，这就足够让约定生效。（《安森定罪原则》第 63 页）

现在把这个原则应用于眼前这个案例，受约人吸烟、偶尔喝酒是法律赋予他的权利。在某一段时期内他放弃其权利，作为立遗嘱人对于他的克制的奖励就是 5 000 美元。我们无须推测放弃这些权利需要作出多大的努力，只要在法律所允许的自由范围内，他遵从叔叔的约定限制自己的行为就足够了。据目前已知，使约定生效的条件已经全部具备，不必证明这些条件是否对立约人有利，法庭也不会深入追究。至于这是不是一个合适的调查项目，我们无法从记录中得到结论，从法律角度来说记录中允许其叔叔不因此受益。鲜有案宗会恰好在这一点上有什么出入，但对于这样的案宗，我们还是会采取这样的立场。

上诉的指令应当被撤销，对于特惠条件的判决应得到承认，且诉讼费用的支付不在财产范围内。

斯蒂尔克诉迈里克案

民事诉讼法庭

编号 2 坎普 317（1809 年）

这是一个关于海员工资的诉讼，发生在伦敦到波罗的海的航海往返途中。

根据航海条款，在航船出发之前，原告得知每月应得到 5 英镑的工资。在这个诉讼里，最重要的问题就在于他是否有资格取得更高的工资。在航海期间，两名海员离岗，导致船长白白为他们安排了在克罗斯丹特的住处，由此船长与其他船员订立了一份协议：如果他不能在戈腾堡找到两名新船员，那么离岗的两名船员的工资将在现在的船员中均分。这被裁定是不可能的。在原告、原始的八名船员以及在克罗斯丹特定下协议的船长的共同协作下，航船驶回伦敦。

加罗为被告辩护道，这份协议有悖于公开政策，完全无效。在西印度的航程里，船员通常会因为死去和离开岗位而大大减少。如果一个优待工资的承诺有效，那么就会因各种理由对工资提出过分要求。这个基础是在英格兰哈里斯凯尼恩勋爵诉沃森、皮克（Cas. 72）案中，博学法官进行裁决时形成的：考虑到船长比一般船员在航海过程中背负责任更大，不应当存在由于船长承诺支付额外工资的合理性而引起的诉讼。法官也提到，如果一个诸如此类的承诺能够得到兑现，那么在很多情况下，船员都有可能以沉船的可能性来逼迫船长同意一个尽管他们认为合理，但实际完全是过分的要求。

......

艾伦伯度爵士：我认为对于英格兰哈里斯凯尼恩勋爵诉沃森、皮克一案的裁决十分正确，但对于凯尼恩勋爵的陈述过程中提及的以公共政策的背景基础，作为支持最后判决的依据和原则，我表示质疑。在这里，我想说，出于欠缺约因的考虑，协议完全是无效的。但是没有考虑到将来，船员仍在船上工作，那么将来的工资应当如何进行承诺支付。在他们航海离开伦敦之前，他们已经承诺他们将在航船遇到紧急事故时会全力以赴。他们出卖他们所有的服务劳动力，直到航海结束。如果他们有自由挣脱在克罗斯丹特的管束，那么事情就完全不一样了。或者如果船长任意地免除两个人手，那么其他人就不能被强迫完成这两个人手的责任部分。他们同意完成欠缺人手的工作完全是基于工资提高的承诺。就算船员的离职可以视作航海过程的紧急事件，如同船员的死去一般；还有那些有义务遵循原始条款，要全力以赴保障航船安全驶达目的港口的船员。所以，不看协议的政策，我认为欠缺约因是无效的，由此原告每个月仍然只能拿到 5 英镑的工资。

因此作出如上裁定。

后　记

　　《语言与法律》是一本研究英美法系案例的佳作。本书主要以语言学、哲学理论分析英美法的经典案例，探讨了词汇的多义性、语境及语言的模糊性等对法律实施的影响，力图探析法学本体研究之外解决法律问题的新思路。

　　本书作者为法律语言学家、美国加州大学圣迭戈分校教授桑福德·尚恩（Sanford Schane）。尚恩教授毕业于美国麻省理工学院（MIT）并获得博士学位，其主要进行法律与语言的跨学科研究。尚恩教授为美国语言学会会员、国际法律语言学家协会会员，并曾任多家律师事务所法律语言顾问，多次受聘担任专家证人，就合同解释、文本歧义、遗嘱与信托、诽谤、作者身份识别认定及商标争议等问题作证，在语言学理论与实践方面均具有独到的见解。

　　尚恩教授独辟蹊径，运用语言学理论分析英美法案例中的争议焦点并给出了令人信服的解读。本书反映了作者对于语言学及法学研究的热爱，可读性强。全书共分四章，从不同角度分别探讨了合同法、公司法、证据法等领域的法律语言的专业问题。第一章从合同歧义的产生谈起，结合经典案例，分析了法官在判决和案例分析中如何借助语言学理论消除其中的歧义，如一词多义、语义含混和复杂句等问题。第二章则探讨了法律拟制中"法人"的由来、背后隐含的暗喻及其对公司法研究的影响。第三章讨论了如何认定"传闻证据"的问题，作者以言语行为理论作为分析工具，就语言学视域下如何确定"传闻"的构成要件和刑事诉讼中的运用进行研究。第四章则分析了合同订立过程中的允诺如何生效的问题，作者仍以言语行为理论作为研究工具，深入探讨言语行为与合同有效性的关系。此外，作者还将其在正文部分探讨分析的所有英美法案例均附录于后。

　　通过案例分析，作者展示了法学与语言学两门学科尽管存在种种差异，但在案例分析中仍然存在共通之处。阅读本书，不仅可加深读者对语言研究重要性的认识，更可体悟英美法系国家法官在案例写作与分析背后隐含的智慧。

　　本书译稿的完成得益于身边无法细数的诸多师友。首先，非常感谢中国银行北京高级研修院赵春堂院长、李秀华副院长、徐葆乐副院长、刘庆萍资深经理等领导同事对我的真切关怀与无私帮助。感谢我曾任教的中国政法大学外国语学院历任领导与同仁对我的支持鼓励。同时，本书出版得益于中国政法大学证据科学研究院郝红霞教授主持中国政法大学第五批青年教师学术创新团队（18CXTD09）及本人主持的教育部人文社会科学规划基金项目（18YJAZH131）资助，谨致谢忱！本书的出版还得益于知识产权出版社彭小华编辑高效细致的工作。

翻译背后的艰辛人所共知。本书中英美法律制度及其术语的汉译破费周章，即使经过反复推敲、力求优中选优，但仍恐词不达意。加之译者才疏学浅，鲁鱼亥豕之谬恐难幸免，希望广大读者不吝赐教。作者联系方式：lupingz@ cupl. edu. cn

本书翻译分工如下：

一、初译

李秋霞（中国政法大学法律硕士、现任职中国证监会稽查总队，曾获第四届"华政杯"全国法律翻译大赛一等奖）负责翻译第一章；

阙霖瑶（中国政法大学中欧法学院法学硕士）、张鲁平负责翻译第二章；

王蔚（中国政法大学法律硕士、美国范德堡大学法律硕士、中华人民共和国执业律师、美国纽约州注册律师、中化石油勘探开发公司法务）、张鲁平负责翻译第三章；

张鲁平、陈俊廷（中国政法大学法学、英语语言文学双学士）负责负责翻译第四章；

张鲁平、管雯（中国政法大学外国语学院讲师、北京师范大学英美文学博士）负责翻译序言、导言、致谢、及结语及案例。

二、初校

1. 胡飚（中国政法大学法学、经济学双学士，北京市康达律师事务所律师）统筹负责序言、导言、第一章至第四章及结语、案例的校对；

2. 陈凯珊（中国政法大学法学、经济学双学士，中国政法大学法学硕士，北京道宁律师事务所律师）负责序言、导言、第一章至第四章、结语及案例的校对；

3. 郑亚静（中国政法大学经济学、法学双学士，现任职于北京三快在线科技有限公司）负责序言、导言、第一章至第四章、结语及案例的校对；

4. 李艳灵（中国政法大学经济学、法学双学士，国家税务总局南京江北新区税务局法制科干部）负责序言、导言、第一章至第四章、结语及案例的校对。

三、二校

李秋霞负责第一章至第四章的校对；

张鲁平负责序言、导言、致谢及结语的校对。

四、终校

易敏（中国政法大学管理学学士，中山大学岭南学院国际商务硕士，现任职于兴业银行武汉分行）负责第一章、第二章的校对；

甘嘉祺（中国政法大学中欧法学院民商法硕士，北京金贸凯德律师事务所律师）负责第三章、第四章的校对；

张鲁平统稿。

中国政法大学外国语学院张洪芹教授，北京知识产权法院法官、中国政法大学证据法学博士柴鹏先生拨冗审阅了译稿第二章、第三章；中国石油大学（北京）理学院化学工程与技术硕士、北京市西城区公安局白建永警官帮助解答了第一章中与石油及其他相关产品有关的术语翻译，北京大学外国语学院张振宝博士帮助联系翻译了本书第二章的古英语语句，在此并致谢忱。感谢所有默默给予无私帮助的师友们。

感谢父母家人的陪伴和支持，殷殷之情切切之意，思之念之。

张鲁平

2022 年 12 月 22 日